MASSACRE EM VIGÁRIO GERAL

**ELENILCE BOTTARI
ELBA BOECHAT
CHICO OTAVIO**

MASSACRE EM VIGÁRIO GERAL

Os 30 anos da chacina que escancarou a corrupção policial do Rio

1ª edição

EDITORA RECORD
RIO DE JANEIRO • SÃO PAULO
2024

CIP-BRASIL. CATALOGAÇÃO NA PUBLICAÇÃO
SINDICATO NACIONAL DOS EDITORES DE LIVROS, RJ

B768m Bottari, Elenilce
Massacre em Vigário Geral : os 30 anos da chacina que escancarou a corrupção policial do Rio / Elenilce Bottari, Elba Boechat, Chico Otavio. - 1. ed. - Rio de Janeiro : Record, 2024.

Inclui índice
ISBN 978-85-01-92102-4

1. Vigário Geral (Rio de Janeiro, RJ) - História. 2. Massacres - Rio de Janeiro (RJ) - História. 3. Favelas - Rio de Janeiro (RJ) - História. 4. Favelas - Aspectos sociais Rio de Janeiro (RJ). I. Boechat, Elba. II. Otavio, Chico. III. Título.

24-88992 CDD: 364.15234098153
CDU: 343.326(815.3)

Gabriela Faray Ferreira Lopes - Bibliotecária - CRB-7/6643

Copyright © Elenilce Bottari, Elba Boechat e Chico Otavio, 2024

Checagem: Mariana Filgueiras

Todos os direitos reservados. Proibida a reprodução, armazenamento ou transmissão de partes deste livro, através de quaisquer meios, sem prévia autorização por escrito.

Texto revisado segundo o Acordo Ortográfico da Língua Portuguesa de 1990.

Direitos exclusivos desta edição reservados pela
EDITORA RECORD LTDA.
Rua Argentina, 171 – Rio de Janeiro, RJ – 20921-380 – Tel.: (21) 2585-2000.

Impresso no Brasil

ISBN 978-85-01-92102-4

Seja um leitor preferencial Record.
Cadastre-se no site www.record.com.br
e receba informações sobre nossos
lançamentos e nossas promoções.

Atendimento e venda direta ao leitor:
sac@record.com.br

Sumário

Agradecimentos   7
Introdução   9

PARTE 1: O MASSACRE

1. Véspera   19
2. A invasão   29
3. O extermínio   33
4. Vinte e um mortos em praça pública   41

PARTE 2: AS INVESTIGAÇÕES

5. Os primeiros dias   53
6. Sargento Ailton   65
7. A testemunha "I."   69
8. A Delegacia Extraordinária de Polícia   75
9. A denúncia   77

PARTE 3: O PROCESSO – A PRIMEIRA FASE

10. Um processo na corda bamba   87
11. Soldado Borjão   103
12. A reviravolta nas investigações   107
13. As fitas   111
14. Uma aliança improvável   113
15. A pronúncia   117
16. As novas revelações   119

PARTE 4: OS JULGAMENTOS DA CHACINA DE VIGÁRIO GERAL

17.	A Casa da Paz	131
18.	O primeiro julgado	135
19.	A cruel matemática das sentenças judiciais	139
20.	A guinada no processo	143
21.	Luiz Noronha Dantas	149
22.	Vigário 2	155
23.	Uma certa justiça	159
24.	Alexandre Bicego Farinha	161
25.	Impunidade sentenciada	165
26.	O culpado geral	175

PARTE 5: A DOR ETERNA

27.	"Não durma, vão te matar"	183
28.	Indenização inédita	189
29.	As mudanças na lei e na ordem	195
30.	O programa de proteção a testemunhas	199

PARTE 6: ANTES E DEPOIS DO MASSACRE – CAUSAS E CONSEQUÊNCIAS

31.	O crime do coronel	203
32.	Parque Proletário de Vigário Geral: quatro anos antes do massacre	215
33.	Um ano antes do massacre	221
34.	1993, o ano das chacinas: quatro meses antes do massacre	225
35.	Candelária nunca mais!	229
36.	O pós-massacre	241
37.	Embrião das novas milícias	249
38.	Da polícia para as fileiras do crime	255
39.	Parque Proletário de Vigário Geral: trinta anos depois	259
40.	Libertação no cárcere e aprisionamento na memória	265

Notas	275
Índice onomástico	285

Agradecimentos

Nosso especial agradecimento ao desembargador José Muiños Piñeiro Filho, à época promotor de Justiça no processo da chacina de Vigário Geral, e a todos que colaboraram para a feitura deste livro, que resgata um momento importante e muito triste da história do Rio de Janeiro e que deu início às milícias de hoje.

Introdução

Os tiros acordaram Núbia. O Parque Proletário de Vigário Geral, favela que cresceu na área de mangue entre a linha férrea e o rio Meriti, na periferia do bairro de classe média baixa de Vigário Geral, zona norte do Rio, era o mundo que ela, aos 9 anos, conhecia e onde vivia feliz com sua família. Também já estava acostumada a dormir embalada pelo som da violência, tão comum naquelas comunidades marginalizadas. Núbia já não se importava com isso. Porém, como muitas crianças, tinha medo do escuro, e por isso dormia com a cabeça coberta por um lençol. Mas aquele fim de noite de 29 de agosto de 1993 foi diferente: os tiros estavam bem mais próximos.

Estavam dentro da casa de seus avós.

Despertada pelo susto, ela percebeu a luz acesa e tentou descobrir o rosto para ver o que acontecia. Foi quando sentiu o cano de um fuzil contra sua cabeça. Uma voz de homem, que não era de ninguém da sua família, anunciou:

— Não descobre a cabeça. Se você descobrir, eu vou atirar e você vai morrer.

Com a visão impedida, ela ouviu um policial cobrar os documentos de Luciano e compreendeu imediatamente o sofrimento do tio.

— Estão aqui, eu sou trabalhador, pode ver. Minha família toda é trabalhadora. Por Deus, olha o que vocês estão fazendo com a minha família!

— Quer dizer que você é trabalhador? — O homem riu, para depois concluir: — Pois agora você vai trabalhar de outra forma.

A menina ouviu mais tiros. Seu tio não falava mais.

Então, escutou a voz de comando de outro policial:

— Vamos matar as crianças!

Com o coração disparado, sem poder se livrar do lençol que lhe cobria o rosto e com o cano do fuzil apontado para sua cabeça, Núbia ouviu outro homem enfrentar os colegas e dizer:

— As crianças são inocentes, elas não têm nada com isso. Vamos embora!

— Vamos embora nada. Elas têm que morrer também.

— O dia já vai clarear, vamos embora.

Os homens gritavam uns com os outros. Mas era impossível saber, ali debaixo do lençol, quantos estavam na casa. O mais nervoso insistia que ela e seus primos Vitor, de 7 anos, Luciane, de 6, Derek, de 4, e até a pequena Jaíne, de apenas 2 meses, todos também tinham que morrer. Enquanto gritavam, era possível ouvir o choro da bebê, que parecia deixar o "matador" de crianças ainda mais irritado.

Foram trinta minutos daquele pesadelo que parecia não ter fim. Confinada no espaço limitado do lençol sobre seu corpo, Núbia ouvia as vozes, cada vez mais alteradas, dos homens que decidiam suas vidas.

O medo do amanhecer levou aqueles monstros embora.

Foi quando finalmente a menina pôde desvendar os olhos para ver a cena que ficaria gravada para sempre: na casa simples, com sala, dois quartos, banheiro e cozinha, oito familiares seus haviam sido assassinados. Sobreviveram apenas ela e os quatro primos pequenos.

Na sala onde estava com os primos, Núbia avistou os corpos dos tios Luciano Silva dos Santos, de 23 anos, e Lucineia Silva dos Santos, de 26. Em um dos quartos, encontrou o avô, Gilberto Cardoso dos Santos, de 61 anos, caído no chão. Próximo a ele estava a avó, Jane Silva dos Santos, de 53 anos, que morrera abraçada à Bíblia, ajoelhada no chão, com parte de seu corpo sobre a cama, onde também jazia a mulher de Luciano, Rúbia Moreira da Silva, de 18 anos. No outro quarto, a tia mais nova, Luciene Silva dos Santos, de 15 anos, parecia dormir no sofá. E no mesmo cômodo, com o corpo próximo à porta, em posição fetal, como se tivesse tentado se proteger dos tiros, estava a tia Lucinete Silva dos Santos, de 28 anos.

Mas a menina não viu de imediato a mãe, Lúcia Silva dos Santos, de 33 anos. E, como todos que se agarram à esperança, teve certeza de que ela estava viva.

INTRODUÇÃO

— Prima, tá todo mundo morto! — disse o pequeno Vitor.

A mãe bem que tentara fugir, se escondendo por trás da televisão do quarto do seu Gilberto, mas foi alcançada e executada, próxima dos pais.

Depois de muito chamar pelos parentes, Núbia finalmente entendeu que estavam sozinhos. E disse:

— A gente tem que sair daqui agora. Eles vão voltar, eles vão matar a gente.

Assumindo o papel que era de seu avô Gilberto, Vitor disse:

— Vamos pela laje, é mais seguro.

Núbia pegou a bebê, enquanto Vitor levava Derek e Luciane. E assim, pulando de laje em laje, eles chegaram à casa da vizinha Adriana Jales Castro de Macedo. De lá, foram levados ainda de madrugada para a casa da tia Vera Lúcia da Silva dos Santos.

Antes mesmo de saírem da comunidade, na tarde daquele 30 de agosto, a notícia sobre a tragédia que recaiu sobre sua família já havia corrido o planeta.

Vinte e um inocentes foram assassinados por agentes do Estado naquela noite – no massacre que ficou mundialmente conhecido como a chacina de Vigário Geral. A imagem dos corpos enfileirados e expostos em praça pública escancarou a realidade de violência nas favelas cariocas, reféns do tráfico e da corrupção policial que dominavam o estado e, sobretudo, da omissão das autoridades que deveriam combater esses crimes.

Trinta anos depois, a lembrança da chacina segue aterrorizando não somente aqueles que vivenciaram a tragédia, mas persiste também na memória coletiva de um Rio de Janeiro que ainda sofre, cotidianamente, com episódios similares e outros incidentes extremamente graves.

A chacina de Vigário Geral se tornou um triste divisor de águas entre aquela polícia, clandestina, para outra, hoje detentora de uma força capaz de chantagear o poder constituído para manter suas próprias regras.

Esse tipo de ação deixou de ser comentado apenas em lugares desvalidos da capital fluminense – assumiu, diante da opinião pública, a sua verdadeira face de organização criminosa. Mais tarde essas mesmas forças passariam a ser conhecidas como *milícias*. O massacre de Vigário Geral veio confirmar também uma das grandes mazelas da Justiça brasileira: a impunidade.

A chacina foi motivada pelo desejo de vingança pela morte de quatro policiais que, na véspera, haviam ido à favela para extorquir traficantes. O caso provocou revolta no oficialato, levando a uma insurgência feroz de parte da tropa.

Diferentemente da menina Núbia, que não pôde retirar o lençol do rosto para ver o que se passava, as autoridades, à época, *preferiram* fechar os olhos diante do que estava para acontecer. Mesmo percebendo o clima de revanchismo e o alto risco contra aquela comunidade após as mortes dos PMs, o Estado não manteve um policiamento ostensivo que pudesse inibir qualquer reação. Em resultado a essa omissão, a favela foi invadida por policiais alcoolizados, enraivecidos, que tiveram o acesso à região facilitado pela cumplicidade de colegas. Sem encontrar traficantes a quem dirigir sua fúria, investiram contra os moradores para vingar seus mortos.

Pressionadas pela sociedade, pelas urnas e por instituições nacionais e internacionais, aquelas mesmas autoridades se apressaram para dar uma resposta, entregando, em apenas 23 dias após a chacina, uma denúncia à Justiça do estado contra 33 policiais. Um trabalho açodado e frágil, assim confessadamente descrito por quem participou do processo investigativo, baseado apenas em algumas denúncias anônimas e na palavra de uma única testemunha, o X-9 (como são identificados os informantes da polícia) e criminoso Ivan Custódio Barbosa de Lima, o famigerado "I.", como ele seria oficialmente identificado por muitos anos para não ter seu nome revelado.

Essa testemunha, descoberta acidentalmente, era um foragido da Justiça, que atuava em delegacias e quartéis, com direito a uso de carro roubado, arma raspada, farda da PM e colete da Polícia Civil. Não era só um informante "leva e traz" entre traficantes e policiais, mas um participante ativo em crimes perpetrados por agentes corruptos e violentos. Até hoje alguns promotores e policiais que investigaram o caso têm certeza de seu envolvimento no massacre.

INTRODUÇÃO

O extermínio mostrou ainda uma guerra obscura, travada em horários de folga, em que esses mesmos policiais de diversos batalhões se reuniam para atacar favelas durante as madrugadas, sequestrar traficantes para exigir dinheiro e roubar drogas e armas para revender entre as quadrilhas. Era uma guerra que só se acirraria. No ano seguinte, em 1994, 227 policiais foram mortos, dos quais apenas catorze estavam de serviço. Foi a maior letalidade contra agentes do Estado já registrada na história do Rio de Janeiro.

De tão brutal, a chacina de Vigário Geral desvelou a origem do que entendemos hoje como *narcomilícias*: organizações criminosas, com a participação de agentes do Estado e de egressos das polícias e do tráfico, que disputam entre si, e com outras facções criminosas, o controle territorial da cidade. Seu objetivo é perpetrar toda sorte de crimes, até mesmo o comércio de armas e drogas que historicamente diziam combater.

***

Em 2023, essa anomalia crescente aterrorizou a zona oeste do Rio, onde vivem 2,6 milhões de pessoas (41,36% da população carioca). Seu ápice ocorreu em outubro. Sob o pretexto de vingar a morte de um dos seus integrantes e garantir a fuga do chefe da quadrilha durante uma operação policial, milicianos incendiaram 35 ônibus e um trem em uma mesma tarde, impactando diretamente cerca de um milhão de moradores de onze bairros e inviabilizando o trabalho das forças de segurança. Uma ação sem precedentes contra a população carioca.

No ano em que o massacre de Vigário Geral completou trinta anos, a população do Rio assistiu, atônita, a mais um capítulo dessa guerra sem fim.

Durante as entrevistas para a produção deste livro, a sobrevivente Núbia Silva dos Santos, hoje com 40 anos, perguntou qual a explicação para aquele massacre de inocentes que nenhuma relação tinham com essa disputa.

Não há explicação, Núbia. Nem haverá.

PARTE 1

O MASSACRE

Nas ruas e vielas do Parque Proletário de Vigário Geral, em agosto de 1993, ainda ressoava o refrão "Respeitável público / O show está no ar / Chegou a hora do palhaço gargalhar". O vice-campeonato da Acadêmicos de Vigário Geral no Grupo C, em fevereiro, com o enredo "Respeitável público, o circo chegou",[1] encheu a comunidade de orgulho. Com apenas dois anos de fundação, fruto da fusão de dois blocos, a escola já estrearia no ano seguinte na Marquês de Sapucaí. Na quadra da rua Alvarenga Peixoto começavam os preparativos para o desfile no Grupo B com "Ah, que saudades que eu tenho!", o samba-enredo seguinte, em homenagem aos antigos carnavais.

Habitada por 6 mil pessoas, com uma única passagem para veículos pela comunidade vizinha, Parada de Lucas, o Parque Proletário se equilibrava entre a alegria provocada pela ebulição cultural e a violência presente em seu cotidiano. O obstáculo físico da linha férrea jamais isolou a comunidade, que também se envaidecia de ter uma das melhores quadrilhas de festa junina da região, sempre um páreo duro na disputa com as concorrentes de Ramos, de Bonsucesso e do Complexo do Alemão.

Entre bumbos, tamborins, sanfonas e zabumbas, também havia espaço para as potentes caixas de som do funk e do soul. A poucos metros dali, no bairro de Vigário Geral, por exemplo, o músico Carlos Dafé, referência do soul brasileiro, foi criado e construiu a sua carreira. Na casa dos pais, na rua Correia Dias, debaixo de árvores de eucalipto e jaqueiras, ele compôs sucessos com uma turma de primeira linha, entre os quais artistas como Tim Maia, Oberdan (Magalhães, da Banda Black Rio) e João Nogueira.

Isolamento físico, pobreza, abandono. Nada disso foi capaz de tirar a alegria de Vigário. A violência sim. A comunidade estava, desde os últimos anos da década de 1980, no radar da segurança pública. Ali funcionava um dos principais redutos do Comando Vermelho (também conhecido como CV), a maior e mais violenta facção criminosa daquela época, e era o local de armazenamento das armas e drogas da quadrilha.

Foi também uma espécie de polo da indústria de sequestros, modalidade de crime que aterrorizou o empresariado carioca entre os anos 1980 e 1990. Era de Vigário Geral o maior sequestrador do Rio de Janeiro: Robson Roque da Cunha, o Robson Caveirinha, que participou do sequestro do empresário Roberto Medina, em 6 de junho de 1990.

Também saíram da comunidade outros criminosos que ficariam conhecidos ao longo dos anos por sua periculosidade. Entre eles, Márcio dos Santos Nepomuceno, o Marcinho VP, um dos chefões daquela facção criminosa, e Elias Pereira da Silva, o Elias Maluco, responsável pelo assassinato do jornalista Tim Lopes, que ocorreria anos depois, em 2 de junho de 2002.

Mas aquele domingo de 29 de agosto de 1993 prometia ser especial para os moradores pobres e trabalhadores do Parque Proletário de Vigário Geral. Estava prevista uma apresentação de um dos mais conceituados grupos de música instrumental do país, especializado em chorinho e samba, o premiado Nó em Pingo D'Água, que havia acabado de lançar seu álbum Receita de samba, trazendo a obra de Jacob do Bandolim. O espetáculo fazia parte de um projeto do prefeito Cesar Maia para garantir entretenimento aos moradores de áreas vulneráveis e, ao mesmo tempo, integrar as favelas à agenda cultural da cidade. Além disso, a transmissão do jogo da Seleção Brasileira contra a Bolívia, no Estádio do Arruda, em Recife, por uma vaga na Copa do Mundo de Futebol de 1994, prenunciava um final de tarde divertido para aqueles trabalhadores.

1. VÉSPERA

A noite de 28 de agosto de 1993, um sábado, seguia tranquila para os policiais de plantão no 9º Batalhão de Polícia Militar (BPM), em Rocha Miranda, bairro da zona norte do Rio de Janeiro. Apesar de a região ser uma das mais violentas da cidade, havia então poucas chamadas. O sargento Ailton Benedito Ferreira dos Santos, lotado na unidade, era o supervisor daquele plantão. Sua missão era fiscalizar a tropa na rua. Porém, naquela noite, após receber uma ligação, ele convocou o motorista de sua guarnição, o soldado Clodomir dos Santos Silva, para acompanhá-lo numa operação.

Ailton falou rapidamente com o soldado José Fernandes Neto, do 14º BPM (Bangu), seu amigo pessoal, que morava próximo ao batalhão, e que fora procurá-lo. Os dois se despediram e o sargento seguiu na missão, mas decidiu antes passar no Posto de Policiamento Comunitário (PPC) de Jardim América, a base policial do 9º BPM mais próxima, para, segundo ele, reforçar a equipe. Chegando lá, numa atitude irregular, decidiu trocar de motorista, determinando que o soldado José Santana assumisse a direção do veículo. Também convocou o cabo Irapuan Caetano e o soldado Luís Mendonça, igualmente designados para o plantão daquele PPC, para a sua missão. Segundo o sargento Ailton, a guarnição iria verificar uma denúncia sobre um carro com armas e drogas estacionado em uma das praças mais movimentadas de Vigário Geral.

A cerca de quinhentos metros do acesso principal para a favela Parque Proletário de Vigário Geral, a praça Catolé do Rocha é um dos poucos pontos de lazer da região e onde vivem mais de 40 mil habitantes. Às 23 horas daquele sábado, ainda havia muito movimento no local. Cerca de cinquenta moradores desfrutavam do espaço, que contava com seis quiosques, a maioria ainda funcionando. O bancário Josemar Alves da Silva, sua mulher, Maria de Fátima Manso, e a filha, a estudante Maria Clara Manso da Silva, de 15 anos, chegavam de uma festa no bairro vizinho de Brás de Pina e haviam estacionado o Opala da família na praça para pegar o filho Alexandre, de 12 anos, que estava na casa da avó materna, logo ali em frente, no número 9.

Maria de Fátima acabara de saltar do carro quando a viatura do 9º BPM se aproximou. Uma Kombi, um Fusca e um Fiat desciam pela rua Valentim Magalhães, a um quilômetro do acesso de carros à favela, e que termina na praça. Ao cruzar com os policiais, traficantes armados saltaram dos veículos, abrindo fogo.

Apanhados de surpresa, Mendonça e Irapuan nem sequer reagiram – caíram mortos no banco traseiro. Ailton e Santana ainda conseguiram saltar e, para o desespero da família Silva, se abrigaram justamente atrás do Opala, onde ainda estavam pai e filha, que não tinham descido do carro. Agachados como puderam, Josemar e Maria Clara ficaram sob o fogo cruzado de policiais e criminosos enquanto, na casa em frente, a mãe, o filho e a avó dos adolescentes se desesperavam.

— Só deu tempo de mandar minha filha se abaixar. Não me lembro de ninguém. Só pensei em proteger a minha filha e a mim — contou o pai ao jornal *O Globo*.[1]

Era uma emboscada e logo surgiram outros homens, vindos por trás dos policiais. Em poucos minutos, Ailton e Santana também estavam mortos.[2]

O tiroteio provocou corre-corre. Ao ouvir os disparos, o comerciante Francisco Afonso dos Santos, dono de um dos trailers da praça, baixou rapidamente a janela de serviço, deixando de lado seus oito fregueses. Ele orientou sua afilhada Janilza e seu cunhado Deusdet, que estavam no interior do trailer, que se abaixassem até o chão para se proteger dos disparos, enquanto, na praça, frequentadores corriam para as casas ao redor.

Ignorando as testemunhas, os traficantes ainda dispararam mais tiros contra os corpos já inertes de Ailton e Santana. Em seguida, retiraram os dois do chão, abriram o porta-malas da viatura policial e os jogaram lá dentro. Depois, um deles assumiu a direção do veículo numa tentativa de escapar e descartar os cadáveres em outro lugar. Mas, totalmente perfurado, o carro andou apenas alguns metros e enguiçou. Sem ter o que fazer e sabendo que em pouco tempo a favela estaria cercada, os criminosos abandonaram o local, deixando para a crônica policial a imagem dos corpos dos militares executados expostos de forma humilhante dentro de uma viatura em praça pública.

Com a partida dos bandidos, Josemar e a filha saíram do carro. Milagrosamente, somente a jovem fora atingida, com um único tiro na perna.

A notícia da emboscada correu feito rastilho de pólvora e, aos poucos, a praça Catolé do Rocha foi tomada por policiais vindos de todos os lugares. O soldado José Fernandes Neto, um dos últimos a falar com Ailton, já estava em casa quando recebeu a notícia da morte do sargento e correu para lá. Não foram apenas os policiais de plantão naquele dia que compareceram ao local, tampouco apenas os lotados no 9º BPM. Até mesmo o X-9 Ivan Custódio Barbosa de Lima, que, na época, trabalhava para a Delegacia de Roubos e Furtos de Cargas (DRFC), na Pavuna, a dez quilômetros dali, compareceu ao local.

Acordado em casa por volta de 1 da manhã, o sargento Paulo Cesar Barbosa, comandante do PPC de Jardim América, chegou um pouco depois na cena do crime e já encontrou a praça lotada de policiais de quartéis de bairros diversos, como Bangu, Tijuca, Olaria e Rocha Miranda, e até de fora do município, vindos de Niterói e Caxias. Entre os presentes, o comandante do 9º BPM, o tenente-coronel Cesar Pinto.

Eram tempos difíceis para a corporação. Em 23 de julho de 1993, oito jovens haviam sido assassinados na região central do Rio. As investigações oficiais haviam revelado, logo no primeiro momento, o envolvimento de policiais. A chacina da Candelária, como o caso ficou conhecido, era um ponto fora da curva na rotina de "incômodos" que até então parecia restrita aos bolsões de miséria, onde traficantes e policiais guerreavam longe dos olhos da opinião pública. A execução de quatro policiais militares em uma praça movimentada do subúrbio, num horário de grande movimento da noite de sábado, apenas 35 dias depois do caso da Candelária, serviu como estopim para agravar drasticamente a crise na segurança pública. Somente nos oito meses que antecederam a troca de tiros na praça Catolé do Rocha doze policiais haviam sido executados, vítimas de crimes até então não apurados.[3] Agora, o Estado tinha nas mãos dezesseis policiais mortos em serviço em 1993.

Homens acostumados a enfrentar as mais duras situações, muitos se desesperaram diante dos corpos dos colegas de farda. Choravam e xingavam o comandante, numa clara insurgência contra a hierarquia da corporação. O tenente-coronel Cesar Pinto tentou controlar os ânimos, mas as vozes dos revoltosos falaram mais alto, ignorando, inclusive, a patente do oficial:

— Esse coronel não serve para nada e é bom que esteja aí para ouvir. Alguém precisa fazer alguma coisa contra esse homem! — gritou um dos policiais.[4]

Os militares também reclamavam das péssimas condições de trabalho, como a falta de viaturas, armamentos e munições. Tentando mostrar-se solidário, Cesar Pinto admitiu o problema e ponderou:

— Estamos atravessando uma guerrilha urbana e brincando de polícia — disse o tenente-coronel. Mas ninguém prestou atenção.

O soldado Leandro Marques da Costa, mais conhecido por Bebezão ou Miúdo, do 14º BPM, estava entre os revoltosos. Os policiais cobravam do comandante uma resposta dura e imediata.

Cesar Pinto alegou que, se organizasse uma operação policial logo em seguida, no calor do momento, pessoas inocentes poderiam morrer. Ele estava preocupado com a possibilidade de um iminente ataque do tráfico ao PPC de Jardim América, que durante a semana anterior recebera diversas ligações anônimas com ameaças a policiais. Assim, o comandante do 9º BPM solicitou ao sargento Paulo Cesar Barbosa que retornasse ao posto e lá permanecesse à espera de reforço. Situado em local de risco, o PPC se tornara um ponto frágil na estrutura daquele batalhão. O local nem sequer contava com viatura policial. A única existente havia sido retirada oito meses antes.

Já amanhecia quando os policiais finalmente deixaram a praça, entre eles o soldado Jamil José Sfair Neto, também do 9º BPM, um dos que assumiriam o PPC três horas depois. Muitos foram direto para suas unidades, onde, com outros companheiros, replicaram a revolta com a falta de atitude do Estado perante o ataque do inimigo.

Às 8 horas do domingo, o cabo Edmilson Campos Dias assumiu o comando do PPC. Durante o dia, as ligações dando conta de um provável ataque de traficantes à unidade prosseguiram. Contudo, segundo os próprios policiais diriam mais tarde, nem mesmo uma única ocorrência corriqueira, como furto de veículo na região, foi registrada naquele dia. Apesar disso, o medo era grande.

A temperatura nos quartéis continuou se elevando depois que o comandante-geral da Polícia Militar, o coronel Carlos Magno Nazareth Cerqueira, decidiu suspender as honras militares no enterro dos policiais mortos, deixando clara a suspeita de que eles estariam fazendo algo de errado na favela. Segundo o número um da corporação, a operação que resultou na morte dos quatro PMs foi "completamente irregular" porque, ao receber a denúncia, a equipe foi ao local sem comunicação oficial e usando um motorista que não era o designado para aquele plantão.

— Claro que sempre haverá aqueles que vão explorar a situação. Dizer que o governo não dá arma para a polícia, por exemplo, mas não é nada disso. Essas honras militares me preocupam porque não podemos concordar que os homens morram em razão de não observar o regulamento da Polícia Militar — defendeu o comandante-geral.[5]

Nazareth Cerqueira temia uma possível invasão da favela por traficantes de Parada de Lucas. Afinal, ele sabia que, na geopolítica do tráfico, as quadrilhas sempre aproveitam o enfraquecimento do inimigo para tentar tomar território. No caso de Vigário Geral, a vizinha Parada de Lucas era ocupada por uma facção rival à da quadrilha de Flávio Pires da Conceição, o Flávio Negão, chefe do tráfico local. O comandante-geral da PM convocou o Batalhão de Choque para uma linha de contenção do lado de fora da favela. Com isso, esperava proteger a comunidade e evitar uma operação de revanche por parte do 9º BPM. Ele determinou ao comandante do Batalhão de Operações Especiais (Bope), tenente-coronel Wilton Soares Ribeiro, que enviasse equipes para o patrulhamento do local.

Ribeiro, um militar operacional, foi pessoalmente chefiar a ação. Desconfiado sobre os motivos da incursão que terminou em emboscada e morte, Nazareth Cerqueira ordenou ainda que o chefe de Operações da Polícia Militar 2 (PM2) – o serviço de inteligência da Polícia Militar –, major Marcos Antonio Paes, ouvisse o motivo pelo qual o soldado Clodomir havia trocado de posto com o soldado Santana.

Os enterros dos policiais aconteceram na tarde do dia seguinte, domingo, em locais diferentes. O mais cheio foi o do sargento Ailton, no cemitério de Ricardo de Albuquerque, bairro da zona norte do Rio, onde cerca de duzentas pessoas, quase na totalidade policiais militares, homenagearam o colega morto e voltaram a protestar contra os assassinatos. Além de policiais militares de vários batalhões e de policiais civis, também estava presente o comandante do 9º BPM.

Aos jornalistas, Cesar Pinto afirmou que lamentava profundamente a morte dos policiais e que eles haviam sido vítimas de uma emboscada da qual pelo menos trinta traficantes teriam participado. Mas o coronel ponderou que houve uma falta disciplinar:

— O policial pode tudo, desde que faça dentro da lei e do regulamento. Faltou precaução. Eles deveriam ter avisado que iriam para aquela ocorrência, para enviarmos reforço.

Um oficial da reserva da PM discursou, afirmando que o crime poderia levar a uma desestabilização da tropa. Segundo ele, os policiais estavam morrendo mais, ganhando pouco e não tinham qualquer garantia para a sua segurança. Parentes de Ailton pediram respeito e que deixassem para discutir os problemas da corporação depois.

Diante do coronel, em claro desrespeito à hierarquia, Bebezão, vestido à paisana, puxou sua arma e deu o primeiro disparo para o alto, sendo seguido na homenagem irregular por outros policiais. Eles defenderam a ida de todos diretamente a Vigário Geral para "matar os malandros que atiraram",[6] mas foram dissuadidos por conta da presença do Bope na comunidade. Qualquer operação clandestina naquele momento poderia terminar em confronto e fogo amigo.

Aos poucos os discursos inflamados diante de jornalistas e autoridades foram dando lugar a reuniões de grupos que conspiraram sobre a necessidade

VÉSPERA 25

de uma reação imediata e clandestina. Combinaram, ainda, encontros em diversos locais. O plano de invadir a favela correu no boca a boca.

Enquanto a tensão crescia nas casernas, a praça Catolé do Rocha se preparava naquele domingo para receber a apresentação do grupo Nó em Pingo D'Água. Por volta das 17 horas, os músicos Papito, Rodrigo Lessa, Rogério Sousa e Celsinho Silva subiram ao palco montado no coreto de 1911, tombado como patrimônio histórico, que antes estava na praça Saens Peña, mas foi levado para Vigário Geral em 1977, durante as obras do metrô. Ainda havia sangue no local e os músicos perceberam o clima de tensão.

Atraído pelo som, um público tímido foi se chegando. Não era grande, mas isso também era normal naqueles shows comunitários, promovidos pela prefeitura, que não tinham uma boa divulgação. O grupo estava na terceira música quando, de repente, várias viaturas do Bope chegaram à praça. Dezenas de soldados de colete e armamentos pesados desembarcaram dos veículos.

— Do alto do palco, vi as pessoas indo embora e a praça esvaziando, até sobrar só a gente. Claramente, não havia qualquer condição para continuar ali. E eu falei: "Vamos embora porque o negócio está ficando esquisito aqui" — relembra Papito, trinta anos depois.

O músico Rodrigo Lessa recorda que, após a chegada da polícia, o local foi tomado pelo silêncio:

— No dia seguinte, ao saber o que aconteceu depois que deixamos a praça, ficamos chocados.

Esse mesmo temor que levou os músicos a suspenderem a apresentação parecia ter se espalhado pela comunidade. Enquanto no restante da cidade muita gente aproveitava o final da tarde de domingo para comemorar nas ruas a vitória, por 6 a 0, da Seleção Canarinho sobre os bolivianos pelas eliminatórias da Copa do Mundo nos Estados Unidos, em Vigário Geral as vielas foram se esvaziando.

***

O Bope já havia rodado as ruas internas da comunidade. A ideia era conter os ânimos e impedir que soldados do 9º BPM tentassem fazer ali uma operação de caça aos traficantes, o que colocaria a vida dos moradores em risco. Mas aquelas equipes encontraram uma favela quieta, com pouco ou nenhum movimento.

— Era um ambiente de tranquilidade, não havia movimento nas ruas. Tudo estava em paz, aquela paz que vem do medo. Mas não havia qualquer indício de que estouraria um conflito ou mesmo de que a favela pudesse ser invadida pelos traficantes rivais de Parada de Lucas — relembra o hoje coronel da reserva Wilton Ribeiro.

A aparente tranquilidade não disfarçava o medo. Já fazia alguns anos que a relação entre policiais e moradores era de animosidade, devido às recorrentes abordagens desrespeitosas e, algumas vezes, violentas. Aquele era um momento ainda mais tenso. Preocupado com a possibilidade de uma operação policial violenta, desde cedo o ferroviário Adalberto de Souza vinha alertando sua mulher, Iracilda Toledo, para que não deixasse o filho "zanzando" pelas ruas. Naquele domingo, ele estaria de folga. Porém, como havia trocado de plantão com um colega, saiu de casa ainda de manhã para trabalhar. Antes, proibiu até mesmo que Iracilda e o filho participassem do bingo ao lado da casa de sua sogra. Mas ela teimou.

— Ele falou comigo assim: "Eu não quero você no bingo. Hoje é o enterro dos policiais, ninguém sai hoje!" Mas eu comprei a cartela sem ele saber e fui. A reportagem do jornal *O Dia* estava no alto da passarela, fotografando o movimento de pessoas na comunidade. Por azar, eu ganhei no bingo uma caixa de óleo e uma caixa de leite condensado. No entanto, meu marido chegou um pouco mais cedo, por volta das 17 horas, por causa do jogo do Brasil. Quando Adalberto chegou, eu e o menino corremos para dentro de casa e eu escondi as caixas, porque sabia que ele iria brigar. Mas parece que ele adivinhou. "Que caixa é essa aqui de óleo? Iracilda, você foi ao bingo? A reportagem está toda aí e você com esse menino na rua?" — lembra a agora viúva.

A pedido dele, Iracilda preparou um churrasco de panela e levou a cerveja para Adalberto assistir ao jogo com os amigos. O casal combinou que ela iria ao culto dominical, mas que o menino ficaria em casa com o pai e, depois do jogo, iriam até o Bar do Caroço, que pertencia ao amigo Joacir Medeiros, para comprar cigarros.

— Antes de me despedir, eu disse: "Peguei 50 reais na sua carteira para dar ao pastor." E ele falou: "Eu vou montar uma igreja para você passar a sacolinha!" Foi a última coisa que ele me disse.

Na igreja, Iracilda se sentou ao lado da família de Gilberto Cardoso dos Santos, gente humilde e bastante religiosa, que morava no número 13 da rua Antônio Mendes, bem em frente ao bar do seu Joacir. Mesmo operado havia pouco tempo, seu Gilberto fez questão de participar do culto em que o pastor Guaraci Costa falou sobre a morte. Em sua pregação, disse que muitas viúvas chorariam. As palavras do pastor soariam mais tarde, ainda naquele dia, como uma terrível premonição.

Quando já deixavam a igreja, o religioso ainda segurou na mão de Iracilda e profetizou:

— Ele disse: "Minha irmã, fica atenta, vai ter uma mudança na sua vida." Eu disse: "Graças a Deus, vou sair daqui." Eu tinha um sonho de criar meus filhos fora dali. Naquela noite, me despedi do pastor e fui-me embora com o seu Gilberto e família.

Chegando perto de casa, por volta das 22 horas, Iracilda se despediu dos vizinhos e avistou o marido no bar. Foi quando viu Humberto, o filho, correndo em sua direção.

— Mãe, já tomei banho e vou lá com o meu pai — disse o menino.

Iracilda conta que pensou em ir com o filho, mas foi desaconselhada pela vizinha Marília:

— Não fica bonito para uma mulher ficar chamando o marido em porta de bar — disse a amiga.

Ela voltou para casa com o filho e, depois de dar o jantar ao menino, se deitou para ver o filme *Cobra*, com o astro Sylvester Stallone, que passava na televisão, e dormiu.

Naquele horário, o eletricista Jadir Inácio da Silva estava em casa, vendo televisão, quando o vizinho, o serralheiro José dos Santos, o chamou para ajudá-lo a resolver um problema num transformador que estava deixando aquele trecho da comunidade sem energia. Trabalho feito, "Zé" convidou Jadir para ir com ele ao bar do seu Joacir, onde o irmão, Ubirajara Santos, o Bira, e outros amigos estavam reunidos para comemorar a vitória do

Brasil com cerveja e um joguinho de cartas. Chegando lá, encontraram também Adalberto. Todos trabalhadores.[7]

***

A alguns quilômetros dali, no PPC da Fazendinha, um grupo de policiais monitorava a movimentação de tropas do Bope.

Por volta das 22 horas, o então tenente-coronel do Bope Wilton Ribeiro recebeu uma ligação do comando-geral da corporação perguntando sobre a situação na comunidade.

— Me lembro bem. Eu informei que até aquele momento estava quieto, sem nenhuma ocorrência. O oficial desligou e momentos depois me ligou de volta para dizer que o comandante-geral havia ordenado o desmonte da operação. Antes de voltarmos ao nosso quartel, fomos até o 9º BPM para fazer um lanchinho, porque não tínhamos comido nada até aquela hora. Lá também estava tranquilo. Fomos embora e, como já era tarde, decidi dormir no Bope.

2. A INVASÃO

Naquela época, a área de atuação do 9º BPM cobria uma extensão de sessenta quilômetros quadrados. Além de Vigário Geral, Coelho Neto, Costa Barros e Pavuna, o batalhão também era responsável pelo policiamento do bairro de Acari, onde ficava a maior favela da zona norte do Rio, e o conjunto habitacional Fazenda Botafogo, com 86 prédios, também transformados em território do tráfico. Ali estava instalado o Posto de Policiamento Comunitário conhecido por PPC da Fazendinha.

Distante sete quilômetros do 9º BPM e dos seus superiores hierárquicos, e no meio do caminho para a favela de Vigário Geral, o PPC da Fazendinha tornara-se, como se descobriria mais tarde, uma espécie de sede para reuniões clandestinas de policiais, que usavam o local para combinar invasões de comunidades das redondezas na calada da noite.

Embora não oficiais, essas operações não eram inteiramente desconhecidas pelos comandos das unidades. A chefia do 9º BPM infiltrara, naquele PPC, o cabo Carlos Jorge da Costa, transferido do 16º BPM para o quartel de Rocha Miranda, a fim de obter mais informações sobre as reuniões que ocorriam ali.[1] Mesmo assim, naquele fatídico domingo, nenhum dos oficiais superiores daquele quartel pensou na possibilidade de o posto ser o local marcado para a preparação de um ataque a Vigário Geral.

A caravana partiria às 23 horas, mas muitos dos policiais que estavam no enterro do sargento chegaram cedo e ficaram bebendo nos quiosques próximos ao posto. Outra turma de "vingadores" sairia do depósito de bebidas que ficava no número 1.145 da avenida Meriti, na Vila da Penha, zona norte, e seguiria dali para o posto de gasolina em frente à favela.

Um terceiro grupo se organizou no Mello Tênis Clube, no bairro Penha Circular, enquanto um quarto saiu do Olaria Atlético Clube, também na zona norte, onde aos domingos acontecia o baile da Equipe Safari, bastante conhecido na época, frequentado por policiais.

Ao retornar, uma das caravanas foi parada em uma blitz do 15º BPM (Duque de Caxias), montada ali exatamente para conter "bondes" de criminosos. Eles chegaram a ser parados, mas, ao tomar conhecimento de que aqueles homens armados pretendiam entrar na comunidade para matar traficantes e vingar a morte dos colegas, o bloqueio oficial abriu passagem e se desfez.[2]

Naquela época, o soldado José Fernandes Neto, que trabalhara com o sargento Ailton no 9º BPM antes de ser transferido para o 14º, vivia um momento delicado em família. Separado, tentava uma reconciliação com a mulher. Após o enterro do amigo, exausto, seguiu para a casa da sogra, para ficar um tempo com o filho pequeno. Acabou dormindo. Se não fosse a mãe de sua ex-mulher a acordá-lo, a vida de Neto teria tido outra trajetória.

Ele não foi para casa. Sabendo onde os colegas estariam, mudou de rumo. Foi primeiro ao PPC da Fazendinha. Atrasado, não encontrou ninguém e seguiu direto para o posto de gasolina, onde a tropa, da qual já fizera parte, se organizava para entrar na favela.

Já vestidos com balaclavas e coletes da Polícia Civil, os agentes se dividiram em quatro grupos para cercar os acessos da comunidade e assim impedir quem tentasse fugir. Coube ao soldado Marcelo dos Santos Lemos, do 23º BPM (Leblon), contar o número de envolvidos na operação. É assim, na regra militar, que se garante que nenhum soldado ficará para trás. Ele contou 33.

O grupo de Neto entrou pela garagem da empresa de viação Breda Turismo, na rua Figueiredo Rocha, em Vigário Geral, onde um buraco no muro dava passagem à comunidade. Entre os homens estavam: Bebezão; João Ricardo Nascimento Batista (4º BPM, em São Cristóvão); Alexandre Bicego Farinha (9º BPM); Arlindo Maginário Filho, soldado que havia sido afastado do 9º BPM e estava encostado, por motivos disciplinares, no Departamento Geral de Pessoal (DGP) da corporação; Sirley Alves

A INVASÃO 31

Teixeira (9º BPM); e Cláudio Fialho Vargas (ex-PM), conhecido como Cláudio Russão. Outros grupos entraram pela passarela verde, que dá acesso à rua Antonio Mendes, principal artéria da comunidade, e a da estação ferroviária de Vigário Geral. Um quarto grupo entrou pela favela de Parada de Lucas, que fazia divisa com o Parque Proletário, onde ficava o único acesso de carros.

Já na favela, o grupo seguiu até a rua Antônio Mendes e foi direto para o bar do seu Joacir, mais conhecido como Bar do Caroço. Chegando lá, dois policiais, um deles sem a máscara, entraram para verificar os documentos dos presentes.

Às 23h50, a moradora Adriana Jales Castro de Macedo, que na época trabalhava como segurança patrimonial da empresa DuLoren, no bairro de Vigário Geral, chegou em casa de carona no carro da firma e avistou dezenas de homens, carros particulares e viaturas policiais em frente à passarela verde, todos de colete e touca ninja.

— Eu passei por eles e dei boa-noite — relembra Adriana, que ainda escutou quando seu chefe, sem sair do carro, se dirigiu ao grupo para dizer de forma amigável:

— Ela não, hein? Não mexe com ela porque ela é "meu testa" [pessoa de confiança] — afirmou ele, demonstrando familiaridade com alguns policiais.

Ao que um dos homens respondeu:

— Pode deixar, patrão.

Adriana subiu a passarela e seguiu para casa, na rua Antônio Mendes. Vizinha de muro de seu Gilberto, era também a melhor amiga de Lúcia, sua filha mais velha. Dois meses antes, após uma briga com o pai, Lúcia tinha se mudado para a casa da amiga, carregando a filha Núbia. Mais tarde, fizeram as pazes e ela retornou para a casa de seus parentes na manhã daquele mesmo domingo. Seria a primeira noite sem a amiga tão querida.

No Bar do Caroço, sentado à mesa ao fundo, Jadir Inácio já tinha ouvido alguns tiros uns dez minutos antes da entrada dos policiais. Percebeu que, enquanto alguns pediam documentos aos frequentadores, do lado de fora outros mascarados armados com fuzis davam cobertura. Era possível ouvir que os policiais protestavam contra a morte dos colegas naquela comunidade na véspera. Sirley pediu um refrigerante. Adalberto – filho do presidente da Associação de Moradores do Parque Proletário de Vigário Geral, Nahildo Ferreira de Souza – e seus amigos, achando que seriam deixados em paz, voltaram para o carteado.

Sirley já estava de volta à rua quando Bicego sorriu para João Ricardo e, sem tirar os olhos dele, tomou a granada que o militar carregava na cintura como se fosse um talismã e a arremessou para dentro do bar.

— Isso funciona...?

Antes que pudesse terminar a frase, o artefato explodiu.[3]

3. O EXTERMÍNIO

A primeira sensação foi de atordoamento pelo barulho da explosão. Em seguida, o deslocamento de ar, como se fosse um empurrão, e a insuportável onda de calor. Por fim, os estilhaços, rompendo feito faca os corpos em seu perímetro de ação.

Era uma granada M3 defensiva, que não deveria estar ali. De uso exclusivo das Forças Armadas, tratava-se de um explosivo de guerra, com força para matar uma pessoa num raio de 5 metros. Os estilhaços abriram um rombo no chão do bar, perfuraram cadeiras, mesas e paredes, e alcançaram o enfermeiro Guaraci Rodrigues, que estava na entrada. O desespero tomou conta de todos e começou uma gritaria. Outro gravemente ferido foi o metalúrgico Cláudio Feliciano, que teve a perna arrebentada. Enquanto os amigos tentavam socorrê-lo, seu Joacir ainda interpelou os agressores, cobrando que ali só havia trabalhadores, mas foi atingido por um tiro na nuca, disparado pelo único homem sem máscara.

Naquele momento, os policiais decidiram matar todos. Postaram-se, então, diante do bar para encurralar suas vítimas.

— Agora é pra quebrar geral — afirmou um dos policiais para uma turba de mascarados bêbados, truculentos e armados. E, imediatamente, Cláudio Russão, Bicego e João Ricardo entraram no bar e atiraram para matar.

Acuados como presas, aqueles moradores não tiveram como se defender.

José dos Santos caiu morto no balcão.

Adalberto e Cláudio Feliciano, já ferido, entraram num depósito do bar ao fundo, mas foram alcançados e executados.

Já o motorista de ônibus Paulo Roberto dos Santos Ferreira foi morto no banheiro.

Com um tiro na coxa esquerda, o faxineiro Ubirajara conseguiu rastejar até o fundo do bar e, aproveitando a confusão, se escondeu em um barraco que ficava atrás da birosca.

Jadir Inácio tentou fazer o mesmo, mas foi atingido pelas costas – o tiro perfurou seu pulmão. Caído no chão, o eletricista reconheceu o policial que acabara de matar Joacir e investia contra outros. Era Cláudio Russão, um PM do quartel de Rocha Miranda, já conhecido na comunidade por suas incursões violentas. Russão gritava que estava ali para ver qual marginal tinha peito de enfrentá-lo.

Paulo César Soares, de 35 anos, também foi executado, caindo por cima de Jadir Inácio. Deitado, o eletricista ficou imóvel, se fingindo de morto enquanto aguardava sua vez de ser executado, o que milagrosamente não aconteceu.

Quando os tiros começaram, Adriana estava no portão de casa e entrou rapidamente para se esconder. Ela viu quando Luciano, filho de seu Gilberto, atraído pelos tiros, "botou a cara no portão" para ver o que estava acontecendo. A casa deles, no número 13 da rua Antônio Mendes, ficava bem em frente ao bar. Parte do grupo de policiais percebeu o rapaz.

— Veio uma porção de homens empurrando o Luciano pra dentro.

Entre eles estava Bebezão.

Homem de estrutura agigantada, com cerca de 2 metros e beirando os 100 quilos, a touca ninja mal cabia em sua cabeça, deixando à mostra suas feições. Teriam que matar todos na casa. Ao ver as crianças deitadas na sala, Bebezão disse:

— As crianças também têm que morrer.[1]

Ao ouvir isso, o soldado José Fernandes Neto, que até aquele momento assistia passivo à carnificina, entrou na residência e enfrentou os colegas de farda:

— As crianças não. As crianças não!

Desesperada, Adriana ficou quieta, ouvindo a discussão:

O EXTERMÍNIO

— Eu fiquei sem ação atrás do portão. Só escutava as crianças gritando e um policial dizendo: "Bota o lençol na cara delas para elas não verem." Um dos polícias [sic] queria matar as crianças todas, mas o outro não deixou. Eu não sabia o que fazer. Consegui entrar na minha casa. Nesse momento que eu entrei, escutei muito tiro, muito tiro, muito tiro.

Dentro da casa do seu Gilberto, Neto discordava dos colegas, chegando a se colocar diante das cinco crianças, entre 2 meses e 9 anos, que moravam na casa. Os policiais sabiam que aquela família de pessoas humildes e religiosas nada tinha a ver com a morte dos policiais ou mesmo com os traficantes locais, mas, ainda assim, os sete adultos e uma adolescente foram executados pelo simples pretexto de que, um dia, um deles poderia identificar um dos policiais que entraram em sua casa.

Antes de deixar a casa, um dos assassinos ainda comentou com as crianças:

— Vocês foram salvos pelo gongo.

Desesperados com os tiros que continuavam do lado de fora da casa e apavorados com a ideia de que os assassinos pudessem voltar, os quatro menores, levando a pequena Jaíne no colo, conseguiram fugir, subindo na laje, na esperança de alcançar a casa da vizinha.

— Eu esperei acalmar aquela gritaria toda. Quando vi que eles tinham saído da casa, abri o portão e entrei pelo portão da casa deles, que era bem colado ao meu. Vi as crianças desesperadas, gritando, chorando muito. E o choro alto de um bebezinho que era da irmã da Vera. Eles tinham subido na laje da casa deles, que dava para o muro da minha casa. Eu peguei eles e joguei, pelo muro, para minha casa. Joguei primeiro a Núbia e fui jogando um a um — detalha Adriana, trinta anos depois da tragédia.

Ela diz ainda que deixou o bebê por último para que Núbia a segurasse. Em prantos, a criança de apenas 9 anos não conseguiu agarrar a priminha, que foi ao chão. Mas, por conta dessa providência difícil de explicar, milagrosamente o bebê, que ainda tinha a moleira aberta, caiu sobre a bacia de roupas.

— Quando eu vi que o bebê caiu, pulei também o muro. Foi quando os policiais voltaram, mas não encontraram mais as crianças.

A explosão no bar e os tiros foram o estopim para mais atrocidades. De outros pontos da favela, policiais deram início a uma caçada aos moradores que encontravam pelo caminho.

Na rua Antônio Tenório, próximo ao cruzamento com a travessa da Prefeitura, fuzilaram o gráfico Cléber Marzo Alves, 23 anos.

Na rua Nova com a Dona Ana, mataram o metalúrgico Hélio de Souza Santos, 39 anos.

Na esquina da rua Dona Ana com a rua Pedro Amaro, perseguiram o frentista Amarildo Baiense, de 31 anos, e o industriário Clodoaldo Pereira da Silva, de 23 anos, que foram abatidos como caça.

Quando começou o tiroteio, a família de João Pires da Costa estava em casa. Moradores do número 14 da rua da Prefeitura, João e os filhos, a ajudante de costureira Jussara Prazeres da Costa, de 25 anos, e seus irmãos Edson Jorge, Edvar e Edvaldo aproveitavam o fim da noite de domingo para assistir à TV juntos. O filho Edmilson, que morava ali perto, se juntou ao grupo.

Sem dinheiro para comprar um botijão de gás, ele, a mulher, Rose, e a filha de 3 anos tinham chegado mais cedo na casa dos pais para pedir à mãe que lhe preparasse uma marmita para levar para o trabalho na manhã seguinte: arroz, feijão e dois ovos.

Já passava das 23h30. Jussara decidiu subir para o quarto e dormir. Ela estava deitada quando ouviu diversos disparos vindos da rua e imaginou que fosse mais um dos tiroteios que ocorriam com certa frequência na comunidade, mas ficou aliviada porque sabia que todos os seus estavam seguros em casa. Logo os tiros cessaram.

Passado algum tempo, e acreditando que estava tudo tranquilo, Edmilson pegou sua marmita e decidiu ir embora. Ainda se despedia da mãe quando viu dois homens encapuzados se aproximarem de Rose e sua filha, que já estavam na rua. Ao ser abordada, ela explicou que morava ali perto, mas não foi ouvida.

Edmilson gritou para que os homens deixassem sua mulher em paz. Ao ver o rapaz, os dois o obrigaram a descer até o beco e o arrastaram pela camisa. Vendo a situação aflitiva do filho, João Pires também desceu e ainda tentou salvar Edmilson, puxando-o pelo braço.

— Deixem meu filho em paz, ele é trabalhador.

A resposta de um dos homens veio do cano da arma. Sem qualquer explicação, agindo friamente, ele disparou um tiro no peito de Edmilson.

Os dois policiais se encaminhavam para outro ponto da rua quando Jussara correu para socorrer o irmão e, desesperada, tentando acalmar o pai, gritou:

— Pai, ele tá vivo!

Ao ouvir a jovem, os dois homens se olharam e, rindo, debochados, voltaram para "terminar o serviço". Dispararam mais dois tiros contra a cabeça do rapaz.[2]

A máscara de um deles caiu, revelando, por um momento, o rosto do matador. Jussara viu ainda a arma sendo apontada para ela. Ouviu o barulho do gatilho. Para sua sorte, o revólver engasgou.

Indiferentes ao desespero daquela família, os dois homens seguiram caminho em busca de novas vítimas.

Jussara, que viu sua vida por um fio, acreditou, naquele momento, que gravara para sempre o rosto de seu algoz. Descreveria, mais tarde, o assassino como sendo um "moreno", com cerca de 1,70 metro, porte atlético, trajando calça vermelha de um tecido diferente de jeans, blusa com mangas compridas de cor preta e um colete do tipo usado pela Polícia Civil.

***

Enquanto as tropas clandestinas barbarizavam na favela, o major Marcos Paes, chefe de Operações da PM2, deixava o 9º BPM depois de tomar o depoimento do soldado Clodomir. Já na viatura, começou a ouvir as trocas de mensagens entre policiais que diziam que os coronéis do alto-comando deveriam morrer. Antes de retornar ao QG, decidiu, porém, passar no PPC de Jardim América, onde encontrou os policiais daquele plantão sem as gandolas, peças dos uniformes onde fica exposta a identificação militar.

— Eu chamei a atenção dos policiais, determinei que eles colocassem as gandolas e saí.

Depois de cobrar dos subalternos aquela regra militar, Paes decidiu ir até Vigário Geral. E pôde perceber que o que ele próprio temia estava em andamento:

— Já estava acontecendo. Eu ouvia pelo rádio da PM, na frequência de "Maré Nove" (código que sinalizava que a área de ocorrência era do 9º BPM), "quebrou mais um, quebrou outro. Vamos quebrar o coronel Iran. Vamos matar esse coronel Brum" [referindo-se a Iran Magalhães, então comandante da PM2, e ao então tenente-coronel Valmir Alves Brum, chefe da Polícia Militar na época]. Eles falavam no rádio de comunicação da corporação. Como eu ouvi, o Centro de Operações ouviu, todo mundo ouviu. Não dá para dizer que não ouviram. Ouviram sim! — recorda Paes, hoje coordenador de Segurança da Câmara Municipal do Rio e coronel da reserva.

Ao chegar na praça Catolé do Rocha, o oficial recuou.

— Eu me senti muito mal. Pensei: meu Deus do céu, esse clima, policiais falando pelo rádio em quebrar, ninguém na rua... Eu não tinha condições de fazer nada ali. As tropas do Choque e do Bope tinham sido recolhidas por volta das 22h30 por ordem do comando-geral. Eu não podia expor policiais naquela hora. Não havia o que fazer. Pegamos a [rua] Bulhões Marcial e fomos embora.

Marcos Paes foi o último agente do Estado a dar as costas para aquela comunidade. E, assim, 21 pessoas inocentes foram exterminadas.

***

Naquele momento, o motorista Marcos Antônio Tavares, que voltava do trabalho para sua casa, em Jardim América, teve problemas no carro e resolveu não arriscar. Estacionou seu Chevette preto, placa XS 1334, na praça Dois, uma das entradas da favela. A ideia era tomar uma cerveja num dos quiosques, enquanto seu carro esfriava. De repente, escutou vários estampidos e também se deu conta da presença de homens encapuzados vestindo coletes da Polícia Civil e em carros particulares. Os policiais estavam abordando pessoas que passavam no local e, de repente, passaram a atirar. Assustado, Marcos Antônio se abrigou no quintal de uma das casas da praça.

Quando os tiros finalmente cessaram e os carros foram embora, Marcos Antônio viu que os trailers haviam sido incendiados e percebeu um rapaz morto com vários tiros ao lado de uma motocicleta caída.

Era Fábio Pinheiro Lau, outro morador. O jovem fora executado pelo soldado Sirley Alves Teixeira, do 9º BPM.[3]

Ainda apavorado, o motorista voltou para seu carro, já todo perfurado de tiros, e saiu dali. Foi direto para o PPC de Jardim América.

4. VINTE E UM MORTOS EM PRAÇA PÚBLICA

A "Maré Zero", a rádio do Centro de Controle Operacional da Polícia Militar do Estado do Rio de Janeiro (CCO-PMERJ) que os assassinos usaram para se organizar e se comunicar durante o massacre, deu o alerta, às 3 horas, para que o subtenente José Gonçalves Dias, do 9º BPM, se deslocasse até o PPC de Jardim América para verificar uma possível ocorrência de crime. Era o primeiro sinal oficial da bestialidade cometida contra aquela população.

Ao chegar ao posto, o oficial foi apresentado ao motorista Marcos Tavares, que contou sobre o crime que testemunhara na praça Dois. Imediatamente, uma equipe foi ao local, confirmando, pouco depois, a existência de um cadáver.

Enquanto os policiais se deslocavam para a 39ª DP, na Pavuna, para registrar o homicídio, acreditando ser esse um fato isolado, na favela os moradores deixavam suas casas em busca de notícias de parentes. Aos poucos as vielas foram se enchendo de desespero e indignação.

Iracilda Toledo, mulher de Adalberto de Souza, foi acordada com alguém batendo à sua porta. Ela achou que o sogro estava passando mal.

Mas quem chegava era o cunhado Roberto. O pai de Adalberto, Nahildo Ferreira de Souza, um dos primeiros moradores daquela comunidade, estava logo ali, sentado em uma pedra em frente à casa, em estado de choque.

— O Beto tá aí? Chama ele pra ajudar o pai.

— O Beto tá lá no Joacir.

— Faz isso comigo não, Iracilda!

— Mas o que foi, gente?

— Lá tá todo mundo morto.

Demorou para que a mulher de Adalberto entendesse que seu marido – aquele homem boa gente, com mais de vinte anos trabalhando na rede ferroviária e pai de família – havia sido assassinado.

Iracilda ainda fez menção de ir até o bar, mas foi impedida por um compadre que chegava ali para ajudar:

— Vai não, ele tá cheio de tiro.

O local que por anos foi ponto de encontro daquelas famílias era agora a imagem da carnificina. Paredes, mesas, cadeiras e chão cobertos de sangue, corpos estraçalhados, buracos de tiros e estilhaços de granada por todos os lados. Dezenas de estojos de munição de calibres variados caídos junto às vítimas e o cheiro inconfundível de pólvora e morte no ar eram a prova contundente da mais cruel covardia que aquela comunidade um dia já vivera.[1]

Amigos e parentes entraram no bar para identificar as vítimas e procurar sobreviventes. Somente o eletricista Jadir Inácio estava vivo, ainda que ferido por cinco tiros. Logo se deram conta de que a matança não se encerrara ali. Havia tomado também outras ruas da favela e a vida de quase todos na casa de seu Gilberto.

Filha de seu Gilberto, a cabeleireira e manicure Vera Lúcia Silva dos Santos tinha combinado de passar o domingo em família. Porém, atrapalhada com um pedreiro que gastou quase o dia todo para consertar a janela e a porta do seu novo lar, e ocupada com o movimento inesperado de mulheres no pequeno salão de beleza montado em casa, acabou desistindo. Seus pais com certeza entenderiam. Afinal, só tinha mesmo de agradecer a Deus tamanha freguesia.

Ao final da noite, com o corpo moído do trabalho, tomou um banho e deitou na cama improvisada no chão. Mesmo sonada, ainda ouviu os tiros. Pareciam distantes. Dormiu, mas algum tempo depois despertou. Adriana, vizinha de sua mãe, bateu à porta, trazendo com ela seus sobrinhos.

Depois de conversar com ela, Paulo Roberto de Oliveira, companheiro de Vera, entrou em casa e disse para a mulher:

— Fica aqui, cuida das crianças, que eu vou lá na casa dos seus pais.

VINTE E UM MORTOS EM PRAÇA PÚBLICA

Vera congelou.

Paulo voltou dez minutos depois, abraçou a mulher e, num fôlego só, disse:

— Mataram a sua família.

— Não precisa me abraçar — reagiu Vera. Naqueles poucos minutos, enquanto aguardava o retorno de Paulo, os sinais da tragédia foram sendo absorvidos. Os tiros, os sobrinhos à porta, "fica aqui que eu já volto", o abraço.

Não há como descrever a dor que Vera sentiu ao encontrar os pais, quatro dos seus cinco irmãos e a cunhada mortos, banhados em sangue, caídos pela casa. A mãe morreu abraçada à mesma Bíblia com a qual ensinou seus filhos a ter fé em Deus e esperança na humanidade.

***

A vizinha de porta e amiga de uma vida inteira da família de seu Gilberto, Adriana Jales Castro de Macedo, responsável pelo resgate das crianças sobreviventes, não foi procurada por nenhum dos investigadores da chacina. Como nunca foi ouvida, a informação sobre a presença de viaturas policiais na rua Bulhões Marcial, em frente à passarela verde, no momento da invasão – fato que poderia ter modificado o desenlace do caso de Vigário Geral – jamais foi sequer ventilada, seja no inquérito, seja no processo sobre o massacre.

— Nunca fui procurada por ninguém e não prestei qualquer depoimento. Nem na polícia, nem na Justiça — revela, trinta anos depois da chacina.

***

Aos poucos, a comunidade foi despertando para aquela noite de horror, contando corpos pelas ruas e descobrindo que os carrascos de seus familiares eram policiais. Se antes a polícia não respeitava os direitos dos moradores da favela, agora ignorava até mesmo suas vidas.

O desespero foi dando lugar à revolta. Centenas de pessoas desceram para a rua Bulhões Marcial, uma das principais artérias daquela região do subúrbio carioca, para, à sua maneira, denunciar o massacre. Fizeram barricadas, incendiaram pneus, interromperam o trânsito e paralisaram o serviço de trens na região. Assumiram o controle do território e decidiram que a polícia não poderia mais entrar em Vigário Geral. Às 8 horas, o tráfego de trens da Estrada de Ferro Leopoldina – operada na época pela Companhia Brasileira de Trens Urbanos (CBTU) – foi interrompido.

Na época da chacina, o tenente-coronel Valmir Alves Brum era o chefe da Polícia Militar, cargo equivalente ao de corregedor-geral da PM. Já vinha de uma "batida", investigando a também trágica chacina da Candelária, ocorrida um mês antes da de Vigário Geral.

Na manhã de 30 de agosto de 1993, uma segunda-feira, foi acordado com o telefonema do coronel Nazareth Cerqueira, então comandante-geral da Polícia Militar, a quem era diretamente subordinado. A ordem foi clara:

— Pega sua viatura e vai direto pra Vigário Geral. Vai ver o que está acontecendo lá.

Ainda atordoado com a investigação da morte de crianças e adolescentes na Candelária, o coronel Brum, como era chamado, despertou no susto ao saber do extermínio de diversas pessoas na favela a partir de informações ainda desencontradas. Chamou seu motorista e foi imediatamente para o local. Deparou-se com um cenário de revolta por parte dos moradores – as ruas no entorno da Bulhões Marcial já tomadas pela população gritando e hostilizando os policiais militares que lá estavam. Ninguém fardado podia se aproximar e se ouviam vários xingamentos contra o comandante do 9º BPM, o tenente-coronel Cesar Pinto, que foi expulso da comunidade e teve a viatura atingida por pedras, por volta de 11 horas.

— Como eu não estava de farda, ninguém ali me conhecia e eu não sabia exatamente o que acontecera, resolvi me infiltrar, me misturar no meio daquela massa humana, e assim tentar descobrir o que realmente ocorrera.

O coronel Brum ponderou, trinta anos depois, que, caso os revoltosos tivessem ficado sabendo quem ele era, provavelmente teria corrido risco de morte. Havia chegado à comunidade em um Opala descaracterizado e à paisana ninguém desconfiou dele.

Já ciente da gravidade do ocorrido, possivelmente envolvendo policiais militares, o chefe da Polícia Militar ligou para o coronel Nazareth Cerqueira e foi curto e grosso:

— Não adianta mandar ninguém pra cá. A população só aceita a presença do governador e do comandante-geral da PM. Eles não querem outra pessoa e não vão liberar a entrada para ninguém além dessas autoridades. O senhor tem que vir pra cá imediatamente. Ou o senhor e o doutor Nilo Batista vêm agora, ou a coisa aqui vai piorar.

O governador Leonel Brizola estava fora do Rio, no Rio Grande do Sul, em pré-campanha como candidato à Presidência do Brasil. O vice-governador Nilo Batista, que acumulava os cargos de secretário de Polícia Civil e de Justiça é quem estava no comando. Com uma gravíssima crise de Estado em curso, caberia a ele estabilizar a comunidade na ausência do governador.

Enquanto aguardava a chegada das autoridades, o oficial sentiu a indignação crescente dos moradores, expulsando qualquer um que acreditassem ser agente da segurança. Nem a polícia quis se deslocar para aquela localidade em polvorosa, prestes a explodir a qualquer momento. Brum entendeu, por fim, que não podia continuar mais na favela e decidiu se deslocar para o fórum de Duque de Caxias, cidade da Baixada Fluminense vizinha ao Rio, colada ao bairro de Vigário Geral, e de lá montar uma base para esperar a chegada do comandante-geral e do vice-governador.

***

O tenente-coronel Wilton Soares Ribeiro, comandante do Bope, foi convocado para retornar com sua tropa de elite à favela, onde, na véspera, após a sua saída, ocorreu a invasão. O novo objetivo seria dar segurança para a entrada de Nilo Batista em Vigário Geral.

O vice-governador e o comandante-geral da PM, acompanhados do diretor de Polícia Técnica, Mauro Ricart, já tinham sobrevoado de helicóptero a região pela manhã. O plano era entrar na comunidade convulsionada com a escolta do Bope, mas não seria assim.

— Contei a eles o que estava acontecendo e voltei para a praça Catolé do Rocha à procura das lideranças comunitárias. Só deixaram o comandante-geral e o vice-governador atravessarem a passarela, mas era necessário dar um jeito de os bombeiros resgatarem os corpos que continuavam espalhados pela favela. Com os ânimos menos acirrados depois do encontro dos meus superiores hierárquicos com os líderes comunitários, os bombeiros conseguiram fazer seu trabalho, assim como a perícia — relembrou o coronel da reserva Brum.

Antes que Brum retornasse à praça, a fim de negociar com os líderes comunitários, surgiu um novo conflito, desta vez envolvendo a Polícia Civil. Um dos mais experientes peritos do Instituto de Criminalística Carlos Éboli (ICCE) à época, com 28 anos de polícia, Mário Bonfatti estava escalado para trabalhar na zona sul naquela manhã de segunda-feira. Porém, foi deslocado para assumir a ocorrência em substituição a um inexperiente colega encarregado naquele dia de atuar na zona norte.

— A tensão era tanta que ainda tomei uma bronca do diretor Mauro Ricart porque eu estava demorando a chegar. Ele de helicóptero com o Nilo Batista; eu num Chevette velho, caindo aos pedaços — recordou Bonfatti.

Ao chegar na Bulhões Marcial, sua viatura foi recebida a pedradas.

— Houve uma chuva de pedras em cima da gente. Eles queriam ver o polícia [sic] morto. Saquei a pistola e dei um tiro aleatório para o alto, que acertou uma pedra enorme que vinha na minha direção. Foi sorte mesmo. Meu anjo da guarda estava de plantão comigo.

De volta à comunidade, o tenente-coronel Brum conseguiu o apoio de Nahildo de Souza, presidente da associação dos moradores. Mesmo com todo o sofrimento pela morte do filho Adalberto e de tantos amigos, ele convenceu os moradores a permitir que autoridades, peritos e bombeiros fizessem seu trabalho.

O Comando-Geral da PM determinou ao coronel Wilton Ribeiro que a tropa do Bope ficasse do lado de fora, apenas cercando o perímetro.

Chamado também cedo em casa, o major Marcos Antonio Paes retornou à favela com roupas civis e, disfarçado de jornalista, conseguiu entrar na comunidade. Peritos e bombeiros só foram autorizados a entrar por volta de 12h30, após a chegada do vice-governador, do comandante-geral e do assessor especial da Polícia Civil, o delegado Elson Campello.

Com a passagem da perícia liberada, o primeiro corpo localizado por Bonfatti foi o de Edmilson, abraçado à sua marmita.

VINTE E UM MORTOS EM PRAÇA PÚBLICA

— Aquilo foi uma maldade, uma covardia — lembrou o perito.

Em seguida, entrou no que entendeu ser uma barraca. Era o bar de seu Joacir:

— Eu ia descrevendo os cadáveres para o estagiário anotar. Todos tinham vários tiros pelo corpo e na cabeça. O propósito ali era morte, uma execução, não havia dúvida.

E a perícia seguiu, então, para a casa de seu Gilberto.

— O que mais me chamou atenção naquele cenário foi a covardia. Meu Deus do céu, tinha uma garota grávida que morreu dormindo. Uma mulher, coitada, se escondeu atrás da televisão, como se adiantasse. Eu sou policial; na minha visão, a polícia não tem que se vingar, tem que fazer justiça. E aquilo foi uma vingança. Entraram para matar donas de casa, dentro de casa. O rapaz abraçado à marmita estava indo trabalhar. Achei que nada mais me chocasse, mas ali eu fiquei realmente chocado. Nunca tinha visto tanta gente morta na minha vida.

De Porto Alegre, e ainda sem saber o número total de mortos, o governador Leonel Brizola foi informado por Nilo Batista e pelo coronel Nazareth Cerqueira sobre uma gravação feita na rádio da PM que circulou no domingo, horas antes do massacre. Era uma mensagem de vingança que dizia "para cada policial morto vão morrer dez", numa alusão à morte dos quatro colegas de farda, ocorrida na véspera.[2]

O governador determinou urgência no esclarecimento da chacina:

— Isso também é resultado de uma cultura de extermínio, mas, como governante, vou ser extremamente rigoroso, questionar profundamente a PM. Vou tomar medidas muito sérias e isso não ficará impune.[3]

Enquanto isso, acompanhado sempre por Nazareth Cerqueira e pelo delegado Campello, Nilo Batista percorria os locais da carnificina e conversava com familiares e lideranças, sempre seguido de perto por vários moradores. Houve um momento em que Nazareth Cerqueira foi empurrado por alguém na multidão. O major Paes, com seu disfarce de jornalista, tentou acalmar qualquer reação.

— Nunca vi nada mais dantesco e horripilante. A cultura do extermínio está viva nos porões da polícia e sai como uma fera à noite para matar — desabafou na época o vice-governador.[4]

A chacina ganhava proporção nas manchetes do dia e assim outras autoridades foram se juntando à comitiva, como o diretor de polícia da capital, Paulo Emílio Maia Cordeiro, a diretora-geral de Polícia Especializada, delegada Martha Rocha, as deputadas federais Regina Gordilho (Partido Democrático Trabalhista – PDT-RJ) e Benedita da Silva (Partido dos Trabalhadores – PT-RJ), além de comissões de vereadores e de direitos humanos da Ordem dos Advogados do Brasil (OAB).

O bispo auxiliar do Rio, dom João Ávila, também foi à favela prestar solidariedade às famílias, enquanto o cardeal-arcebispo do Rio, dom Eugenio Sales, foi a público cobrar providências:

— Mais um duro golpe contra a dignidade no Rio de Janeiro. Profundamente dolorosa é a repetição desses fatos deprimentes. Todas as forças vivas de nossa cidade devem se unir para encontrar uma solução rápida para esse grave problema, a começar pelo combate ao narcotráfico, uma das raízes desse mal.[5]

Em Brasília, o porta-voz da Conferência Nacional dos Bispos do Brasil (CNBB), padre Antoninho Valentim, protestou:

— O assassinato a sangue-frio mostra que a avalanche de violência nesse país chegou ao nível máximo e parece incontrolável.[6]

Vários rabecões do Instituto Médico-Legal foram enfileirados na rua para o transporte dos corpos. Mas, por exigência dos revoltosos, eles foram expostos lado a lado em esquifes, na praça principal da favela, para que o mundo pudesse testemunhar a extensão da maldade perpetrada por policiais do Estado contra aquela população. A ideia partiu de um jovem desconhecido para além da pista que separava a favela da cidade formal, mas que para a comunidade era um dos seus filhos mais brilhantes.

Caio Ferraz estava cursando faculdade, mas na favela já era tratado como doutor:

— Eu disse: "Seu Nahildo, me permite que a gente não deixe levar os corpos? Vamos botar os corpos um ao lado do outro, para que isso não aconteça mais." Meu pai era desafeto político do presidente da associação, mas se respeitavam. Tive essa ideia na hora, quando vi a Vera. Vamos fazer resistência. Chamei também dona Dioclécia, uma mãe de santo com influência na comunidade. Pedi para ajudar e colocamos os corpos lado a lado. Chamamos o nome de cada um e informamos a profissão deles para mostrar que todos eram trabalhadores. Isso foi um achado sociológico — revela, trinta anos depois, o agora sociólogo, que também teve a própria trajetória modificada pela tragédia.

Brum nunca esqueceu aquela imagem:

— Aquela cena depois, dos 21 corpos enfileirados nas urnas do IML, cercados pelas famílias, amigos e moradores, nunca saiu da memória de ninguém. Não havia nenhum criminoso entre os mortos — recorda.

Aquela seria a terceira grande chacina – as outras foram a da Candelária e a de Acari – praticada por agentes do Estado desde que Brum assumira o posto de chefe da Polícia Militar. Naquele momento, o oficial tomou a investigação sobre o massacre como missão de vida.

Ainda não havia a difusão em larga escala de notícias em tempo real. A internet engatinhava, mas a imagem do massacre de Vigário Geral correu o mundo, resvalando na campanha política de Brizola, pré-candidato à Presidência da República nas eleições no ano seguinte. Ainda naquela segunda-feira, dia 30, no Congresso Nacional, cresceu o coro de vozes que pedia uma intervenção federal na segurança do Rio.

A mesma medida já vinha sendo defendida pelo deputado federal Amaral Netto (Partido Democrático Social – PDS-RJ), que, dois meses antes, encaminhara um pedido ao então presidente da Câmara dos Deputados, Inocêncio de Oliveira, solicitando uma intervenção por tempo indeterminado. Do mesmo partido de Paulo Maluf, Amaral Netto pertencia à corrente que condenava a política de segurança do governo fluminense. Brizola havia proibido a invasão de casas de moradores das favelas durante as operações policiais, sem o amparo de decisão judicial, e cobrava a polícia para que evitasse entrar nas favelas disparando sem o devido cuidado com a segurança da população local. Amaral Netto afirmava que a política de segurança do governador impedia o combate ao tráfico de armas e drogas.

Com a notícia da chacina reverberando, até mesmo alguns políticos de esquerda passaram a defender a intervenção, como os deputados federais Sergio Arouca (Partido Popular Socialista – PPS-RJ) e Chico Vigilante (Partido dos Trabalhadores – PT-DF).

A deputada federal Jandira Feghali (Partido Comunista do Brasil – PCdoB-RJ), que na época atuava junto aos movimentos populares, denunciou a omissão das autoridades federais, do estado e da prefeitura do Rio, lamentou a falência das instituições e protestou contra a possibilidade de intervenção:

— Querem mandar o Exército para a Amazônia e os estados de Alagoas e Rio. Daqui a pouco vão querer também que governe o país.

O prefeito Cesar Maia (Partido do Movimento Democrático Brasileiro – PMDB-RJ) propôs que o governo do estado analisasse a possibilidade de solicitar a ajuda federal, prevista na Constituição, sob o nome de Estado de Defesa.

Em nota distribuída à tarde, Brizola afirmou que a matança apresentava características de uma "inadmissível operação de vingança". À noite, falando em rede estadual, o governador afirmou que o caso exigia um choque disciplinar na PM:

— Hoje vivo um dos dias mais tristes da minha vida, mas também com uma indignação que só Deus conhece — desabafou.[7]

A investigação da chacina tornou-se prioridade máxima do estado. Além da 39ª DP, que tinha atribuição jurisdicional para investigar, a então recém-criada Divisão de Defesa da Vida (DDV) da Polícia Civil fluminense foi acionada para trabalhar no caso. Brigas internas da cúpula de segurança, crises políticas e uma queda de braço intensa entre as instituições desviaram completamente a apuração.

Embora o massacre fosse, afinal, uma ação de criminosos comuns – policiais que deliberadamente decidiram matar, sem qualquer chance de defesa, pessoas inocentes – e não um crime militar, as investigações passaram a ser também conduzidas pelo Serviço Reservado da Polícia Militar e pela Chefia de Polícia Militar.

Por meio de um acordo com o procurador-geral de Justiça, Antonio Carlos Biscaia, e com o apoio de Nilo Batista, o tenente-coronel Valmir Alves Brum se tornaria o todo-poderoso do inquérito – embora não fosse sua atribuição.

PARTE 2
AS INVESTIGAÇÕES

5. OS PRIMEIROS DIAS

Dia 31 de agosto de 1993, sede da Secretaria de Polícia Civil, rua da Relação, Centro do Rio. O local onde funcionou o Departamento de Ordem Política e Social (DOPS), um dos centros de detenção política e tortura do período da ditadura militar, foi a opção mais segura para que os policiais da Divisão de Defesa da Vida (DDV) ouvissem o depoimento dos sobreviventes da chacina. Criada em setembro de 1991 por Nilo Batista, a unidade reestruturava a antiga Divisão de Homicídios, passando não só a investigar assassinatos, como também garantir abrigo e segurança no caso de testemunhas ameaçadas, além de coordenar programas para redução dos índices de letalidade no estado.

Ali, na sede do antigo DOPS, Luciane Silva dos Santos detalhou, com estarrecedora compreensão e clareza, o extermínio que presenciou. Quem ouvisse seu relato poderia imaginar que estaria diante de uma pessoa adulta, tamanha a coragem com que ela conseguiu narrar toda aquela brutalidade. Mas Luciane tinha apenas 6 anos quando viu policiais mascarados invadirem a casa de seu avô, Gilberto, para matar oito pessoas de sua família. Ela foi uma das cinco crianças que sobreviveram ao massacre de Vigário Geral. Ao delegado, a menina contou que percebeu a presença de dois homens mascarados na porta da sala, onde costumava dormir com os priminhos. E avistou o avô no chão.[1]

A menina contou ainda que um dos homens mandou que todos fechassem os olhos e tapassem os ouvidos. Mas ela não obedeceu. E viu quando os policiais arrastaram o corpo de seu avô da sala para o quarto de seu tio Luciano. Também viu os mesmos homens atirarem em sua tia Léa. Luciano tentou chegar à copa, mas foi baleado. Luciane viu que foi o policial mais alto quem disse que deveriam matar as crianças.

Além dela, também falaram seus primos Vitor, de 7, e Núbia, de 9 anos, sobreviventes que tiveram ainda a responsabilidade de tirar de dentro daquela casa, e em segurança, um priminho de 4 anos e um bebê de apenas 2 meses.

Também foi ouvida a tia deles, Vera Lúcia. Ela afirmou que o único motivo que poderia justificar a invasão da casa de seus pais seria o fato de que o imóvel pertencera ao traficante Chiquinho Rambo, que se encontrava preso em Bangu 1 havia "bastante tempo". Vera revelou que sua mãe era madrinha do irmão de Chiquinho, que ela conhecia apenas como João, já falecido. Seu pai, Gilberto, também era padrinho de Agnalda, outra irmã de Chiquinho Rambo. Segundo Vera, foi Adenalda, mãe do traficante, quem vendeu a casa dele para Gilberto, um ano antes. O depoimento levaria os investigadores a concluir que o grupo de policiais invadiu a casa para checar se havia drogas ou armas guardadas, e que a família foi executada como queima de arquivo, porque a máscara de um dos assassinos, Bebezão, teria caído durante a ação.

Outra a falar foi Jussara Prazeres da Costa, aquela que sobreviveu apenas porque a arma de seu algoz engasgou e, por mais que ele insistisse, não disparou mais. Com base em seu depoimento – ela viu o rosto do assassino do irmão quando a máscara que ele usava caiu –, foi confeccionado o primeiro retrato falado de um dos assassinos.[2]

No mesmo dia, já em condições estáveis, o sobrevivente Jadir Inácio foi ouvido no Hospital Estadual Getúlio Vargas pelo titular da DDV, delegado Wilson Machado Velho. Lá, o eletricista contou que viu quando oito homens entraram no bar, todos encapuzados e vestindo camisas fechadas, o que impossibilitava qualquer identificação. Disse ainda que, do lado de fora, havia vários outros policiais que conversavam entre si sobre a morte dos quatro militares na véspera.

Jadir contou que, depois de examinarem os documentos de todos, os homens saíram e só então alguém jogou uma bomba no bar. O eletricista narrou que Cláudio foi o primeiro a cair. Adalberto, no fundo do bar, protestou contra a violência gratuita e foi atingido com um tiro na cabeça. A última coisa que Jadir Inácio disse se recordar foi que, naquele instante, começou uma "fuzilaria" e ele desmaiou.[3]

O delegado Wilson Machado Velho também foi ao Hospital Municipal Souza Aguiar para ouvir Ubirajara Santos, o outro sobrevivente que, mesmo ferido na perna, conseguiu fugir da matança no bar. Ele também afirmou que não tinha condições de reconhecer seus algozes. Contou apenas que ouviu o estrondo, em seguida foi baleado e escapou pelos fundos, passando por trás do balcão. Como Jadir Inácio, Ubirajara não viu quem efetuou os disparos.

O envolvimento de policiais e a relação do crime com a morte dos PMs do 9º BPM era evidente. Machado Velho juntou ao inquérito da chacina o registro do homicídio do estudante Fábio Pinheiro Lau, na praça Dois, que vinha sendo tratado como um caso isolado. Não restava dúvida de que ele havia sido mais uma vítima daquela madrugada sangrenta.

O delegado determinou ainda que todos os policiais de plantão no PCC de Jardim América fossem imediatamente investigados. Os primeiros pedidos de busca e apreensão na casa desses policiais começaram a ser expedidos na noite daquele dia 31 de agosto pelo plantão judiciário.

Pressionado e desgastado pelas críticas que vinham de todos os cantos, o comandante-geral da PM, coronel Carlos Magno Nazareth Cerqueira, entregou o cargo ainda no dia 31, mas foi dissuadido pelo governador, que escolheu afastar os comandantes que, para ele, se opunham à política de pacificação nas favelas.[4]

No dia seguinte, Brizola afastou catorze oficiais do 9º BPM e anunciou que enviaria à Assembleia Legislativa do Rio de Janeiro (Alerj), ainda naquela semana, uma proposta de diminuição do tempo de permanência no mais alto posto da PM. A medida, chamada pelo governador de "rejuvenescimento", se colocada em prática, mandaria para casa 58 coronéis da corporação.

A temperatura dos quartéis chegava ao limite máximo. Antes mesmo que a mensagem do governador – que acenava para a mudança das regras de promoção e saída para a reserva da mais alta patente da corporação –

chegasse à Alerj, dezoito coronéis da ativa foram, naquele 1º de setembro, até o plenário do Parlamento fluminense para entregar o manifesto Não Chacinem a PM. Assinado por 38 comandantes de batalhões, o documento tinha o objetivo de derrubar o projeto do governo.

Na véspera, o grupo se reunira com o próprio comandante-geral para discutir a crise na PM. Parlamentares da bancada de segurança da Alerj – que tinha como líderes o coronel da reserva Emir Larangeira (Partido da Social Democracia Brasileira – PSDB-RJ) e o delegado José Godinho Sivuca (Partido Progressista Reformador – PPR-RJ) – trabalharam para atrapalhar a tramitação da proposta que reduzia de cinco para dois anos a permanência dos coronéis na ativa.

O caso de Vigário Geral ganhava rapidamente, e cada vez mais, contornos políticos.

***

Uma ligação anônima para a delegacia da Pavuna, responsável pelas investigações da carnificina, confirmava que os assassinos eram policiais e teriam se reunido, antes do crime, em um depósito de bebidas na avenida Meriti. Outras denúncias também davam conta dos codinomes bastante conhecidos e temidos por moradores de Vigário Geral, Parada de Lucas e Acari, como Cláudio Russão e Bebezão.

Em 2 de setembro, o delegado Otávio Seiler, titular da 39ª DP, tomou o depoimento dos cinco policiais que estavam de plantão no fim de semana no PPC de Jardim América. Ele anunciou que a polícia já tinha identificado treze suspeitos, a partir de denúncias anônimas e do reconhecimento de alguns dos policiais que participaram dos protestos no enterro do sargento Ailton, um dos quatro mortos na praça Catolé do Rocha na véspera do massacre.

As primeiras prisões administrativas – não havia até aquele momento nenhuma acusação formal – aconteceram no dia 3 de setembro, uma sexta-feira. Os investigadores foram até a casa de cinco soldados de quartéis diferentes logo nas primeiras horas da manhã: Paulo Roberto Borges da Silva (o Borginho), Jonas Silva dos Santos e Hélio Vilário Guedes, do 12º

BPM (Niterói); José Fernandes Neto, do 14º BPM, e Alexandre Bicego Farinha, do 9º.[5]

Nas residências, foram encontradas armas, munições, luvas e toucas ninjas, acessórios comuns entre policiais, mas identificados como usados na chacina.

Os cinco policiais foram levados inicialmente para depor na 1ª Delegacia de Polícia Judiciária Militar, que funciona no 3º BPM (Méier), onde ficaram por horas aguardando para serem ouvidos oficialmente. No fim do dia, foram presos administrativamente.

Na casa de Borginho, a polícia também encontrou um Santana verde, semelhante ao que teria sido usado pelos assassinos, e uma carteira de identificação de assessor do gabinete do deputado Emir Larangeira. Além de adversário político do governo Brizola e contrário à sua política de segurança, o parlamentar era "inimigo" de Brum.

Larangeira, que comandou o 9º BPM entre 10 de abril de 1989 e 3 de abril de 1990, foi para a reserva e se candidatou a uma vaga de deputado estadual na Alerj pelo Partido Trabalhista Renovador (PTR), atual Progressistas, sendo eleito com 11.763 votos, com apoio da tropa, pela qual era considerado um líder. Em 1993, ele estava filiado ao PSDB.

Brum e Larangeira já haviam trocado acusações em um episódio ocorrido três anos antes: o desaparecimento de onze jovens de Acari, comunidade também abrangida pelo policiamento do 9º BPM. Os jovens foram sequestrados em um sítio em Suruí, Magé, na Baixada Fluminense, em 26 de julho de 1990, supostamente por policiais civis e militares que fariam parte de um grupo de extermínio.[6] De acordo com as investigações de Brum, esses policiais estavam perseguindo os meninos porque acreditavam que estariam escondendo joias e dinheiro de traficantes. O carro utilizado no sequestro foi localizado: estava incendiado e sujo de sangue, mas o paradeiro dos jovens jamais foi descoberto. Embora o sequestro tenha ocorrido apenas três meses depois de Larangeira deixar o quartel, Brum sempre acusou o deputado de tentar obstruir as investigações do caso.

Diante de uma nova chacina, e com a descoberta da carteira de assessor de gabinete na casa de Borginho, o chefe da Polícia Militar teve logo uma certeza: os assassinos de Vigário Geral seriam os mesmos policiais corruptos do 9º BPM, responsáveis pelo desaparecimento dos jovens de Acari. E Larangeira, novamente, estaria tentando atrapalhar as investigações para proteger seus homens.

A partir da prisão administrativa dos cinco militares e da identificação e localização em curso de outros policiais, Brum anunciou que os dois crimes haviam sido praticados pelo mesmo grupo de extermínio, que ele identificou como Cavalos Corredores.

O nome, inédito para a maioria das pessoas, era conhecido nas favelas daquela região. A fama dos Cavalos Corredores nos bolsões de miséria da cidade estava associada aos grupos de policiais que entravam correndo nas comunidades, atirando e espalhando o pânico. A origem do termo, no entanto, foi inspirada em um policial, atleta e com feições que lembravam um cavalo, que, por ser veloz, tinha a função de saltar da viatura correndo para alcançar o fogueteiro e impedir que os traficantes fossem alertados sobre a chegada de uma operação na comunidade. Ele era o cavalo corredor. Não havia um grupo específico com esse nome. Mas, com o tempo, "cavalos corredores" passou a ser o termo usado pelos moradores para identificar policiais militares que faziam incursões nas favelas.

Naquele mesmo dia, chegaram novas informações sobre o envolvimento de batalhões na chacina de Vigário Geral, como o 16º BPM (Olaria), unidade responsável pelo policiamento na região do Hospital Getúlio Vargas (HGV), na Penha, onde estava hospitalizado o sobrevivente Jadir Inácio. O coronel Nazareth Cerqueira, então, determinou que o tenente-coronel Wilton Ribeiro, comandante do Bope, reforçasse a segurança da testemunha.

— Eu recebi uma ligação da coordenadoria para montar uma segurança para uma possível testemunha da chacina que estava internada no HGV. Na mesma hora montei uma estrutura e mandei agentes para lá, para fazer as duas coisas, ou seja, pegar informações e montar um perímetro de segurança — relembra Wilton Ribeiro, também na reserva.

O oficial do Bope designado foi o capitão José Aguinaldo Pirassol Ruas. Por orientação do chefe, Pirassol levou um gravador. Ao chegar ao hospital, foi apresentado ao capitão Jorge Tavares Monteiro, do 16º BPM, regimento

OS PRIMEIROS DIAS

responsável pela segurança da vítima. Como o capitão já estava fazendo a proteção de Jadir e havia conquistado sua confiança, os dois oficiais, em comum acordo, gravaram o depoimento do sobrevivente, que lhes repetiu as mesmas declarações feitas anteriormente ao delegado Otávio Seiler. Em seguida, Jadir comunicou aos oficiais que queria deixar o hospital.

A partir daí, por orientação de Wilton Ribeiro e do comandante do 16º BPM, coronel Edmar Ferreira da Costa, Pirassol levou o sobrevivente da chacina para o quartel de Olaria, onde a vítima se encontrou com os parentes e com o presidente da Associação de Moradores de Vigário Geral, seu Nahildo. Enquanto ele era mantido lá, o coronel Wilton tentava confirmar com o comando-geral a liberação da testemunha:

— Não consegui naquele dia falar com ninguém no comando-geral. O tempo estava passando e o sujeito era daqueles marrentos e só dizia: "Eu quero ir embora." Mantê-lo ali sob custódia seria ilegal. Então o que fiz? Agi como um comandante militar. Determinei que fizessem um assentamento onde ele, Jadir, afirmava que não tinha nenhum embaraço com a lei que justificasse sua permanência ali e que queria seguir com sua vida. Esse documento foi assinado por nós, pelo comandante do 16º BPM e pela diretora-geral de Polícia Especializada, delegada Martha Rocha. Lá, providenciaram um carro particular e seu Jadir foi levado para a casa da irmã em Niterói. E eu, que já estava desde o dia da tragédia trabalhando direto no quartel, fui para casa — relembra o coronel.

E foi de casa que, às 6 horas da manhã do dia 4 de setembro, Wilton Ribeiro recebeu uma ligação de seu capitão, desesperado, avisando ao "chefe" que estava sendo preso naquele momento, acusado de sequestro. No noticiário matinal *Bom Dia Rio*, da TV Globo, o tenente-coronel viu que policiais do Bope, unidade especial que comandava, estavam sendo apontados como suspeitos da chacina.

— A reportagem dizia que a testemunha estava desaparecida e que as investigações caminhavam para um desfecho. E as imagens, totalmente aleatórias, eram de uma ação antiga de policiais vestidos de preto, cor dos uniformes da tropa de elite, insinuando, assim, que os suspeitos eram do Bope — recorda Wilton Ribeiro.

AS INVESTIGAÇÕES

Ainda sem entender como uma missão oficial, documentada e assinada por dois comandantes e uma diretora de Polícia Civil pôde ser confundida pela Chefia de Polícia Militar com um sequestro, o tenente-coronel localizou o capitão Pirassol, então preso no 2º BPM (Botafogo). Depois de conversar com o oficial, ele ainda tentou contato com o comando-geral, mas, sem sucesso, tomou uma decisão inédita. Perfilou a pequena tropa que estava no plantão à noite e passou o comando do Bope para o oficial mais graduado naquele momento: um subtenente.

— Pensei em me apresentar ao Comando Militar do Leste, mas meu respeito à minha corporação me fez seguir até o quartel-general da Polícia Militar. Lá, consegui ser atendido pelo coronel Iran Magalhães, o segundo homem na linha de comando da PM, e informei que havia entregado o meu cargo a um subtenente. Estava ali para me entregar, uma vez que o Bope era suspeito de sequestrar uma vítima.

Nazareth Cerqueira decidiu então não prender o tenente-coronel, mas, por sua insubordinação, ele não voltaria a comandar aquela tropa de elite. O motivo alegado pelo comandante-geral para a exoneração de seu oficial graduado: ele não teria informado a transferência de um sobrevivente da chacina aos seus superiores nem à Polícia Civil.

Perplexo e percebendo que o caso caminhava cada vez mais para incriminar injustamente o capitão Pirassol, o tenente-coronel Ribeiro tomou outra atitude ousada para a disciplina militar: naquela mesma noite, o já ex-comandante do Bope concedeu uma entrevista ao jornal *O Globo*.[7]

— O Bope não tinha agido sozinho. Além de mim, o comandante do 16º BPM e a delegada Martha Rocha também haviam assinado o documento. Decidi fazer uma entrevista à imprensa, onde afirmei que a Polícia Civil tinha conhecimento, que foi uma irresponsabilidade e uma canalhice associar o Bope à chacina. O que aconteceu ali foi uma paralisia do medo. Naquele momento, minha carreira militar estava encerrada. Fiquei na varanda por dois anos — desabafa o policial, ao falar sobre seu afastamento da PM.

Na mesma edição de *O Globo* em que Wilton Ribeiro esperneava contra a prisão injusta de seu oficial, outra reportagem informava que Nilo Batista havia deflagrado a Operação Marco Zero para apurar uma suposta obstrução às investigações. A reportagem também apontava o capitão Pirassol como suspeito de liderar a chacina.[8]

O artigo afirmava que, na gravação feita por Pirassol, Jadir Inácio teria dito que o massacre fora praticado por traficantes e que o capitão obrigara a testemunha a mudar seu depoimento para favorecer os policiais envolvidos na chacina. Pirassol foi apontado como chefe dos chacinadores. A mesma reportagem trazia logo abaixo uma declaração do delegado Machado Velho se dizendo também perplexo com a suposta mudança do depoimento de Jadir Inácio.[9]

Essa mudança de versão da testemunha Jadir Inácio, no entanto, jamais existiu.

Aquele ruído de comunicação entre os comandos e a necessidade do governo de dar respostas rápidas à opinião pública ainda custariam caro ao capitão. E essa seria a primeira grande crise nas investigações da chacina de Vigário Geral.

***

José Aguinaldo Pirassol Ruas ingressou na polícia em 1969, tornando-se capitão em 1987. Em 1989, a pedido do coronel Larangeira, foi transferido para o 9º BPM, onde ficou durante a permanência do coronel, de quem era amigo desde o início de sua formação. De lá, em 1990, foi para a Inglaterra, a fim de estudar investigação criminal. Após três meses, retornou ao Brasil para assumir um posto no Batalhão Florestal e continuar participando de cursos de especialização na Escola Superior da PM. Na semana anterior à chacina, havia sido transferido para o Bope.

Até o dia anterior, o nome de Pirassol nem sequer constava em alguma das denúncias encaminhadas à delegacia da Pavuna ou mesmo à Divisão de Defesa da Vida. Mas o fato de ter comandado o serviço da Companhia de Patrulhamento Motorizado (Patamo) do 9º BPM e também um dos suspeitos denunciados de forma anônima, além de sua ligação com Larangeira e a descoberta de que o carro utilizado para o transporte de Jadir Inácio, do batalhão de Olaria até a casa de sua irmã em Niterói, havia sido cedido pelo deputado estadual José Augusto Guimarães (PMDB-RJ) a pedido do próprio Larangeira, contribuíram para "incriminá-lo".

Depois da entrevista do tenente-coronel Wilton Ribeiro ao jornal *O Globo*, na mesma noite o Comando-Geral da PM emitiu uma nota oficial em que informava que a prisão do capitão José Aguinaldo Pirassol Ruas era "apenas administrativa". A nota não explicava se ele tinha algum envolvimento no crime.

O capitão amargaria um tempo em prisão administrativa e continuaria a ser tratado pela imprensa como possível chefe dos assassinos.

Uma semana após a chacina, já eram quinze os policiais suspeitos presos administrativamente. Entre eles, o soldado Eduardo José Rocha Creazola, lotado no Batalhão de Choque, que também estaria ligado ao coronel Larangeira. Mas havia ali um complicador: no dia da chacina, Creazola já estava preso no quartel do Choque, no Centro. O soldado havia sido flagrado dois dias antes da chacina, junto com o cabo Pedro Flávio da Costa, do 9º BPM, rondando as proximidades da casa da promotora Tânia Moreira, da 4ª Vara Criminal de Caxias, que vivia ameaçada por sua atuação contra grupos de extermínio.

Para Valmir Brum, a prisão administrativa de Creazola era um álibi frágil: os investigadores defendiam que, apesar de preso, o policial tinha total liberdade para sair do quartel, o que, segundo denúncia anônima, teria ocorrido no dia da chacina.

A linha de investigações do tenente-coronel Brum também encarava a política como principal motivação para aquela barbárie:

— O objetivo foi desestabilizar o governo Brizola.

Mais uma vez, Larangeira foi acusado de ser o grande líder dos Cavalos Corredores. E a resposta dele também veio a galope. Em entrevista a *O Globo*, o coronel disse que o projeto de rejuvenescimento encaminhado pelo governador Leonel Brizola à Alerj era "uma manobra covarde" e rachava a Polícia Militar.[10]

Sobre Acari, Larangeira confirmou que procurou Nilo Batista para impedir a realização do reconhecimento dos policiais militares. Seria uma

OS PRIMEIROS DIAS

farsa montada por Brum, pelo delegado Hélio Luz e por um advogado que defendia os traficantes locais. Sobre Brum, foi lacônico:

— É o chefe da Gestapo — disse, em clara provocação ao desafeto. — Eu vou investigar a chacina de Vigário Geral. Já estou articulando um grupo de policiais. Depois até passo a investigação para o Brum. Eu sei investigar. Ele não.[11]

À medida que as investigações avançavam, as denúncias contra o parlamentar também cresciam. Embora eleito pelo PTR, Larangeira tinha migrado para o PSDB em 1991, mas começou a sofrer pressões até mesmo dentro do novo partido. Em Brasília, o deputado federal Sigmaringa Seixas, seu correligionário, defendeu que o parlamentar fosse submetido a um escrutínio:

— O PSDB não pode deixar de apurar esse fato com rigor.[12]

Em reportagens diárias, o coronel era apontado por fontes da polícia como o líder dos assassinos. Até mesmo informações de um dossiê que ainda estaria sendo produzido no comando-geral da corporação, e que acusava o deputado de ser "o principal articulador do grupo suspeito de participar de várias chacinas nos últimos anos", foram divulgadas.[13] Em colunas sociais, editoriais e reportagens, o coronel era apontado como chefe de quadrilha. Essas pressões levariam Larangeira a deixar o partido dias depois do crime.

A pressão popular e de autoridades por resultados era tanta que uma força-tarefa foi montada dentro do Quartel-General da PM, onde também funcionava a chefia de Polícia Militar e a PM2, para investigar a chacina.

"Gestapo" era o termo que o deputado usava para definir o que denunciava como a "polícia política" de seu desafeto. No cargo de chefe da Polícia Militar, Brum havia deslocado parte das investigações para dentro do quartel-general da corporação. O Estatuto da Polícia Militar o autorizava a prender seus suspeitos administrativamente, sem as amarras da Constituição Federal, que apregoa a liberdade como direito fundamental. Porém, para realizar buscas e apreensões mesmo na casa de seus militares, ele precisaria de decisões judiciais.

Tanto a Constituição Federal como a Lei Orgânica da Procuradoria--Geral de Justiça determinam que o Ministério Público é uma instituição permanente e autônoma, com a missão de garantir que ninguém seja processado nem sentenciado senão por autoridade competente. Para isso, a fixação do promotor com atribuições para atuar num processo deve ser anterior ao fato. O promotor natural da área onde o massacre aconteceu era Vicente Arruda Filho, da 12ª Promotoria de Investigação Penal (PIP), que tinha atribuição na região territorial para atuar na área de circunscrição policial da 39ª DP[14]

Ele foi convocado pelo procurador-geral de Justiça à época, Antonio Carlos Biscaia, para comparecer ao QG da corporação militar, onde estavam sendo feitas as investigações. O objetivo era agilizar a confecção de pedidos de busca e apreensão e até de prisão, no caso de suspeitos civis. O trabalho era tamanho que outros promotores foram chamados para ajudar. Entre eles, Marcos Ramayana, que fazia parte da 1ª Central de Inquéritos, órgão responsável por dar apoio operacional às promotorias de investigação penal da capital:

— O Vicente ligou para mim e para o Mendelssohn Cardona Pereira pedindo ajuda. A coisa estava pegando fogo. Eram muitas informações e ele precisava de apoio. O trabalho foi tomando um rumo muito grande. Havia necessidade de se conseguir rapidamente, pela Promotoria de Justiça, medidas cautelares de busca e apreensão em vários locais de possíveis suspeitos do crime. E aí a gente ficou ali junto com a PM2, num trabalho muito bom daqueles policiais abnegados mesmo, que trabalhavam dia e noite para isso. E a gente ficava ali direto. Não tinha tempo de ir para casa.

Mesmo com várias prisões administrativas e a apreensão de armas, toucas e luvas dos suspeitos, Brum tinha poucos elementos para fundamentar suas denúncias. Certo da participação de Pirassol e de militares do 9º BPM no massacre, ele abriu uma nova linha de investigações:

— Era uma investigação complicada. Nós não tínhamos na época a tecnologia que temos disponível agora. Eram poucos os aparelhos celulares. Os assassinos estavam encapuzados e haviam matado as possíveis testemunhas. Então comecei a investigar os quatro policiais assassinados, em especial o sargento Ailton.

6. SARGENTO AILTON

Ailton Benedito Ferreira dos Santos entrou para os quadros da Polícia Militar do Rio de Janeiro em 10 de janeiro de 1973. Segundo policiais que conviveram com ele, era rigoroso e rude até mesmo com o seu filho. Homem pequeno, chamava atenção pelo tamanho de seu revólver de cor prata, que ostentava junto ao cinturão, dando a ele uma aparência exótica de velho oeste americano. Complementava a imagem de policial durão um espesso bigode, que conservava muito bem aparado.

Quando se tornou cabo, liderou uma Patamo e era respeitado por seus subordinados. Nos últimos tempos, Ailton havia sido promovido a sargento e passou a comandar um dos serviços de supervisão de graduado, que tem entre suas funções o papel de percorrer os vários postos policiais para fiscalizar a tropa.

Conservava também uma ficha policial limpa – até o dia de sua morte.

***

A imagem do bom policial começou a ser desmascarada a partir do depoimento do soldado Clodomir dos Santos Silva, feito ao major Paes ainda no dia 29 de agosto, pouco antes da chacina.

Pressionado a justificar por que não estava na viatura com o seu comandante, o soldado revelou que estava no plantão como motorista da viatura de Ailton quando, por volta das 19h30, eles trocaram tiros com traficantes da favela de Furquim Mendes, também no bairro de Vigário Geral. Nessa operação, Ailton e Clodomir discutiram porque o sargento não queria que o soldado registrasse a troca de tiros com os marginais e muito menos a utilização da munição da corporação.

No episódio, o sargento, na verdade, havia negociado com os criminosos o pagamento de propina de 7 mil dólares (55 mil reais, em valores convertidos e atualizados para 1º de janeiro de 2024)[1] para que fosse liberado um carregamento de cocaína apreendido por eles. Mas o sargento teria decidido cobrar mais pelo carregamento e combinado um encontro na praça Catolé do Rocha, onde receberia o restante da propina. Era essa a ligação que de fato ele aguardava naquele sábado, antes de sair para o que chamou de "denúncia que precisava checar" na praça.

Antes de seguir para o local combinado com os traficantes, Ailton passou no PPC de Jardim América para trocar o motorista de sua equipe, com quem já tinha discutido.

— Ele disse ao Clodomir que ele era um bundão e determinou que ficasse no PPC, e convocou o soldado José Santana para ir em seu lugar — revelou o agora coronel da reserva Marcos Paes.

O depoimento de Clodomir no Inquérito Policial Militar (IPM) instaurado posteriormente deixou claro que o soldado José Santana também havia inicialmente se recusado a acompanhar a equipe, mas acabou cedendo ao superior hierárquico. Em seu relatório, o major Naor Correa Huguenin, encarregado do IPM, afirmou que o cabo Irapuan Caetano e os soldados Luís Mendonça e José Santana seguiram para a emboscada que resultaria em suas mortes, sem que soubessem dos riscos que corriam.

Consta[m] também nos autos fortes indícios de que os ex-policiais militares mortos tivessem chegado bem próximo da prática de crime de concussão, art. 305 do CPM, faltando, contudo, comprovar a materialidade e obter a acusação formal, tudo levando a crer pelo passado do ex-sgt PM Ailton, este ludibriou a boa-fé dos demais componentes da guarnição, induzindo-os à prática das citadas transgressões.[2]

Após a morte, Ailton se tornou o filho feio. Passou a representar o perfil do policial minerador, que sequestrava traficantes para cobrar resgate ou para saquear seus paióis. Não teve direito a um enterro com honras milita-

SARGENTO AILTON

res. Não teria também direito à defesa. Mesmo morto, respondeu ao IPM, perdeu a promoção *post mortem* a que têm direito todos os policiais mortos em serviço, e ainda foi réu durante dois anos em um processo criminal.

> [...] verifica-se que os fatos revestem-se de indícios de crime da competência da Justiça Comum, perpetrados pelos indiciados / indigitados; bem como transgressões da disciplina militar praticada pelo extinto Sgt PM 26. 565 – Ailton BENEDITO FERREIRA SANTOS, face ter descumprido normas regulamentares vigentes na Corporação, ao realizar, durante o serviço incursões irregulares, utilizando como componente de guarnição de supervisão, sem autorização, o extinto cabo Mendonça.[3]

Somente em 1996 a Justiça declarou, finalmente, sua morte, dando baixa no processo. Até sua ficha militar foi excluída do sistema de cadastro da PMERJ, como se nunca tivesse existido para aquela corporação.

***

As investigações sobre o sargento levaram a polícia a um novo nome: Ivan. Ele seria sócio de Ailton e de um outro militar, o soldado José Fernandes Neto, em dois barcos pesqueiros.

O braço operacional do tenente-coronel Brum era a PM2, ou, como é mais conhecida, a Polícia Reservada. O comandante da PM2, na época, era o coronel Edgar Costa Magalhães, mas o chefe operacional era o major Paes, que passou a trabalhar diretamente com Brum.

Naquele mesmo momento, o nome de Ivan também surgiu nas denúncias encaminhadas ao delegado Elias Gomes Barboza, da Divisão de Defesa da Vida. O desafio era identificá-lo.

O serviço reservado do 9º BPM já havia fotografado o enterro do sargento, registrando os policiais que participaram dos protestos no cemitério. Mas quem seria o Ivan ali? As informações iniciais apontavam para um ex-PM, velho conhecido do major Paes:

— Quando eu trabalhei no 16º BPM [de Olaria], tinha um Ivan envolvido em matança. Pensei: *Será que é esse?* E disse para o meu subordinado ir no 16º BPM e levantar o endereço do ex-soldado Ivan Aguiar. Mas, antes que houvesse um retorno, o delegado Elias Barboza trouxe um endereço. Era em Campo Grande. Só poderia ser ele, um Ivan que trabalhava com extorsão, matança nas mesmas regiões, já expulso da polícia.

Era um tiro no escuro. Afinal, a denúncia trazia apenas o prenome. Enquanto Paes aguardava que seu subordinado trouxesse o endereço do ex-soldado, outras denúncias foram pingando na DDV, entre elas o endereço "atual" de Ivan, em Sepetiba. O delegado Elias Barboza conseguiu com o plantão judiciário um mandado de prisão contra "Ivan Aguiar" na travessa Valdir, 37, em Sepetiba.

— Eu chamei o sargento Carlos Alberto de Souza, que trabalhava comigo, e disse: "Vai lá e traz o Ivan aqui" — relembra Marcos Paes.

O capitão Carlos Alberto Silva e Souza e o sargento Carlos Alberto de Souza foram ao endereço em Sepetiba. Encontraram apenas a mulher do suspeito. Momentos depois, um homem que estava numa bicicleta chegou e se apresentou como Ivan Custódio Barbosa de Lima. Era um homem moreno, franzino, de cerca de 40 anos. Com ele foram encontrados um carro "cabra" – jargão policial para carros roubados e com chassis adulterados – e uma arma raspada. Ivan Custódio, talvez por já saber que era a bola da vez, antes mesmo que alguém lhe perguntasse já foi dizendo que não havia participado da chacina de Vigário Geral. Contudo, confessou saber o que acontecera naquela fatídica noite. Ele poderia não ser Ivan Aguiar, mas certamente era o Ivan que de fato estavam procurando.

O capitão ligou de volta para o major:

— Pô, major, esse Ivan aqui não é Aguiar. É outro. Mas diz que sabe de tudo.

Surpreso, a resposta ao comandado foi imediata:

— Traz ele aqui.

O alvo de Marcos Paes estava realmente errado, mas aquele tiro no escuro acabou resvalando no Ivan certo.

7. A TESTEMUNHA "I."

Assim que chegou à sede do Comando-Geral da Polícia Militar no dia 8 de setembro, Ivan Custódio se identificou como "X-9", alcaguete e informante das polícias Civil e Militar por dezesseis anos, tendo feito parte de diversas operações oficiais e também de crimes perpetrados por policiais, muitos dos quais teriam participado do massacre de Vigário Geral.

— Quando Ivan chegou, eu o reconheci de outra situação. Uma vez, fui com um amigo meu para fazer um registro de ocorrência e encontrei esse Ivan sentado, trabalhando como escrevente. Achei que fosse um policial lotado naquela delegacia — conta Marcos Paes.

Durante seu primeiro depoimento não oficial, Ivan Custódio explicou também por que teria tantas informações sobre a chacina de Vigário Geral: pretendia participar do ataque aos traficantes para vingar a morte de seu sócio e amigo. Porém, segundo a sua versão, dormiu e perdeu o bonde para a favela.

— Muitos até hoje acreditam que os barcos pesqueiros eram usados pelos três para o tráfico de armas e drogas na baía de Sepetiba. Isso nunca foi provado — recorda Valmir Brum.

Sobre os fatos que levaram ao massacre, Ivan Custódio contou que foi avisado da morte do sargento por Neto, que esteve na praça Catolé do Rocha e no enterro do amigo. Segundo Ivan, foi no cemitério que planejaram o ataque à comunidade. A ideia inicial era matar os traficantes de Vigário Geral para vingar a morte dos quatro militares.

Ainda no momento de sua prisão, ele informou que trabalhava na Delegacia de Roubos e Furtos de Cargas (DRFC) da Polícia Civil, onde, mesmo não sendo concursado, tinha em sua guarda um revólver com registro raspado, um carro "cabra" e dava até mesmo plantão na unidade, participando inclusive de operações policiais.

Seu primeiro depoimento, no entanto, só seria registrado no inquérito da DDV no dia 13 de setembro, cinco dias depois de sua prisão, fato jamais esclarecido por todos os envolvidos naquela investigação. Nele, o X-9 revelou de cara todo o esquema do qual fazia parte e que envolvia policiais de várias delegacias e batalhões em crimes de extorsão, sequestro, homicídio, corrupção e tráfico de drogas e de armas.

Sem pestanejar, e demonstrando uma memória que surpreendeu os investigadores, Ivan Custódio revelou o nome de mais de trinta policiais diretamente envolvidos no massacre, detalhando a participação deles no crime. Tais declarações levaram a polícia à época a desconfiar (e ainda desconfia) de sua participação na chacina.

A história de Ivan Custódio, segundo sua própria versão, começou no Exército, ao qual serviu a partir de 1972, na 20ª Brigada de Infantaria Paraquedista, na Colina Longa, Vila Militar. Alcançou o posto de sargento, mas, por ato do então presidente Ernesto Geisel, penúltimo presidente da ditadura militar, foi dispensado em 1977. A partir de então, passou a viver de outras atividades. Foi motorista de táxi, de carro particular e também trabalhava como artesão, fazendo estamparias com quadros, os quais vendia na rua Barata Ribeiro, junto à 12ª Delegacia Policial, em Copacabana.

Trabalhando como camelô para vender seus quadros, acabou se aproximando de policiais. No bairro da zona sul, conheceu traficantes que revendiam a droga dos morros nas ruas e repassava as informações sobre as quadrilhas aos policiais. Em troca dessa "prestação de serviço", recebia dinheiro. Tais informações não eram usadas para o combate ao comércio de drogas, mas para extorquir traficantes. A atividade passou a lhe render de dez a vinte vezes o que ele ganhava com a venda de seus quadros.

E assim, em dezesseis anos, Ivan Custódio se tornou o maior informante da polícia fluminense, com atividades em cinco distritais e quatro especializadas, incluindo a Delegacia de Repressão a Entorpecentes (DRE), responsável pelo combate ao comércio ilegal de drogas em todo o estado do Rio de Janeiro. Sua última "lotação" foi na DRFC, onde, a exemplo de outras unidades, travou conhecimento não só com policiais civis, mas também com os militares, a exemplo do soldado Miranda do 3º BPM, o qual já havia trabalhado no 9º BPM, na mesma equipe do sargento Ailton. Foi assim também que conheceu o soldado Neto, de quem se tornou amigo e também sócio nos barcos pesqueiros.

A amizade com o soldado Miranda começou ainda quando Ivan Custódio era X-9 da DRE. Miranda buscava uma delegacia "para chamar de sua", ou seja, uma unidade policial civil que lhe servisse de apoio para a prática de extorsões. A busca por "um troco" (como identificavam as extorsões) fez com que Ivan Custódio se aproximasse de outros grupos e conhecesse os policiais Leandro Marques da Costa (Bebezão), Alexandre Bicego Farinha, Arlindo Maginário Filho, Hélio Vilário Guedes e Valdeir Resende dos Santos, todos, naquele momento, lotados no 9º BPM.

Ivan Custódio não só identificaria os policiais fotografados por agentes da Polícia Reservada, que acompanharam de longe, discretamente, o enterro do sargento Ailton, mas também aqueles mais exaltados, que xingavam o coronel Cesar Pinto e outras autoridades e conclamavam os colegas a uma vindita. Os mesmos que, num acinte à instituição, dispararam tiros para o alto, rasgando o céu e a disciplina militar.

José Fernandes Neto, Leandro Marques da Costa, Alexandre Bicego Farinha, Arlindo Maginário Filho, Valdeir Resende dos Santos, William Alves, Luiz Carlos Pereira Marques, Adilson Saraiva da Hora, Rochinha, Gil Azambuja dos Santos, João Ricardo, Paulo Roberto Borges da Silva (Borginho), Betinho, Bigu, William Moreno da Conceição, Pé de Banha, Cunha, Saraiva, Marcão, Adriano Maciel (Chuca), Paulo Roberto Alvarenga e outros que não lembrava o nome naquele momento participaram do cortejo.

Depois da salva de tiros não oficial, Bebezão, Maginário e Bicego ficaram na porta do cemitério e, à medida que as pessoas iam deixando aquele campo santo, eram convocadas para o depósito da avenida Meriti, onde planejariam o ataque. Bebezão fazia a segurança do estabelecimento e teria até mesmo as chaves do depósito.

72 AS INVESTIGAÇÕES

Ivan contou que foi para casa, assistir ao resto do jogo entre Brasil e Bolívia, mas dormiu até o dia seguinte, quando, por volta das 5h30, se dirigiu para à DRFC (que ele chamou de seu "local de trabalho"). O álibi apresentado aos investigadores fora a presença, em sua casa, do cunhado Marcelo, de sua esposa e seus dois filhos, que ficaram com ele até 1 da manhã.

Mas se não estava em Vigário Geral e não participou da chacina, como poderia ter informações tão detalhadas sobre o massacre?

Em sua primeira versão sobre o crime – e ele daria muitas outras –, o informante disse que foi Neto quem lhe contou o que aconteceu naquela trágica noite. Ivan Custódio ficou sabendo do massacre por uma reportagem da Rádio Tupi, que ele ouviu no carro, enquanto se dirigia para a DRFC naquela manhã de segunda-feira, dia 30. E, se dizendo chocado com a notícia de que 21 inocentes teriam sido trucidados na favela, decidiu mudar de direção e seguir direto para a casa do soldado Neto. Segundo ele, ficaram conversando na varanda das 6 às 13 horas, quando deixou a casa do amigo e confidente.

As revelações do informante caíram feito um tsunami sobre a instituição. Ele contou em detalhes como foi cooptado pelo sistema e enredado no maior esquema de corrupção que existia no estado, que envolvia desde soldados rasos até a mais alta cúpula da Polícia Civil.

Logo depois de sua primeira conversa com Ivan Custódio, o chefe da Polícia Militar percebeu a gravidade de suas revelações e alertou o comandante-geral, que imediatamente avisou ao vice-governador. Diante do quadro, Nilo Batista, Antonio Carlos Biscaia e o alto-comando da Polícia Militar foram até a testemunha.

— Estava ali todo mundo e logo ficamos sabendo que aquele que viria a ser a nossa testemunha-chave não passava de um criminoso, um alcaguete há anos das duas polícias, na época "lotado" na DRFC, que praticava crimes de extorsão e sequestro junto com seus comparsas policiais. Ivan Custódio era um condenado e foragido da Justiça. Houve então uma negociação para a confissão daquela testemunha que ficou internacionalmente conhecida apenas por "I.". Iríamos, naquele momento, inaugurar no Rio a primeira

A TESTEMUNHA "I."

"delação premiada", com o aval de todos ali presentes — argumenta Brum para explicar por que, mesmo depois de identificado, Ivan Custódio continuou em liberdade.

No dia seguinte ao primeiro depoimento oficial, que teve por testemunhas o delegado Elias Gomes Barboza e os promotores Vicente Arruda Filho, Marcos Ramayana e Mendelssohn Pereira, e o próprio Brum, Ivan Custódio solicitou proteção policial, tendo em vista a gravidade dos fatos por ele narrados. O documento registrava:

> Diante de tais circunstâncias e, evidenciada a gravidade dos fatos, se fizeram presentes, na segunda seção da PM2, não só o excelentíssimo senhor secretário de Estado de Polícia Civil, Nilo Batista, como o procurador-geral de Justiça, Antonio Carlos Biscaia, tendo ficado acordado entre as autoridades presentes que a segurança da testemunha e de seus parentes seria mantida pela própria Polícia Militar, o que está sendo feito desde o dia 13.[1]

— Ele foi o fio da meada para a descoberta de tudo. Absolutamente tudo se esclareceu — relembra Marcos Ramayana, hoje procurador de Justiça. — Ele viu que não teria mais como voltar para a delegacia ou para o lado criminoso que frequentava. Então ele deve ter pensado: *Bem, vou ficar aqui e abrir o jogo. Também vou falar de cada um e de tudo.*

Em uma ocasião, o então inspetor Eduardo Soares, da DDV, foi convocado para ouvir a testemunha na sede do quartel-general. Ao chegar, foi orientado por Brum e pelo então major Marcos Paes que apenas redigisse as perguntas que seriam feitas por eles para a testemunha. Revoltado, o inspetor afirmou que os dois não tinham competência para presidir o interrogatório porque eram policiais militares; aquela era uma atribuição que cabia à Polícia Judiciária. Houve uma discussão e o inspetor acabou xingando os oficiais, afirmando que estariam manipulando a testemunha. Brum, então, ligou para o chefe do inspetor, o delegado Elias Barboza, e acertou-se que Eduardo é quem faria as perguntas.

Ao perceber que, na maioria de suas respostas, a testemunha afirmava ter ouvido as suas revelações de terceiros e nunca realmente dizia quem eram, o escrivão registrou: "A testemunha diz que 'ouviu dizer'." A expressão seria utilizada mais tarde tanto pela imprensa como pela defesa dos réus.

Por não aceitar que policiais militares tomassem o lugar da Polícia Judiciária naquele interrogatório, o então inspetor Eduardo Soares responderia a processo administrativo por insubordinação na Corregedoria de Polícia Civil.

O episódio deixou claro que seria necessária a urgente criação de um sistema que pudesse garantir a lisura daquele inquérito e, ao mesmo tempo, agilizar as investigações para o oferecimento da denúncia.

8. A DELEGACIA EXTRAORDINÁRIA DE POLÍCIA

Para dar ainda mais velocidade aos trabalhos, manter o sigilo das investigações e, ao mesmo tempo, garantir um arcabouço legal para o inquérito, foi criada a Delegacia Extraordinária de Polícia (DEP), instalada dentro da PM2, com um cabo como escrivão e oficiais da PM como investigadores. Em um acordo entre o coronel Valmir Alves Brum, o procurador Antonio Carlos Biscaia, e o vice-governador e secretário de Polícia Civil Nilo Batista, o delegado Elias Gomes Barboza deixou a DDV para assumir a nova delegacia.

Era a primeira vez que o Ministério Público investigava um caso de crime comum diretamente com a Polícia Militar.

Marcos Ramayana tinha apenas dois anos de carreira quando foi deslocado para participar daquela força-tarefa criada para investigar a chacina de Vigário Geral. Em uma das ocasiões, acompanhou a testemunha para um reconhecimento de policiais corruptos na Divisão Antissequestro (DAS):

— Quando entrei com o Ivan Custódio na DAS, muita gente saiu correndo. Ele foi reconhecido por ser um badalado X-9. Assim que chegamos, ele foi logo apontando quem era quem, os policiais corruptos. Foi uma correria.

Naquele depoimento oficial do dia 13, Ivan também disse que os policiais se dividiam em grupos para praticar extorsões nas favelas cariocas. Um desses grupos era do 9º BPM e seus policiais eram conhecidos como ThunderCats (em referência a um desenho animado dos anos 1980) ou "Laranjetes", numa referência clara ao período em que Emir Larangeira comandou o batalhão de Rocha Miranda.[1]

AS INVESTIGAÇÕES

Nos vários depoimentos que deu durante as investigações, Ivan Custódio foi acrescentando nomes, datas e dados, para a alegria dos investigadores que esperavam não deixar o massacre passar impunemente. Afinal, tratava-se de um genocídio, com o mundo inteiro acompanhando de olhos bem abertos o desenrolar das investigações. À medida que Ivan Custódio delatava, o número de inquéritos se multiplicava.

— Como promotores, a gente ficava mais com a função de conseguir, junto ao Judiciário, medidas rápidas para poder atender o que estava sendo materializado ali com o depoimento das pessoas que iam sendo capturadas e ouvidas como suspeitas. Eram denúncias sobre vários crimes ocorridos no estado, sequestros, extorsões, assassinatos, envolvendo várias delegacias, porque ele atua como X-9 em várias unidades. Cada denúncia gerava um novo inquérito. Isso teve uma repercussão muito grande no estado. Logo foram colocados outros delegados, inclusive o Wilson Machado Velho, que era um especialista em homicídios. Foram muitos os inquéritos instaurados — recorda Marcos Ramayana.

A maioria desses inquéritos virou processo judicial, mas quase todos os casos foram arquivados por falta de provas ou tiveram seus réus absolvidos.

9. A DENÚNCIA

Vinte e três dias depois da chacina, a denúncia contra 33 pessoas – em sua maioria policiais militares, alguns ligados ao coronel Emir Larangeira, que havia comandado o 9º BPM – foi oferecida à Justiça e distribuída para o II Tribunal do Júri, em que já tramitavam outros casos famosos, como a chacina da Candelária e o homicídio contra a atriz Daniella Perez.

Em 22 de setembro de 1993, num feito absolutamente extraordinário para uma investigação de tal porte e com tantos réus, o Ministério Público entregou, já no plantão noturno judiciário, a denúncia contra 33 homens, sendo 28 policiais militares, três policiais civis e dois alcaguetes.

No mesmo dia, no entanto, o Boletim Interno da Polícia Militar, que é recebido por toda a tropa, já informava, nas primeiras horas da manhã, a íntegra da denúncia que seria oferecida pelo Ministério Público (MP) só no final do dia à Justiça.[1]

Naquele fim de noite, quem estava no plantão era a juíza Elizabeth Gomes Gregory, presidente do IV Tribunal do Júri. Ela recebeu a denúncia às 23h08 e determinou a prisão preventiva de todos os réus, mas deixou para a juíza titular do II Tribunal do Júri, Maria Lúcia Capiberibe, a decisão sobre um pedido de antecipação de provas para que Ivan Custódio prestasse o seu depoimento antes dos réus. Pelas regras da época, os réus prestavam depoimento antes das testemunhas, mas, naquele caso, considerando o alto risco de morte que a testemunha corria, o MP solicitou que ele fosse o primeiro a ser ouvido.

AS INVESTIGAÇÕES

1ª CENTRAL DE INQUÉRITOS
17ª PROMOTORIA DE INVESTIGAÇÃO PENAL
Exmo., Senhor, Doutor Juiz de Direito da 2ª Vara Criminal da
Comarca da Capital

O MINISTÉRIO PÚBLICO DO ESTADO DO RIO DE
JANEIRO, através dos Promotores de Justiça que esta subscrevem,
no uso de suas atribuições legais, vêm diante de V. Exa. oferecer
DENÚNCIA contra:

1. WILLIAM ALVES, CBPM RG nº 29.055;
2. HÉLIO VILÁRIO GUEDES, SDPM RG nº 35.274;
3. JOSÉ FERNANDES NETO, SDPM RG nº 34.143;
4. ARLINDO MAGINÁRIO FILHO, SDPM RG nº 40.443;
5. PAULO ROBERTO BORGES DA SILVA, SDPM RG nº 40.509;
6. ALEXANDRE BICEGO FARINHA, SDPM RG nº 44.221;
7. CARLOS TEIXEIRA, SDPM RG nº 40.814;
8. JULIO CESAR BRAGA, SDPM RG nº 46.927;
9. LEANDRO MARQUES DA COSTA, SDPM RG nº 48.351;
10. VALDEIR RESENDE DOS SANTOS, CBPM RG nº 26.091;
11. GIL AZAMBUJA DOS SANTOS, SDPM RG nº 44.272;
12. MARCELO DOS SANTOS LEMOS, SDPM RG nº 50.798;
13. ROBERTO CEZAR DO AMARAL JUNIOR, SDPM RG nº 32.392;
14. WILLIAM MORENO DA CONCEIÇÃO, SDPM RG nº 52.422;
15. SIRLEY ALVES TEIXEIRA, SDPM RG nº 52.411;
16. EDMILSON CAMPOS DIAS, CBPM RG nº 37.369;
17. SERGIO CERQUEIRA BORGES, SDPM RG nº 37.675;
18. AMAURI DO AMARAL BERNARDES, CBPM RG nº 38.738;
19. JOÃO RICARDO NASCIMENTO BATISTA, CBPM RG nº 42.087;
20. PAULO ROBERTO ALVARENGA, SDPM RG nº 35.850;
21. LUCIANO FRANCINO SANTOS, SDPM RG nº 48.319;
22. ADILSON SARAIVA DA HORA, SDPM RG nº 34.326;

A DENÚNCIA

23. HÉLIO GOMES LOPES, CBPM RG nº 26.915;
24. DEMERVAL LUIZ DA ROCHA, SDPM RG nº 47.032;
25. ADRIANO MACIEL DE SOUZA, inscrito no I.F.P. sob o nº 07.393.880/5;
26. GILSON NICOLAU DE ARAÚJO, SDPM RG nº 31.718;
27. LUIZ CARLOS PEREIRA MARQUES, SDPM RG nº 40.134;
28. ADILSON DE JESUS RODRIGUES, SDPM RG nº 44.468;
29. MARCUS VINICIUS DE BARROS OLIVEIRA, policial civil matrícula nº 257.676/7;
30. JONAS LOURENÇO DA SILVA, policial civil matrícula nº 288.742/0;
31. LEANDRO DA SILVA COSTA, policial civil, matrícula nº 267.713/6;
32. JORGE EVANDRO SANTOS DE SOUZA, inscrito no I.F.P. sob o nº 02.378.472;
33. JAMIL JOSÉ SFAIR NETO, SDPM RG nº 36.794,

todos qualificados às fls. 573/574 dos inclusos inquéritos policiais 51/93 e 53/93, pelos fatos delituosos apurados neste e que seguem adiante narrados:

I – No início da madrugada do dia trinta do agosto do ano mil novecentos noventa e três, os trinta e dois primeiros denunciados e terceiros ainda não identificados, em comunhão de ações e desígnios, agindo em planejada e minudente operação de "extermínio", divididos em grupos, todos com adesão ideativa ao propósito coletivo, portando armas de diversos calibres, ingressaram na Favela de Vigário Geral, situada nesta cidade.

II – Assim, um dos grupos se dirigiu a uma "birosca", localizada na rua Antonio Mendes, 12, onde exigiram a exibição de documentos das pessoas que lá se encontravam, oportunidade em que o denunciado ALEXANDRE BICEGO FARINHA jogou uma granada no interior do aludido estabelecimento comercial.

III – Com a explosão do artefato bélico, objetivando a concretização do *animus necandi*,[2] os integrantes do grupo efetuaram disparos, de arma de fogo contra LUIZ CLAUDIO FELICIANO, JOSÉ DOS SANTOS, JOACIR MEDEIROS, PAULO CESAR GOMES SOARES, ADALBERTO DE SOUZA, GUARACI OLIVEIRA RODRIGUES E PAULO ROBERTO DOS SANTOS FERREIRA, causando-lhes as lesões descritas, respectivamente, nos A.E.C. de fls 31, 76, 97, 134, 33, 43 e 37, que foram as causas eficientes de suas mortes, bem como contra JADIR INÁCIO e UBIRAJARA SANTOS, produzindo-lhes as lesões descritas, respectivamente, nos B.A.M. de fls. 613 e 617, não logrando, entretanto alcançar o resultado letal, por circunstâncias alheias às suas vontades, eis que as vítimas foram posteriormente socorridas por terceiras pessoas.

IV – Prosseguindo na empreitada criminosa, um dos grupos, movida par idêntico propósito homicida, invadiu a residência sita na rua Antônio Mendes, 13, efetuando disparos de armas de fogo contra LUCIENE SILVA SANTOS, RÚBIA MOREIRA DA SILVA, LUCINETE SILVA DOS SANTOS, LUCIA SILVA DOS SANTOS, LUCIANO SILVA DOS SANTOS, LUCINÉIA SILVA DOS SANTOS, GILBERTO CARDOSO DOS SANTOS, JANE SILVA SANTOS, causando-lhes lesões, que, por natureza e sede, lhes determinaram a morte, conforme os autos de exame cadavérico de fls. 28, 40, 64, 71, 103, 121, 140 e 147.

V – Em seguida, próximo do nº 14 da rua da Prefeitura, dois dos denunciados, com *animus necandi*, realizaram novos disparos de arma de fogo contra EDMILSON JOSÉ PRAZERES DA COS-TA, produzindo os ferimentos letais descritos no auto de exame cadavérico de fls. 83, e contra JUSSARA PRAZERES DA COSTA, não logrando, contudo, quanto a esta, consumar o crime, visto que uma das armas utilizadas veio a falhar, sendo certo que os demais disparos não a atingiram por erro de pontaria, circunstância esta alheia às suas vontades.

VI – Dando continuidade à jornada delituosa, os denunciados, *animus occidendi*, passaram a efetuar disparos de arma de fogo contra as pessoas que encontravam pelo caminho. Sendo assim,

A DENÚNCIA

vieram a atingir AMARILDO BAIENSE, CLODOALDO PEREIRA DA SILVA na confluência das ruas Pedro Amaro com Dona Ana; CLÉBER MARZO ALVES, no entroncamento das ruas Antonio Tenório com Travessa da Prefeitura; HÉLIO DE SOUZA SANTOS, no cruzamento da rua da Prefeitura com a rua Antonio, 39, causando-lhes lesões que, por sua natureza e sede, ensejaram-lhes a morte, conforme positivam, respectivamente, os autos de exame cadavérico de fls. 90, 128, 108 e 114.

VII – Por derradeiro, todos os denunciados rumaram para a Praça Córsega – antiga Praça 2 – e, com idêntico intuito homicida, efetuaram disparos contra FÁBIO PINHEIRO LAU, atingindo-o e causando-lhe as lesões letais descritas no A.E.C. de fls. 20.

VIII – Em decorrência da mesma ação, os denunciados, com *animus necandi*, também efetuaram disparos contra SALVADORA DOS SANTOS, que, atingida, sofreu as lesões descritas no BAM de fls. 616, não restando consumado o crime por circunstâncias alheias às vontades dos denunciados, vez que esta vítima foi socorrida por terceiras pessoas.

IX – O último denunciado, que se encontrava de serviço no posto de policiamento comunitário do bairro de Jardim América, previamente ajustado com os trinta e dois primeiros denunciados e os terceiros ainda não identificados, concorreu, consciente e voluntariamente, para os crimes praticados, aderindo integralmente aos fatos delituosos, pois, além de colaborar com a elaboração do plano da "chacina", prestando, assim, contribuição moral, entregou aos executores o automóvel marca GM, modelo Opala, cor bege, placa (RJ) NT 9296, de sua propriedade, utilizado na prática delituosa.

X – Assim, os denunciados, concentrados em um único escopo – operação de extermínio – praticaram os atos executórios anteriormente individualizados, dirigidos sempre num sentido comum, sendo certo que até então não se pode identificar os causadores diretos de cada evento delituoso.

XI – A motivação do crime foi torpe vingança abjeta, vez que os denunciados, unidos pelo mesmo desígnio criminoso, visaram o extermínio das vítimas em represália às mortes de 04 (quatro) policiais militares ocorridas no dia 28 de agosto de 1993, na Praça Catolé da Rocha, Vigário Geral, nesta cidade (IP nº 241/93-39ª DP).

XII – Os crimes foram praticados de inopino, impossibilitando qualquer tipo de defesa por parte das vítimas.

Estão, desse modo, os trinta e dois primeiros denunciados incursos nas sanções do artigo 121, § 2º, incisos I e IV (vinte e uma vezes), e artigo 121, § 2º, incisos I e IV, c/o artigo 14, inciso II (quatro vezes), na forma do artigo 69, sendo que para o último denunciado também combinado com o artigo 29, caput, todos de Código Penal.

Posto isto, recebida a presente, requer sejam citados os denunciados, sob pena de revelia, para serem interrogados e apresentar as defesas que tiverem, prosseguindo-se nos demais termos desta ação penal até a consequente pronúncia, a fim de que, submetidos a julgamento perante o E. Tribunal do Júri, sejam condenados nas cominações retro invocadas.

Rio de Janeiro, 22 de setembro de 1993.
Ass. MENDELSSOHN ERWIN KIELING CARDONA PEREIRA
PROMOTOR DE JUSTIÇA
Ass. MARCOS RAMAYANA BLUM DE MORAES
PROMOTOR DE JUSTIÇA
Ass. VICENTE ARRUDA FILHO
PROMOTOR DE JUSTIÇA
Ass. WALBERTO FERNANDES DE LIMA
PROMOTOR DE JUSTIÇA
Ass. ANTONIO JOSÉ CAMPOS MOREIRA
PROMOTOR DE JUSTIÇA

Ass. LUIZ OTÁVIO DE FREITAS
PROMOTOR DE JUSTIÇA
(Nota nº 3168 – 22 Set 93 – DGP/DPA/SJD)

A DENÚNCIA 83

No dia seguinte, o então procurador-geral de Justiça, Antonio Carlos Biscaia, anunciava, com pompa e circunstância, aquela façanha inédita: havia esclarecido o crime, prendido e denunciado os 33 algozes numa velocidade jamais vista em casos como aquele, e acrescentou que o Ministério Público já investigava pelo menos outros dez crimes praticados pelos mesmos policiais. Biscaia também afirmou que havia indícios suficientes sobre o envolvimento do deputado Emir Larangeira no esquema, acusando o oficial reformado de ser o "líder" daquela organização criminosa. O procurador antecipou que, dali a alguns dias, iria denunciar o parlamentar à Justiça. Porém, para isso, seria necessária autorização da Assembleia Legislativa, em razão de sua imunidade.[3]

No entanto, o próprio procurador-geral de Justiça reconhecia que esses indícios estavam fundamentados exclusivamente no testemunho de Ivan Custódio. Entre os crimes revelados pela testemunha e levados a conhecimento público por Biscaia estavam o sequestro dos onze jovens de Acari no sítio de Suruí, em Magé, na Baixada Fluminense, em 1990; o assassinato do coronel reformado da PM Oscar Alves da Silva, em 1988; uma chacina com nove mortos no Jardim América e a morte do capitão da PM Alfredo Tavares de Paula, ocorridos em 1990; e o assassinato do prefeito de Itaguaí, Abeilard Goulart de Souza, em 1991.

Naqueles últimos seis meses, os criminosos teriam também executado cinco moradores de Parada de Lucas; o gerente da boate Psicose e sua mulher, a líder do grupo de "Mães de Acari", Edmeia da Silva Euzébio, que lutava por Justiça para os responsáveis pela chacina dos jovens; e um padre que havia visitado um preso no Presídio Hélio Gomes, no Complexo Frei Caneca, no coração do Centro da cidade.

A denúncia contra Emir seria entregue ao Órgão Especial do Tribunal de Justiça em 8 de novembro daquele ano e logo ganharia o apelido de "quadrilhão".

PARTE 3

O PROCESSO

A primeira fase

10. UM PROCESSO NA CORDA BAMBA

Os dias que antecederam o tão esperado depoimento da principal testemunha da chacina de Vigário Geral, Ivan Custódio Barbosa de Lima, no II Tribunal do Júri, foram particularmente difíceis para a segurança do Rio. Três dias antes, uma guerra campal explodiu entre traficantes e policiais da Delegacia de Repressão a Entorpecentes de Niterói e do Bope, na favela do Coroado, em Acari, deixando um saldo de oito mortos, catorze feridos e dezenas de casas destruídas. A comunidade fica próxima de Vigário Geral e estava sob o domínio da mesma facção criminosa do traficante Flávio Negão, apontado como o mandante do assassinato dos quatro policiais do 9º BPM, ocorrido na véspera da chacina.[1]

A batalha do Coroado durou mais de quatro horas e foi travada com fuzis, metralhadoras e a detonação de pelo menos quatro granadas. A poeira não tinha sequer baixado quando, no dia seguinte, os policiais que participaram daquele confronto foram acusados de sumir com duas granadas e duas pistolas apreendidas na operação e submetidos a uma investigação da Corregedoria.[2] Enquanto isso, o principal alvo dos policiais, o traficante conhecido como Pará, retornou à favela, vistoriou suas vielas, indenizou os moradores e pagou os enterros. A demonstração – no mínimo debochada, aos olhos das autoridades – daquele poder paralelo acirrou as pressões por uma intervenção federal no estado para o combate ao tráfico de drogas. E o Exército deu mais um passo na direção da capital fluminense: anunciou que já contava com um mapeamento das áreas conflagradas do Rio.

Na véspera do depoimento, nova crise. Policiais civis deram início a uma greve de 48 horas, paralisando um serviço fundamental: a perícia do

Instituto Médico-Legal. Num estado violento como o Rio, a sede do IML amanheceu cercada por oitenta policiais militares. Mesmo assim, naquele dia, nenhum cadáver entrou ou deixou a unidade.

Em 1º de outubro, data do depoimento de Ivan Custódio, a Polícia Militar montou um esquema especial para a proteção da testemunha. Sem apoio da Polícia Civil, tropas do Batalhão de Choque e do Bope foram deslocadas para garantir a segurança no perímetro do fórum. Todas as pessoas credenciadas para a audiência, incluindo os 44 advogados inscritos, passaram por revista para entrar no plenário, que também sofreu adaptações para receber 31 dos réus (dois estavam foragidos).[3]

Mesmo com todo o cuidado e preocupação da promotoria e da juíza Maria Lúcia Capiberibe para agilizar o depoimento de Ivan Custódio, em razão do alto risco de um atentado contra ele, a audiência começou com duas horas de atraso. Com a greve da Polícia Civil, não havia pessoal disponível para transportar os três policiais civis que eram réus no processo.[4]

Os promotores José Muiños Piñeiro Filho e Maurício Assayag eram os titulares do II Tribunal do Júri e, naquele momento, acumulavam outros dois casos rumorosos: o homicídio da atriz Daniella Perez, filha da autora Glória Perez, que foi brutal e covardemente assassinada pelo então ator Guilherme de Pádua e pela mulher dele, Paula Thomaz, em 28 de dezembro de 1992;[5] e a chacina da Candelária, ocorrida em 23 de julho de 1993, cerca de um mês antes do massacre, quando policiais mataram oito jovens na região central do Rio.[6]

— Eu lembro que fiquei sabendo da chacina pelo rádio, no dia 30 de agosto, quando chegava para uma audiência de Júri na 2ª Vara Criminal, e comentamos, Maurício e eu, sobre o caso, aquela mortandade. Maurício falou: "Só falta cair aqui conosco." E caiu — recorda o agora desembargador da 6ª Câmara Criminal, José Muiños Piñeiro Filho.

Como o tenente-coronel Valmir Alves Brum e os mesmos promotores da Central de Inquéritos também acumulavam as investigações da chacina da Candelária desde o início do inquérito, Piñeiro Filho e Assayag acompanharam as diligências de Vigário Geral, antes mesmo que o processo fosse para o II Tribunal do Júri, mas sem se aprofundar no caso. Com a distribuição, em 22 de setembro, coube a eles também assumir a acusação contra os 33 réus. Devido ao volume de informações e complexidade do caso, participaram daquelas primeiras audiências os promotores Marcos Ramayana, Vicente Arruda, Antonio José Campos e Mendelssohn Pereira.

A sala ficou pequena para acomodar tanta gente. Vinte e três policiais cercavam os 31 acusados para garantir que nenhum deles tentasse alguma reação contra qualquer um no plenário. Ali, e com os holofotes da imprensa estrangeira e de organismos internacionais voltados para ele, Ivan Custódio chegou às 13 horas e confirmou todas as acusações que fizera ao longo de duas semanas.

O depoimento começou com o ato formal de reconhecimento dos réus, colocados em grupos de cinco por vez, em ordem aleatória. Ivan Custódio só não soube informar o nome ou mesmo apelido de dois dos réus, mas ainda assim os reconhecia como frequentadores do depósito de bebidas da avenida Meriti, de onde saiu parte dos assassinos no dia do massacre. A testemunha afirmou que conheceu a maioria dos acusados um ou dois anos antes. Depois, confirmou o que já tinha dito sobre seu início como alcaguete e seu envolvimento com aqueles policiais na prática de crimes.[7]

Sobre a chacina, reafirmou que tomou conhecimento dos detalhes através do soldado José Fernandes Neto, de quem era amigo e sócio. Ele se disse inconformado, ao saber pelo rádio de seu carro, que inocentes haviam morrido no lugar de traficantes. Em razão disso, foi até a casa de Neto, no início da manhã daquele 30 de setembro, onde ficaram conversando das 7h30 até as 13 horas. Disse que o amigo lhe confidenciou que mais de cinquenta homens teriam participado da barbárie, incluindo todos aqueles que estavam denunciados no processo. Contou ainda que Neto o alertou sobre o risco que estaria correndo:

— Fica na tua.

Ivan Custódio falou que teve a certeza de que seria a bola da vez ainda naquela semana. Sua vida estava por um fio.

— Na quinta-feira, o sargento Flávio foi até a DRFC e me disse que tinha um bom trabalho para aquela noite, na rua Piracaia. Mas não fui àquela mineira [extorsão, no jargão policial] porque fiquei desconfiado. Eles nunca tinham me dito para ficar na minha e não contar nada para ninguém. Na sexta-feira, liguei para a casa do Neto e soube que ele havia sido preso — narrou Ivan Custódio em seu depoimento.

A testemunha nunca revelou se foi ela mesma quem informou seu endereço para a polícia, mas soube aproveitar quando o capitão Carlos Alberto Silva e Souza chegou em sua casa para cumprir um mandado de prisão contra o ex-PM Ivan Aguiar.

Em sua produção antecipada de prova, Ivan Custódio não se restringiu a falar apenas sobre a chacina. Aproveitou para trazer novos detalhes sobre o suposto esquema de corrupção, denunciado por ele, que enredava as duas polícias do estado, desde a ponta até os mais altos escalões, e sobre o envolvimento dos deputados estaduais Emir Larangeira e José Guilherme Godinho Sivuca Ferreira.[8]

Revelou que faziam parte do esquema os delegados Antonio Nonato da Costa, ex-titular da Divisão de Repressão a Entorpecentes (DRE), Mario Teixeira Filho, ex-titular da Delegacia de Roubos e Furtos de Carga (DRFC), Orlando Correia, titular da DRE, e Júlio César Mulatinho. Para garantir o funcionamento do esquema, a DRE, principal fonte de renda da corrupção fluminense, tinha cerca de trezentos policiais oficialmente lotados e de trezentos a quatrocentos alcaguetes que, assim como o próprio Ivan Custódio, viviam de levantar informações para os achaques. Apesar de tantos agentes trabalhando ali, a delegacia vivia às moscas.[9]

A testemunha-chave narrou que, enquanto chefiou a DRE, o delegado Antonio Nonato da Costa manteve um esquema de extorsão contra traficantes com o apoio do então comandante do 9° BPM, coronel da PM Emir Campos Larangeira.

— As incursões nas favelas não eram oficiais. O objetivo era prender o traficante e negociar sua liberdade com o advogado em dólares. Vinte e cinco por cento iam para a administração, o restante era dividido entre o pessoal que foi à favela e o inspetor Gerson Muguet,[10] que sempre entrava como mais uma cabeça — revelou.[11]

Ivan Custódio contou ainda que o coronel Larangeira formou duas patrulhas especiais, com doze homens cada, incumbidas de levantar, junto com os alcaguetes, os locais e fazer as prisões:

— Sabíamos onde achar os bandidos, as armas e as drogas. Quando chegávamos à DRE, o advogado já esperava para negociar a libertação do preso.[12]

Também contra Larangeira, Ivan Custódio afirmou que traficantes da região teriam financiado sua campanha para deputado estadual, num acordo feito durante uma reunião no 9º BPM, em 1990, com a participação do próprio Darcy da Silva Filho, o Cy de Acari, e dos traficantes Pará e Jorge Luís.[13] Ivan Custódio também acusou o delegado Elson Campello, na época o zero dois da Polícia Civil, de realizar supostas visitas à DRFC uma vez por semana para recolher sua parte nos ganhos com extorsões e laudos favoráveis à liberação de documentos de veículos adulterados.

À medida que falava, o informante ia desvelando uma série de episódios conhecidos da crônica policial, mas que até então eram tratados como lendas urbanas e restritos ao "disse me disse" dos corredores das redações das empresas de comunicação e das delegacias. A partir de Ivan Custódio, esses casos ganharam de uma hora para outra o formato estarrecedor de denúncias oficiais, prestadas em juízo por testemunha "idônea". Foi o caso das extorsões feitas a poderosos traficantes da época, como Robertinho de Lucas e Orlando Jogador, que pagavam grandes somas para liberar drogas e armas apreendidas e libertar seus comparsas presos, e até mesmo para não serem incomodados por operações policiais.

Também foi o caso da lendária passagem de Pablo Escobar por terras fluminenses. Foragido, o maior traficante da história chegou a ser procurado por policiais do mundo inteiro. Eles buscavam a fama e o prêmio de 6 milhões de dólares (47,2 milhões de reais, em valores convertidos e atualizados para 1º de janeiro de 2024) oferecido pelos governos norte-americano e colombiano pela sua cabeça. Ainda assim, segundo as revelações de Ivan Custódio, o narcotraficante não escapou de ser vítima do achaque da polícia fluminense. Embora a testemunha não tenha informado a data, o caso teria ocorrido após a fuga de Escobar, em 22 de julho de 1992, da cadeia La Catedral, em Envigado, que ele mesmo mandara construir. O narcotraficante morreu em 2 de dezembro de 1993.

Ele contou que Escobar foi localizado em Cabo Frio por dois soldados, um do batalhão local e outro do 9º BPM, que passaram a informação para detetives da equipe do delegado Elson Campello. Eles teriam rendido o traficante em uma casa no condomínio Bosque do Peró e cobrado dele o resgate de 10 milhões de dólares (78,7 milhões de reais, em valores convertidos e atualizados para 1º de janeiro de 2024). Apesar do montante, o valor teria sido entregue em duas malas de dinheiro por membros de sua quadrilha ao advogado Michel Assef.[14]

Enquanto Ivan Custódio dava seu depoimento, numa ação quase sincronizada, Nilo Batista, vice-governador e secretário de Polícia Civil, anunciava a Operação Mãos Limpas, numa alusão à histórica operação que combateu o envolvimento de autoridades italianas com a máfia. Batista afastou, numa só canetada, onze de seus principais delegados e outros 23 policiais civis, antes mesmo de qualquer comprovação sobre o envolvimento deles com o esquema apontado por Ivan Custódio.[15] A decisão agravou, sobremaneira, a desconfiança entre os agentes de segurança e o governo.

Mesmo com todo o esquema de proteção, por volta das 21 horas, aproveitando um intervalo, Ivan Custódio foi ao banheiro. Ao retornar à sessão, ele denunciou à presidência do júri que fora ameaçado pelo advogado Antônio Teixeira Coelho, defensor do soldado Gil Azambuja Filho.

— Ele disse que, se fosse eu, pensaria na segurança da minha família.

Cobrado, Antônio Coelho disse que fora apenas um mal-entendido:

— Eu elogiava a coragem da testemunha por suas denúncias contra autoridades e comentei que não teria coragem e que, inclusive, não sei o que faria se eu fosse seu parente. Não iria querer estar nem no lugar dele, nem do parente. Quando comentei isso, não percebi que ele passava atrás de mim — justificou o advogado.[16]

Desconfiado das intenções do patrono de Azambuja, o promotor Maurício Assayag pediu que o episódio constasse na ata de audiência.

As defesas bombardearam a juíza Maria Lúcia Capiberibe com questões de ordem que vinham desde a presença de outros promotores sem competência para atuar naquela vara até pedidos de prisão contra Ivan Custódio por falso testemunho. Os advogados afirmaram que o informante

UM PROCESSO NA CORDA BAMBA

mentiu ao dizer que não respondia a crimes e juntaram como prova um mandado de prisão contra ele, expedido pela Vara de Execuções Penais, constando uma condenação de cinco anos por roubo de veículo no bairro de Madureira, na zona norte carioca, em dezembro de 1976. A principal testemunha do Ministério Público era, na verdade, um foragido da Justiça. Sua folha penal tinha ainda uma condenação a quatro anos de prisão por tráfico de drogas, em Diadema, São Paulo, e outras duas condenações pelos crimes de furto e de receptação, em Mato Grosso do Sul e em São Paulo, em ambos os casos com penas já prescritas.

Após 23 horas de depoimentos, questões de ordem e arguições, a juíza encerrou a audiência às 10 horas do dia 2 de outubro. O *round* seguinte seria na outra semana, quando aconteceria o depoimento dos réus.

Para a audiência de 5 de outubro, a defesa veio com sua artilharia pronta.

Tudo corria como o esperado, com os mesmos protestos de sempre. Os réus negavam qualquer participação nos fatos e apresentavam seus álibis. Isso até o terceiro depoimento, o do soldado José Fernandes Neto.

— O senhor já soube da denúncia. Eu quero saber se esses fatos são verdadeiros, se o senhor teve algum envolvimento — quis saber, como de praxe, a juíza.

— Não. Isso é uma mentira, isso é uma afronta à minha dignidade.

— Mas a testemunha já prestou depoimento aqui, inclusive sob as penas do falso testemunho, e disse que soube de tudo pelo senhor.

— Mas eu não podia ter falado isso para ele naquela manhã de segunda-feira.

— E por que não?

— Porque eu estava em uma blitz, numa operação policial, envolvendo três batalhões. Eu era o motorista da viatura.[17]

Nesse momento, os promotores José Muiños Piñeiro Filho e Maurício Assayag gelaram.

— Eu lembro que perguntei para o promotor Mendelssohn Pereira, que estava ao meu lado, se ele sabia daquilo. E ele me disse: "É mentira." Eu insisti: "Mas ele está dizendo que estava numa operação policial, ou seja, cercado de testemunhas." E ele novamente me acalmou, com um "mas é mentira". "Você checou?", perguntei. "Eu não, mas checaram" — recorda Piñeiro Filho.

Segundo o magistrado, a discussão continuou, após o fim da audiência, no gabinete da promotoria da 2ª Vara Criminal.

— Ali, novamente, ele me disse que a Polícia Militar havia checado os álibis.

No dia seguinte, à noite, Piñeiro Filho e Assayag receberam uma ligação do comandante-geral da Polícia Militar, coronel Nazareth Cerqueira, por volta das 22 horas.

— O coronel perguntou se poderíamos ir até o QG porque a testemunha precisava conversar conosco. Olhamos um para outro, já imaginando o problema.

No quartel-general, eles foram recebidos pelo comandante-geral, que tratou de levá-los pessoalmente até a sede da Delegacia Extraordinária de Polícia, que, apesar de ser da Polícia Civil, ainda funcionava em uma sala improvisada na Coordenadoria de Comunicação Social. Lá, Ivan Custódio os aguardava:

— Eu gostaria de fazer uma retificação no meu depoimento.

— Sobre algum detalhe? Um nome errado? — ironizou Piñeiro Filho.

— Não. Está tudo certo. Eu chamei os senhores porque quero esclarecer um fato que não ficou bem claro. Na verdade, não foi na segunda-feira na casa do Neto que eu soube.

A revelação, embora já aguardada, caiu feito um raio na cabeça dos promotores.

— Imagina o que foi descobrir que a única testemunha concreta até ali mentiu em juízo. Nós já sabíamos que a denúncia tinha sido precoce e que não era possível um reconhecimento formal pelos sobreviventes porque todos os réus estavam encapuzados. Mas saber que todo o depoimento da testemunha-chave estava baseado em uma mentira? Aquilo era um erro no coração da denúncia — comenta Piñeiro Filho, trinta anos depois.

Ao perceber a reação dos promotores, Ivan Custódio ainda tentou relativizar o problema:

— Foi um equívoco da minha parte.

UM PROCESSO NA CORDA BAMBA

— Você não cometeu um equívoco. Você praticamente está absolvendo todo mundo da chacina de Vigário Geral. Acabou Vigário! — reagiu, na época, Piñeiro Filho.

Ivan revelou então que, na noite do massacre, não dormiu, apenas se atrasou. Como sabia que depois do ataque invariavelmente os policiais voltariam para os alojamentos particulares que mantinham numa rua próxima do 9º BPM, ele ficou por lá, esperando o retorno do bonde.

— Vi quando voltaram em vários carros e vi o Neto chegando no dele. Perguntei como foi e ele disse para eu sair dali, que tudo deu errado, deu merda, e que morreu um monte de gente inocente. Ainda tentei saber o que tinha acontecido. Ele me contou como foi, deu alguns nomes, mas depois falou para eu ir embora, para sumir. Porém, reconheci vários caras ali, e concluí o resto.

Ele explicou que só falou com Neto novamente na quinta ou sexta-feira, quando foi informado sobre a mineira que aconteceria. Compreendeu que iriam matá-lo, uma vez que já não contava mais com a proteção do sargento Ailton Benedito Ferreira dos Santos. E comentou com os promotores que "alcaguete não se aposenta, morre antes".

Depois de ouvir a nova versão, Piñeiro Filho cobrou:

— Você vai voltar ao juízo e falar a verdade. E, com o tempo, com certeza terá que provar também que não participou da chacina. Porque estamos achando que você participou.

No dia seguinte, ele e Assayag foram até a juíza Maria Lúcia Capiberibe para contar o que aconteceu. Mas não queriam que partisse deles a iniciativa de pedir um novo depoimento para Ivan Custódio. A oportunidade acabou surgindo por conta de um dos advogados de defesa, na segunda audiência de depoimentos dos réus. Ele justificou que, diante de tantas controvérsias entre os depoimentos e álibis dos réus e o depoimento da principal testemunha, seria justo que Ivan Custódio fosse novamente ouvido.

Naquela semana, o telejornal reacendeu a esperança da promotoria. As próximas testemunhas a falar seriam os sobreviventes da chacina, entre eles Jadir Inácio, Ubirajara Santos e Jussara Prazeres da Costa. Numa entrevista na véspera, Jussara, que estava até aquele momento na casa de

O PROCESSO

parentes em Volta Redonda, afirmou que tinha visto o rosto do assassino do irmão e que poderia reconhecê-lo com facilidade.

O novo embate entre promotoria e defesa aconteceu em 19 de novembro e começou literalmente numa luta corporal. Aproveitando um descuido da segurança, os acusados trocaram socos e pontapés, insultos e ameaças, na carceragem do fórum, com os policiais que faziam a escolta de Ivan Custódio, que retornava para o seu segundo depoimento.

Os ex-PMs Paulo Roberto Borges da Silva, Luciano Francino dos Santos e Carlos Teixeira, denunciados pela matança, sofreram algumas escoriações na briga e foram indiciados por agressão contra os capitães Odilon Machado de Mello e Carlos Alberto Silva de Souza, além do subtenente João Nóbrega Sales.

Como na tribuna, cada uma das partes deu sua versão sobre os fatos conforme sua conveniência. Os advogados dos réus alegaram que eles apenas se defenderam e acusaram o capitão Carlos Alberto de invadir a carceragem para matar seus clientes. Segundo eles, dois dias antes o oficial estivera na carceragem da Polinter da Zona Portuária para ameaçar de morte os ex-PMs depois de descobrir que estavam enviando bilhetes ameaçadores para os investigadores. Já os promotores afirmaram que houve uma tentativa de fuga com violência. A corporação, por sua vez, justificou que os acusados teriam atacado o oficial por terem sido presos por ele. O entrevero atrasou em mais de sete horas a segunda fase do sumário de culpa.[18]

Um esquema especial trouxe a aguardada testemunha sobrevivente, Jussara Prazeres da Costa, para depor naquela audiência. Muito nervosa, a jovem de 25 anos começou a passar mal durante a viagem. Na época, o tribunal não contava com acomodações apropriadas para que ela pudesse se recompor.

Preocupada com o estado emocional da testemunha, Maria Lúcia Capiberibe pediu que Piñeiro Filho a acomodasse na sala da promotoria, onde havia um sofá em que poderia descansar até a hora de seu depoimento.

Ivan, o primeiro a depor, aproveitou para revelar sua nova versão sobre como soube, em detalhes, o que aconteceu naquele trágico dia. O bombardeio a seguir foi imediato. As defesas exigiram sua prisão por falso testemunho e porque, afinal, ele era também um foragido do Instituto Penal Edgar Costa, em Niterói.

Algumas horas depois, a juíza aproveitou um intervalo para pedir ao promotor que checasse o estado de saúde de Jussara.

— Ela estava acompanhada de uma oficial de Justiça. Eu me apresentei e perguntei se estava se sentindo melhor. Aproveitei para acalmá-la, dizendo que era natural que os advogados fossem veementes em suas perguntas, mas que, se ela não entendesse, tentasse manter a calma e se dirigisse à juíza. Expliquei que certamente encontraria os réus. Vi na televisão que ela teria dito ser capaz de reconhecer o homem que atentou contra seu irmão. Ela disse "posso sim" e perguntou se poderia olhar o álbum, que estava no gabinete. Eu disse "pode", mas alertei que ela teria que fazer o reconhecimento pessoalmente. E fui embora — revela Piñeiro Filho.

A juíza iniciou o depoimento de Jussara com o reconhecimento.

— Vou te colocar um capuz para você ficar protegida e olhar os vários réus que estão aqui. Olhe com calma. Se reconhecer alguém, indique para a gente. Se estiver com dúvida, diga que tem dúvida — orientou a magistrada.

Jussara se levantou e olhou com calma. Em depoimento à Divisão de Defesa da Vida, ela afirmara que o assassino de seu irmão era "muito moreno", como ela, e que não teria dificuldade de reconhecê-lo.

O promotor Mendelssohn Pereira já tinha dito várias vezes aos dois promotores responsáveis pelo caso na Justiça que ela reconheceria, com certeza, o ex-soldado Adilson Saraiva da Hora. Ao lado dos dois, no plenário, ele se mostrava extremamente confiante.

— Não sei por que o colega tinha tanta certeza disso. Naquele momento, ela olhou todo mundo e quando foi a vez do Da Hora, o Mendelssohn disse: "É agora que ela vai reconhecer." Mas ela não reconheceu. Nem o soldado, nem mais ninguém — relembra Piñeiro Filho.

Nesse momento, o advogado Nélio Soares Andrade, patrono de Luciano Francino dos Santos, ponderou que, se a vítima tinha tanta certeza de que poderia identificar o algoz de seu irmão e, sendo a testemunha Ivan Custódio também um criminoso, seria justo que ela também fizesse seu reconhecimento em juízo.

— Era tudo que a gente precisava, porque se ele fosse reconhecido, além de termos um reconhecimento oficial de um dos assassinos, o depoimento dele passaria a ter outra validade, já que estaria na cena do crime — conta o hoje desembargador.

Mas o que já não estava bom só piorou. Para garantir que o rito do reconhecimento seguisse todas as regras, outros seis policiais que faziam parte da escolta de Ivan Custódio foram destacados para participar do ato. Jussara olhou, olhou e perguntou à juíza:

— Posso reconhecer?

— Você tem certeza de que reconheceu o homem que matou seu irmão?

— Sim — afirmou, para a alegria dos promotores e preocupação de alguns advogados que percebiam o grande risco que seus clientes corriam.

E Jussara apontou. Mas não Ivan Custódio. O capitão Carlos Alberto Silva e Souza, o mesmo que prendera Ivan Custódio, boa parte dos acusados e que havia brigado com alguns deles antes da audiência foi o apontado pela testemunha.

Era mais uma ducha gelada nas pretensões da acusação. Alguns advogados aproveitaram para tumultuar a sessão, pedindo a prisão imediata do oficial.

Como se aquela audiência já não estivesse suficientemente difícil para a promotoria, Jussara, ao depor, fez uma afirmação inocente e acabou vítima das artimanhas dos advogados. Ela contou que já tinha visto um álbum de fotografias dos suspeitos durante o inquérito e que voltou a examiná-lo um pouco antes do início de seu depoimento. Ao ouvir isso, um advogado a interpelou para saber se ela havia conversado com algum dos investigadores ou promotores e se poderia dizer quem. Ela respondeu:

— Posso. Eu conversei com aquele senhor ali. — E apontou para Piñeiro Filho.

Ao perceber o mal-entendido, Jussara ainda tentou explicar que o promotor apenas havia perguntado sobre seu estado de saúde e a acalmado sobre a audiência.

A resposta gerou novos protestos e até mesmo um pedido de afastamento do promotor por suspeita de induzir o depoimento da testemunha.

Dessa vez, porém, o socorro veio do lado inimigo: Nélio Soares Andrade e José Mauro Couto de Assis, dois dos grandes advogados criminalistas presentes, partiram em defesa do representante do Ministério Público, discursando sobre o seu caráter e profissionalismo. Nélio chegou a afirmar que, em protesto, também renunciaria se Piñeiro Filho deixasse o processo.

Maria Lúcia Capiberibe então tomou a palavra para explicar que foi ela quem solicitou a sala do Ministério Público para a testemunha se recuperar do mal-estar e que pedira depois a Piñeiro Filho que fosse até Jussara checar seu estado de saúde. Dito isso, a magistrada indeferiu os pedidos de suspeição.

— Só faltava mesmo a audiência acabar com a prisão do oficial que investigou e o afastamento do promotor — ironiza agora o desembargador.

A partir daí, o que antes parecia um caso resolvido em tempo recorde se transformou em um dos mais difíceis processos que o II Tribunal do Júri enfrentou. A testemunha Jadir Inácio também não reconheceu o soldado Jamil Sfair Neto, inicialmente apontado pelos investigadores como Cláudio Russão. Piñeiro Filho e Assayag deixaram o tribunal com a certeza de que teriam que fazer uma nova investigação, por conta própria, para tentar salvar o caso.

Apesar de entre os réus policiais claramente haver participantes do massacre, até aquele momento as poucas provas indicadas pela denúncia estavam praticamente descartadas, e as chances de absolvição de todos cresciam cada vez mais.

Naquele tempo tão conturbado, as longas audiências sobre as chacinas de Vigário Geral e da Candelária se revezavam às sextas-feiras, no II Tribunal do Júri. Assim, no dia 5 de outubro, foi a vez do depoimento de Alexandre Bicego Farinha. A acusação sabia que ele tinha sido o homem que, deliberadamente, jogou uma granada com grande poder de destruição dentro da birosca de seu Joacir, dando início ao morticínio. Mas como provar?

Além de um álibi para o dia da chacina, Bicego ofereceu uma versão sobre os motivos que teriam levado a testemunha Ivan Custódio a mentir e a acusar o grupo. Segundo o réu, Ivan estaria jurado de morte pelo sargento Ailton, que, na véspera de sua morte, teria ido até a Delegacia de Cargas para matar o informante, o qual ele alegava tê-lo passado para trás na sociedade dos barcos pesqueiros.[19] Como prova da traição de Ivan Custódio, a defesa de Bicego apresentou um recibo de venda dos barcos no valor de 600 mil cruzeiros reais (140 mil reais, em valores de 1º de janeiro de 2024), transação que teria sido feita em 16 de agosto sem o conhecimento do sargento.[20] O recibo trazia as assinaturas de Ivan Custódio e de José Fernandes Neto, mas não tinha a assinatura de Ailton. Bicego afirmou à juíza que, ao se encontrar com o X-9 no enterro do sargento, cobrou dele uma imediata reparação financeira para a família do morto.

O soldado acusou Ivan Custódio de traição, passando informações aos traficantes que fizeram a emboscada contra o policial. Esta seria a razão para o informante "inventar" aquela acusação contra os amigos do sargento morto: apenas fugir de uma provável vingança.

A mesma audiência que recebeu o homem que lançou a granada e deu início ao massacre ouviu também os sobreviventes. Foi como se a antiga sala do II Tribunal do Júri, que tanta maldade já testemunhara, ficasse acanhada para ouvir a pequena Luciane, chamada a depor no processo. A criança, na consciência de seus poucos anos, se recusou a fazer o reconhecimento dos assassinos de sua família ou ficar no mesmo espaço que eles. A juíza concedeu o pedido e deixou a cadeira opressora de presidente daquele tribunal para se sentar no plenário junto com a menina. No colo da magistrada, Luciane descreveu todo o horror que presenciou. E desenhou o que não soube traduzir em palavras.

Do lado de fora dos autos, a guerra política avançava. O *Jornal do Brasil* daquele 23 de outubro alardeava a reportagem "Forças Armadas vão ocupar favelas do Rio".[21] Quatro dias antes, uma das agências de informação do governo federal encaminhara um documento sigiloso à Presidência da República. Sob o título *Irregularidades no sistema de segurança pública do estado do Rio de Janeiro*, o dossiê trazia a íntegra do depoimento de Ivan Custódio, com denúncias sobre a corrupção e o envolvimento de autoridades fluminenses com a bandidagem e pautando a necessidade de uma intervenção federal na segurança do estado. Às vésperas de um ano eleito-

UM PROCESSO NA CORDA BAMBA

ral para a escolha do presidente do Brasil, a notícia foi mais um golpe na campanha do governador Leonel Brizola.

Distante dessas questões políticas, que pressionavam o governo fluminense a dar respostas imediatas para as duas chacinas, mas extremamente preocupados com os rumos do processo de Vigário Geral, que apontavam para uma impunidade generalizada, os promotores do II Tribunal do Júri precisavam ganhar tempo.

A tática das defesas era clara: usariam o excesso de prazo para pedir a libertação dos acusados. Uma vez livres e com um enorme rol de testemunhas para depor sobre a idoneidade de seus clientes, o tempo passaria e a comoção social arrefeceria.

Mas para isso, claro, seria necessário que a Justiça concedesse aos réus o direito de responder ao processo em liberdade.

— O processo com tantos réus nos favoreceu. As defesas tinham arrolado umas 150 testemunhas. Conseguimos que a juíza mantivesse todos presos preventivamente. Isso foi fundamental, não só para a produção de novas provas, mas também porque, depois de tanto tempo presos, eles começaram a se voltar uns contra os outros — analisa o desembargador Piñeiro Filho.

A pronúncia (sentença em que o juiz determina que há indícios concretos de que as pessoas denunciadas cometeram o assassinato e que por isso devem ser julgadas por um júri popular) só aconteceria em maio de 1995. Durante esse período, o Rio de Janeiro teria a chamada Operação Rio, uma inédita operação policial-militar de combate ao crime organizado, coordenada e realizada pelo Exército, num acordo entre o presidente Itamar Franco e o governador Nilo Batista. Também houve uma nova onda de denúncias envolvendo o governo, com a descoberta de supostos livros-caixa da contabilidade do bicheiro Castor de Andrade, que implicavam centenas de policiais e autoridades do estado, abrindo um novo flanco na guerra política do Rio. Brizola perderia de forma humilhante as eleições para a Presidência, amargando um quinto lugar entre os candidatos.

Sem as pressões políticas que influenciaram as investigações até a denúncia, o processo agora seria definido pelas provas nos autos, e isso só aumentava a desconfiança entre os presos, fazendo subir ainda mais a pressão intramuros. Entre os acusados, dominava o silêncio. Ninguém, nem mesmo os inocentes, deveria abrir a boca para nada. Agiam como se estivessem numa roda em que ninguém podia soltar a mão do outro. Qualquer quebra dessa regra poderia representar a morte.

Essa situação ficou ainda mais clara para todos quando, em 28 de fevereiro de 1995, o réu Leandro Correa da Silva Costa fugiu da carceragem Ponto Zero, em Benfica, onde estava preso. Antes mesmo que sua fuga fosse oficialmente informada, naquele mesmo dia, ele foi assassinado na Ilha do Governador.

De acordo com o plano dos envolvidos na chacina, com o tempo e sem provas concretas o caso acabaria caindo no esquecimento e todos os réus seriam soltos. Mas, depois de um ano de cadeia, esse acordo tácito começou a se desfazer. Um dos primeiros a soltar a mão da roda dos culpados foi Sérgio Cerqueira Borges, o Borjão.

11. SOLDADO BORJÃO

Desde o início, Sérgio Cerqueira Borges foi um réu com comportamento bem diferente dos outros acusados pela chacina. A começar pelo jeito com que se entregou: antes de se apresentar ao oficial de dia do 18º BPM (Jacarepaguá), onde atuava naquele momento, para ser encarcerado, o soldado convocou uma coletiva, se deixou fotografar e disse que estava sendo vítima de uma retaliação do comando da corporação. Falta disciplinar grave, uma vez que militares não tinham autorização para falar com a imprensa.[1]

— Estou sendo usado como bode expiatório — disse à época. E explicou os motivos de sua entrevista não autorizada: — Vou me apresentar porque não devo nada. Convoquei a imprensa para me defender com antecedência, antes que a PM me apresente como suspeito de participar da chacina, como fez com os outros que não tiveram chance de se defender.

A tática do esperneio, no entanto, não ajudou. Borjão, como sempre foi conhecido na tropa em razão do tamanho avantajado, foi preso e passou a figurar como um dos Cavalos Corredores mais instáveis do grupo.

Segundo seu álibi para a noite de 29 de agosto de 1993, Borjão jantava com sua família no restaurante Rua's, no Recreio dos Bandeirantes, na zona oeste, enquanto os assassinos da chacina de Vigário Geral entravam na comunidade para exterminar 21 moradores. No entanto, os investigadores da PM2 não validaram o álibi (na verdade, nem ao menos o checaram), e aquela noite seria uma das últimas em que teria a mulher e os filhos ao seu lado durante mais de seis anos.

Dezessete dias depois, o soldado foi convocado para prestar depoimento na 1ª Delegacia de Polícia Judiciária Militar, no Méier, zona norte, e de lá seguiu direto para o Batalhão de Choque, no Centro. Estava preso. Seis dias depois, foi denunciado pelo Ministério Público como um dos 33 autores do massacre. Após três meses, foi expulso da Polícia Militar, onde estava desde agosto de 1982, e transferido para a Polinter. A carreira militar construída ao longo de onze anos se desfez a toque de caixa.

O X-9 Ivan Custódio Barbosa de Lima, de quem fora vizinho e o havia apresentado aos colegas do batalhão de Rocha Miranda, o denunciou como um dos 33 homens que haviam invadido a comunidade do Parque Proletário de Vigário Geral na noite do dia 29 de agosto de 1993. Sua vida, naquele momento, mudaria para sempre.

Com temperamento explosivo e problemas psiquiátricos, ele agarrou à unha a defesa de sua inocência, voltando-se contra boa parte dos réus, os quais considerava culpados. Desde o início, Borjão decidiu que iria botar a "boca no trombone", gritar e brigar pela sua liberdade. Sua primeira vítima foi o vice-governador e secretário de Justiça. Numa das primeiras audiências no II Tribunal do Júri, onde estavam todos os réus, Nilo Batista teve o dissabor de ouvir seu nome sendo xingado por um homem grandalhão, forte e extremamente revoltado:

— Quando vi o Nilo Batista entrando no plenário do tribunal, não me contive. Levantei e comecei a gritar em alto e bom som que ele e o Brizola teriam que me pedir desculpas e também para todos da minha família quando eu provasse a minha inocência, e eu tinha certeza de que isso aconteceria. Lembro de ter dito que eles eram uns covardes e que não estavam ali para fazer justiça, mas sim para dar uma resposta para a sociedade por conta da política — relembra Borjão, que, naquele dia, teve que ser contido por seguranças do fórum e agentes do Batalhão de Choque que ali estavam para fazer a escolta dos presos e a proteção das autoridades.

Essa não seria a primeira nem a última vez que o soldado Borjão causaria polêmicas. Por todos os presídios por onde passou, ele fazia protestos. E, por conta disso, da Polinter, onde não deixava ninguém em paz, foi encaminhado para um hospital psiquiátrico em Bangu. Recusou-se a sair do carro que o transferia, questionando a direção do Departamento do Sistema Penitenciário (Desipe) se iriam aceitar a transferência dele sem ordem judicial. Foi levado de volta para a Polinter e então transferido para o presídio Ary Franco, no bairro de Água Santa.

— Era uma penitenciária com vários traficantes e, assim que eu cheguei, fui levado para o "Maracanã", uma espécie de local de triagem, muito escuro e fedorento, onde todos os presidiários ficam juntos e têm seus cabelos cortados. Aos poucos, os outros homens foram sendo levados para as celas e eu fiquei por último. Três agentes do Desipe entraram naquele lugar fétido e tentaram me intimidar, dizendo que eu havia sido "recomendado" e que eu não passava de um vagabundo no sistema.

De acordo com Borjão, os servidores do Água Santa, como o Ary Franco é ainda popularmente conhecido, o alertaram de que ali não adiantaria ser "marrento" e que a forma como seria tratado dependeria do seu comportamento:

— Eu aloprei e fui espancado por eles, muito esculachado. Só que, no dia seguinte, tinha uma audiência com a juíza Maria Lúcia Capiberibe e com os promotores José Muiños Piñeiro Filho e Maurício Assayag e aproveitei mais uma vez para denunciar o que acontecera na véspera. Os agentes do sistema penitenciário foram obrigados a me colocar numa cela do pessoal da "faxina" [presos de bom comportamento e que não eram ligados a facções]. Aí não me incomodaram mais. Dias depois, outros acusados da chacina foram transferidos também para o Água Santa.

Borjão se recorda de que, em sua passagem pelo presídio Ary Franco, as manifestações e os protestos cada vez mais veementes que fazia em prol da sua inocência começaram a incomodar alguns réus da chacina que também haviam sido transferidos para aquela unidade prisional. Sua correspondência teria sido violada, segundo ele porque havia agentes do sistema penitenciário também envolvidos com os chacinadores. Isso só servia para que aquele caldeirão que era o presídio de Água Santa esquentasse cada vez mais.

Já a ponto de enlouquecer e dopado de medicamentos para controlar seu temperamento, o soldado expulso da corporação vislumbrou uma forma de largar aquela roda de acusados da chacina: teria de provar quem, dentre eles, eram os culpados.

12. A REVIRAVOLTA NAS INVESTIGAÇÕES

Paralelamente ao processo da chacina de Vigário Geral no II Tribunal do Júri, corria no Órgão Especial a ação contra o deputado Emir Larangeira, acusado de ser o grande *capo* da corrupção fluminense. Seu nome encabeçava a lista de 71 acusados de promover uma verdadeira indústria do crime no Rio de Janeiro, que teria começado em 1989, no momento em que ele, então tenente-coronel, assumiu o comando do 9º BPM.[1]

A denúncia, pautada exclusivamente no depoimento da testemunha Ivan Custódio,[2] tinha também os nomes dos delegados Elson Campello, Antonio Nonato e de outros cinco delegados, além de policiais militares e civis — entre eles todos os acusados pela chacina de Vigário Geral — e até advogados.

Por sua atuação no 9º BPM, Emir Larangeira se tornara um líder militar para parte da tropa, o que lhe garantiu a eleição para deputado estadual já na sua estreia na vida política, em 1990. Por isso, naquele momento, mesmo sendo ele próprio acusado de crime e respondendo a processo, não daria as costas para seus antigos subordinados, alguns deles réus da chacina.

Em 1º de setembro de 1994, Larangeira foi ao encontro de um dos principais acusados pelo massacre, o ex-soldado Leandro Marques da Costa, o Bebezão, que estava internado, sob custódia, no Hospital da Polícia Militar (HPM), com problemas de pressão arterial. Bebezão (também conhecido por Miúdo) sempre foi apontado como o pivô da morte de oito pessoas da família de seu Gilberto. O parlamentar chegou até ele levado por um de seus homens de confiança, o soldado Télio Braz, que trabalhara como um dos motoristas oficiais durante o período em que Emir Larangeira comandou o 9º BPM.

— Fui procurado pelo Télio, que me trouxe o recado do Bebezão dizendo que era muito importante que eu conversasse com ele. De início recusei, porque, afinal, eu não tinha nenhuma dúvida de que ele estava envolvido naquela desgraça e de que era culpado. Mas Télio me disse: "Coronel, o senhor precisa ir."

O encontro seria à noite:

— Bebezão estava custodiado em um quarto do hospital da PM, junto com o soldado Amauri do Amaral Bernardes. Me identifiquei na portaria e subi para conversar com eles, passando por dois policiais que faziam a escolta dos pacientes presos, ao lado da porta do quarto. Conversamos durante um tempo. Quando eu disse que iria embora, Bebezão se levantou e falou: "Vamos conversar ali fora, coronel, que eu preciso lhe contar algo." Eu ainda falei: "Mas a escolta vai ouvir." E ele me respondeu: "Que escolta?"

Emir Larangeira recorda que, para sua surpresa, não havia mais ninguém do lado de fora do quarto. E Bebezão então revelou o motivo daquela "convocação":

— Ele disse: "Comandante, estou numa situação muito difícil. Quero berrar, porque não aguento mais ver tanto inocente preso. Eu fui naquela porra [a chacina], mas é sacanagem ver tanta gente que não foi se ferrando. Eu não aguento mais passar o dia com o Amauri chorando do meu lado. Ele não estava lá. Eu quero berrar, mas minha família tá lá fora. Eles vão matar toda a minha família se eu abrir a boca. Porque presos só tem dez chacinadores. Lá fora tem muito mais."

O coronel da reserva então fez a pergunta:

— Mas quem participou?

Segundo Larangeira, Bebezão revelou dez nomes. Além do próprio Leandro Marques da Costa, teriam participado da chacina, e estavam presos, Alexandre Bicego Farinha, Paulo Roberto Alvarenga, João Ricardo Nascimento Batista, Sirley Alves Teixeira, José Fernandes Neto, Valdeir Resende dos Santos, Arlindo Maginário Filho, Marcelo dos Santos Lemos e Roberto do Amaral Júnior. Bebezão também teria afirmado ao então deputado que nem todos teriam atirado nas vítimas.

A REVIRAVOLTA NAS INVESTIGAÇÕES

— Ele me disse inclusive que o Resende estava bêbado no bar. Ele foi sem saber para onde estava indo e dormiu dentro do carro. O pessoal foi lá, fez a chacina, voltou, deixou ele em casa e ele não viu nada. Bebezão me contou alguns detalhes e garantiu também que o Neto não disparou um tiro. Pelo contrário, impediu que matassem as crianças.

Bebezão fugiu horas depois do encontro com Emir Larangeira, ainda na madrugada do dia 2 de setembro de 1994, para nunca mais ser alcançado, nem pela polícia, nem mesmo pela Justiça. Ele ficou foragido até a extinção de sua punibilidade, em 2015.

De posse dos nomes de dez policiais envolvidos, o deputado foi até a Polinter, onde conversou com alguns dos policiais que conhecia e que estavam presos naquela unidade.

— Falei com alguns deles, entreguei os nomes e mandei recado para outros que eu sabia que eram inocentes. Eu disse: "Vocês têm que dar um jeito de conversar com essa turma que realmente participou da chacina, eles devem falar a respeito uns com os outros. Vocês precisam dar um jeito de gravar, às escondidas, essas conversas. Peçam a seus familiares e advogados que arranjem gravadores, e gravem. Vocês precisam investigar o crime aí de dentro e conseguir a prova" — revela Larangeira.

13. AS FITAS

Antes mesmo de Larangeira interferir, o ex-soldado Sérgio Cerqueira Borges já dera início ao plano para provar sua inocência. Foi ele quem primeiro começou a gravar clandestinamente alguns réus, depois de uma conversa com seu defensor, Themístocles Faria Lima. O advogado lhe explicara que os promotores que atuavam no processo afirmaram que não adiantava dizer quem era quem; precisavam de provas mais robustas.

Borjão montou uma estratégia para extrair a confissão dos réus que considerava culpados e estavam presos com ele e outros no instituto penal Pedrolino Werling de Oliveira (PO), no antigo Complexo Penitenciário Frei Caneca, os quais tinha certeza da não participação na chacina. Com a autorização do diretor da PO, major Sidnei Salaberga, e de uma psicóloga que atuava na penitenciária, munidos de um gravador e três fitas cassetes, ele e o réu William Moreno passaram a registrar as conversas com dois dos principais réus que eles sabiam ter estado naquela trágica noite em Vigário Geral: os ex-soldados Sirley Alves Teixeira e José Fernandes Neto, também já expulsos da PM.

— Nós, na condição de presos e acusados da chacina, fomos investigando e montando o *modus operandi* e separando os culpados dos inocentes, para depois expor os que realmente haviam participado ativamente. O que mais falou foi o Sirley, tanto para mim quanto para o William Moreno. E já havia a confissão do Bebezão feita ao coronel Emir Larangeira, antes de ele fugir do HPM, contando quem participara e como o massacre se dera. Essa confissão serviu para confirmar o que estávamos descobrindo e se somar às outras informações que havíamos conseguido para montar o desenrolar da chacina. A partir daí, teríamos as provas da nossa inocência. As gravações que fizemos e que tentaram de várias formas desacreditar não eram aleatórias como quiseram fazer crer — disse Borjão.

Na Polinter, o principal alvo se tornou o cabo Pedro Flávio, que não havia participado da chacina, mas estava preso por outros motivos e era amigo de alguns dos réus, como João Ricardo, Bicego e Sirley. O cabo contou ao soldado Adilson Saraiva da Hora e a Borginho, que jogou as armas usadas por alguns dos exterminadores da ponte Rio-Niterói, na baía de Guanabara.

Com fitas gravadas e prontas para serem entregues ao II Tribunal do Júri, os autoproclamados inocentes passaram a conviver com um medo muito maior do que uma provável condenação: a dos reais culpados descobrirem que haviam sido gravados clandestinamente e tentarem acabar com a vida deles e de seus familiares. Já no final, desconfiados, muitos ficaram agressivos e faziam ameaças: se alguma coisa sobre aquelas conversas vazasse, as famílias sofreriam as consequências. O próprio Sirley citou isso, sem saber que estava sendo gravado.

— Como eu era explosivo, falava tudo o que vinha na minha cabeça para provar minha inocência. Eles temiam que eu procurasse o promotor José Muiños Piñeiro Filho para "berrar" tudo, como Sirley dizia numa gravação feita pelo William Moreno. O Sirley, junto com Bicego, era um dos mais perigosos. Sirley sabia que eu estava desesperadamente querendo denunciar todos eles, mas nunca passou pela cabeça dele que estava sendo gravado. Eles inocentavam dez pessoas nas suas falas — relembra Borjão.

Ele e os colegas usavam as madrugadas, depois que todos caíam no sono, para ouvir o que haviam conseguido gravar durante o dia. Já com um bom material capaz de inocentá-los, decidiram que era hora de parar e entregar as fitas aos seus advogados, para que fossem encaminhadas aos promotores e à juíza.

14. UMA ALIANÇA IMPROVÁVEL

O processo da chacina de Vigário Geral caminhava para a conclusão de sua primeira fase, e Emir Larangeira fazia suas investigações particulares para tentar provar o que dizia ser uma grande farsa para incriminá-lo. O militar acreditava que os nomes de alguns policiais, pessoas de sua confiança, tinham sido injusta e deliberadamente acrescentados na denúncia de Ivan Custódio, de forma criminosa, apenas para atingi-lo. Se conseguisse provar a inocência dos seus homens, Larangeira estaria também livre das acusações na ação que respondia como chefe de quadrilha.

Meses depois daquela reunião na Polinter, ele recebeu uma nova mensagem. Dessa vez, do ex-soldado Paulo Roberto Borges da Silva, o Borginho, um dos policiais de sua confiança, que conheceu durante sua passagem pelo 12º BPM (Niterói), quando ainda era major. Mas Borginho estava preso no Ary Franco, em Água Santa.

— Eu não conhecia ninguém no sistema penitenciário e àquela altura me tornara um proscrito dentro do sistema. Ninguém me ajudaria. Todo mundo devia pensar: *Vou me queimar se eu for visto com esse cara* — desabafa Larangeira.

Larangeira pediu ajuda ao amigo e também coronel Enéas Quintal, que foi com ele até Água Santa. Lá, Borginho denunciou um plano para matar Piñeiro Filho e a juíza Maria Lúcia Capiberibe.

— Ele me disse: "Comandante, os presos deram ordem para quem está solto matar o promotor Piñeiro. E querem também matar a juíza Capiberibe. Eles já sabem onde o promotor mora, onde reside a noiva dele, sabem que ele é professor à noite na faculdade Estácio de Sá e que joga bola de manhã no campo do Olaria. Eles estão com tudo pronto para pegar o promotor."

Borginho teria revelado ainda que os presos ameaçavam delatar os envolvidos na chacina que estavam fora do processo, caso a ordem não fosse cumprida.

— Eu estava irado com o Ministério Público pela armação contra mim, mas, ao mesmo tempo, sabia que os promotores do II Tribunal do Júri estavam bancando aquele jogo pesado por conta da trapaça de outros promotores. Eles pegaram o processo pronto. Eu pensei: *Tenho que avisar; afinal, o cara está no papel dele. Vai morrer por isso?* Mas eu não queria também me aproximar deles. Havia muita desconfiança, então procurei um amigo em comum para dar o recado — conta o oficial reformado.

O mensageiro foi o coronel Nelson Salmon, que comandava a Escola Superior de Polícia Militar (ESPM), em Niterói, e era professor. Percebendo a gravidade daquelas informações, o oficial procurou Piñeiro e sugeriu um encontro entre "os inimigos".

Além do coronel Salmon, outro oficial ligado a Larangeira, o coronel Astério Pereira dos Santos – que fora seu comandante no 12º BPM e tinha boa relação com o promotor Maurício Assayag – participou da mediação para o encontro que aconteceria no campo neutro da sede da ESPM.

— Eu pensava: *Estamos em lados opostos. Será que posso confiar neles?* — relembra Emir Larangeira.

Os promotores enfrentavam a mesma desconfiança:

— Quando se decide ter "pré-conceitos", você não valoriza nada. Havia ali um clima de desconfiança até mesmo no MP por se tratar do Larangeira, que estava sendo acusado de quadrilheiro. Não nos interessava saber qual era a intenção do coronel, mas sim o que ele poderia trazer de informações que servissem para a nossa investigação. E nós iríamos apurar. Se as informações fossem úteis, aproveitaríamos, se não, descartaríamos. Nós não tínhamos provas, só a testemunha do "ouviu dizer". Havia até mesmo o risco de os réus serem impronunciados — revela Piñeiro Filho, trinta anos depois.

UMA ALIANÇA IMPROVÁVEL

Dispostos a ouvir o que o deputado sabia sobre a chacina, os promotores avisaram ao então procurador-geral de Justiça, Hamilton Carvalhido.

— O procurador-geral era outro, e a orientação também. Carvalhido disse que a nossa obrigação era ouvir — recorda Piñeiro Filho.

Porém, preocupado com a segurança deles e para garantir a lisura do encontro, decidiu reforçar a equipe. O escolhido foi o promotor Marcos André Chut, do I Tribunal do Júri, que passou a atuar também no processo.

O antigo comandante do 9º BPM contou sobre a conversa que teve com Bebezão no HPM. Ele revelou que os policiais inocentes estavam gravando, às escondidas, conversas com os verdadeiros culpados, informação que Piñeiro Filho já tinha.

O promotor orientou Larangeira a conversar com os advogados para que entregassem as fitas diretamente à juíza. Disse, ainda, quando deveriam fazer a entrega do material:

— Eu defendi que era melhor, naquele momento, esperar a pronúncia. Depois de pronunciados, seria direito deles pedir o reinterrogatório.

Quando falou com Piñeiro Filho, Larangeira não tinha detalhes sobre o plano de atentado contra ele. Essas informações seriam reveladas pela jornalista Elba Boechat, de *O Globo*. Durante uma das audiências que varavam as noites no II Tribunal do Júri, a repórter conseguiu autorização com a juíza para ouvir Paulo Roberto Borges, sob custódia na cela do fórum. Em uma conversa que durou cerca de duas horas, ele detalhou, com exclusividade, o plano para tumultuar o processo e desestabilizar a promotoria, tendo Sirley como um dos idealizadores.

Borginho contou que os escolhidos para matar o promotor eram os cabos Edison Barbosa, o Zeca Bundinha, e Wilson Batista de Oliveira, do 9º BPM, considerados os mais perigosos. A trama teria sido idealizada no Instituto Penal Pedrolino Werling de Oliveira (PO) e no presídio Ary Franco.

Os dois cabos da PM utilizariam uma motocicleta, a ser roubada na véspera do atentado, e que seria abandonada na Praça Quinze, onde um carro estaria esperando pela dupla para a fuga. Segundo Borginho, Zeca Bundinha e Wilson tinham prática nesse tipo de emboscada e o compromisso de atender a qualquer pedido dos chacinadores presos. Em troca, haveria o silêncio sobre a identidade de todos os policiais que realmente teriam participado do massacre.

Os policiais já haviam levantado a rotina dos promotores do II Tribunal do Júri e da própria Capiberibe, mas optaram por matar Piñeiro Filho por ser ele o menos preocupado com sua segurança pessoal.

— Ele era muito serelepe e, por isso, mais fácil de ser apanhado — disse Borginho, durante a entrevista.

Além disso, segundo Borginho, Sirley Teixeira Alves, um dos cabeças do plano, teria "gana" de se livrar do promotor. Ele se dizia prejudicado pela atuação deste no processo.

Apesar da denúncia de Borginho, nenhuma tentativa de atentado contra as autoridades foi registrada.

15. A PRONÚNCIA

Os desafios iniciais enfrentados no processo, como a falta de provas materiais, as mentiras expostas da principal testemunha e a falha gravíssima da não verificação dos álibis ainda eram um problema. Os promotores tinham ainda questões técnicas da denúncia oferecida pelo MP que precisavam ser corrigidas para que o caso fosse a júri.

O crime de homicídio é considerado tão importante que deve ser julgado pela própria sociedade, ou seja, por um júri formado por pessoas do povo, mas presidido por um juiz. O rito segue de forma bem diferente dos outros crimes comuns.

Primeiro, caberá ao juiz decidir se há provas de que houve um assassinato e indícios concretos de sua autoria. Depois de receber a denúncia, ouvir as partes e analisar as provas, se entender que houve o crime e que aqueles réus são os possíveis assassinos, o juiz fará a pronúncia e os mandará a júri popular. Na sequência, os jurados têm acesso às provas e ouvem as testemunhas e os fundamentos da acusação e da defesa. Só então julgam o caso, o que fazem em uma sala secreta. Pela lei brasileira, os sete jurados votam de acordo com suas convicções, e a maioria decide sobre a culpabilidade. Caberá ao juiz definir a sentença.

Naquela época, os quesitos de julgamento eram bem claros para definir a autoria. O réu foi responsável direto pela morte da vítima? O ferimento provocado foi suficiente para causar a morte?

Na denúncia oferecida à Justiça em apenas 23 dias e assinada por seis promotores, o Ministério Público afirmava que todos os réus eram autores diretos do crime, ou seja, atiraram nas 21 vítimas, numa ação continuada.

Porém, nenhuma das vítimas tinha mais de seis tiros no corpo. E os réus eram 33.

— Lembro que a gente chegou a chamar todos os colegas que assinaram a denúncia para uma reunião onde discutimos essa questão. Eu e Assayag tínhamos certeza de que a defesa usaria isso para impronunciar seus clientes. Afinal, se os atiradores estavam mascarados e as vítimas tinham no máximo seis tiros no corpo, sem ao menos uma confirmação de balística em nenhuma das armas apreendidas, a chance de a juíza impronunciar os réus era enorme. Depois de muito discutir com os colegas, optamos por fazer um aditamento para modificar a denúncia e transformar todos os réus em partícipes, não mais autores — revela Piñeiro Filho.

A mudança contrariou os promotores da Central de Inquéritos, e ainda mais os advogados dos réus, que apostavam na tese de autoria direta dos disparos para conseguir a absolvição de seus clientes.

A sentença de pronúncia saiu em 25 de maio de 1995. Capiberibe pronunciou 31 dos 33 dos réus, deixando livre das acusações Jamil Sfair Neto e Jonas Lourenço da Silva. Por ser ruivo, Sfair Neto havia sido, erroneamente, identificado como Cláudio Russão, apelido que, na verdade, pertencia ao soldado Cláudio Fialho Vargas, também do 9º BPM. Já Jonas Lourenço estava licenciado e de muletas no dia da chacina e não teria condições de participar do ataque. Os outros 31 foram mantidos presos enquanto aguardavam seus julgamentos, o que aumentou ainda mais a tensão entre eles. O convívio se tornou impossível.

— Quando fomos pronunciados, o inferno no presídio Ary Franco explodiu de vez. Alguns réus começaram a me provocar aos berros, dizendo: "E aí, Borjão, grita mais que tu é inocente!" O Bicego, um dos mais raivosos, partiu para cima de mim com um estilete, mas foi impedido de me furar por outros dois policiais que tinham sido meus colegas no 9º BPM. Com esse ataque, fomos separados e transferidos para o PO, para agentes policiais, com celas individuais, já no complexo Frei Caneca. Outros, ligados ao coronel Emir Larangeira, voltaram para a Polinter — recorda Borjão.

16. AS NOVAS REVELAÇÕES

Os reinterrogatórios aconteceram em 6 de julho de 1995, quando as fitas com confissões roubadas de quem realmente participou do massacre foram entregues. Naquele dia, dezesseis réus mudaram seus depoimentos para falar o que sabiam sobre a chacina,[1] quebrando de vez o pacto de silêncio entre os presos e dando início a uma guerra declarada nos presídios, onde estavam culpados e inocentes.

Os réus William Moreno e Sergio Cerqueira Borges conseguiram extrair a confissão do ex-soldado Sirley Alves Teixeira, que, sem saber que estava sendo gravado, afirmou ter descarregado sua arma na vítima Fábio Pinheiro Lau. Em uma das gravações entregues à Justiça, Sirley revela:

> Da pracinha fui eu, eu que matei, eu. O Carlão falou pra mim assim: "Esse cara tava na parada!" Aí o que eu fiz: saí estalando ele, ele caiu com eu estalando, estalando. Aí o que que aconteceu...? Parei com a pistola aberta, porra.[2]

Nessa mesma conversa gravada sem o conhecimento do soldado, Sirley narrou como o massacre começou, e confirma algumas das informações já dadas pela testemunha Ivan Custódio. Nas transcrições, "A" era William Moreno e "B", Sirley.

A — Já tinham desovado? No bar participou?

B — Não vi! Vi Betinho e Bicego. Não sei, não vi. Só escutei o tiroteio. Já tava chegando lá da esquina, voltando.

A — Na casa dos crentes? Voltou todo mundo?

B — Eu só vi o Miúdo, três dias depois fiquei sabendo que o João Ricardo me contou que matou todo mundo, mas eu não vi o Miúdo matando todo mundo não.

A — Quem matou todo mundo? O João Ricardo?

B — Miúdo! Miúdo me contou que "Repolhão" tava, mas eu não vi não.

A — Hã, só te contaram?

B — Eu revistei a família toda. Tava naquele embuche, Miúdo entrou sem capuz, Maginário entrou, aí saí [tosse], virei a esquina e fiquei conversando com o Neto. Aí Miúdo voltou, eu escuto o Miúdo falar que tem que matar todo mundo, porque todo mundo me viu entrar sem capuz.

A — Que você respondeu? Que você falou pra ele então?

B — Aí não. Aí o Miúdo falou: "Pô, realmente. Ele errou porque matou todo mundo no bar. Sabe, ninguém conseguiu segurar, Cláudio, ele tá matando todo mundo no bar. Por isso que nego sabe que eu tava na casa."

A — Por isso que nego conta, conta isso?

B — Por que você não conversa abertamente com o João Ricardo?

A — Não, não tenho intimidade com ele pra isso.

B — Mas se ele conversasse contigo, ele ia te falar.

A — Ele sabendo que eu não estou na situação, entendeu? Sabendo que eu não estou na situação, ele vai sempre se preocupar e não vai entender.

B — Aí eu entrei no bar e... caralho!!! E eu ia conferir aquele cara que você tomou conta. Eu vi ele só com um tiro no peito. Mas ele não se mexia. Aí o Neto: vamos embora, vamos embora que tá todo mundo morto.

A — Ele contou no hospital que se fingiu de morto.

B — Eu ia chegar pertinho dele porque eu desconfiei. Eu vi ele com um tiro só, cara! O tiro foi aqui assim.

A — Não conferiu ele não?

B — Não conferi.

AS NOVAS REVELAÇÕES

O diálogo também deixava transparecer uma possível presença de William Moreno na cena do crime.

Em outra gravação, feita por Borjão, Sirley teria revelado que Neto, de fato, falou com Ivan Custódio sobre o massacre.

B — Meu irmão, a gente era polícia para caralho na rua e estamos que nem vagabundo, encarcerado. [...] Mas o que eu posso fazer, meu irmão? [Pausa]. Até eu fiquei com raiva do Neto, fiquei irado com o Neto, mas vou fazer o que com o cara? O cara já fez a merda...

Neto, no entanto, só teria falado alguns nomes, segundo o assassino de Fábio Lau. O restante teria sido invenção de Ivan Custódio.

B — Se faz uma investigação direitinho, não iam chegar a uma conclusão não. Porque o Ivan só falou doze nomes pra eles, ou oito, sei lá. E eles não tinham como chegar a mais ninguém, só em oito...

A — Que o Neto falou para ele?

B — É, como eram uns trinta, eles tiveram que apresentar trinta. [Pausa]. Se eles investigam direitinho, eles podiam foder realmente os caras que foram. [Pausa]. Hã, mas todo mundo fala: vou berrar esta porra, mas ninguém pensa em mais nada...

Sirley também confessou que conseguiu com o pai, tenente da Polícia Militar, que alguém adulterasse o livro de controle de permanência do Posto de Policiamento Comunitário da Praça Seca. O objetivo era dar a impressão de que estaria de serviço no momento da chacina e assim forjar seu álibi.

Outra revelação importante que saiu de conversas entre os envolvidos foi a de que o principal ponto de encontro para o planejamento da invasão à comunidade do Parque Proletário de Vigário Geral foi o Posto de Policiamento Comunitário da Fazenda Botafogo, onde vários chegaram em seus próprios carros.

Nos depoimentos, os réus confirmaram também que pelo menos quatro dos envolvidos diretamente na chacina foram assassinados como queima de arquivo. O soldado Cláudio Fialho Vargas, que seria o verdadeiro Cláudio Russão, foi assassinado no dia 14 de janeiro de 1994; o ex-soldado Mário Félix da Silva, vulgo Marinho Félix, morto seis dias após Cláudio Russão, em 20 de janeiro de 1994. Além deles, um detetive conhecido por Alvinho e o ex-cabo Leandro Correa da Silva Costa, este último alcançado e morto em fevereiro de 1995, quando fugiu da cadeia.

Nas gravações, Sirley Teixeira disse que foi visitado por Wilson e Zeca Bundinha, os mesmos com quem estaria arquitetando um atentado aos promotores e à juíza do caso, e teria planejado com eles o assassinato de Cláudio Russão, considerado um sujeito fraco, que não suportaria pressões caso fosse preso.

Com base nas fitas, Piñeiro Filho e Maurício Assayag requisitaram a instauração de um Inquérito Policial Militar (IPM) a fim de apurar todas as irregularidades administrativas praticadas para apagar os rastros dos verdadeiros participantes do massacre.

Ao final daquele dia de depoimentos, os dezesseis réus que prestaram novos esclarecimentos delataram dez dos réus presos e outros 26 envolvidos na chacina que, até aquele momento, não haviam sido identificados.

— No nosso retorno à penitenciária, os culpados, já cientes das fitas, foram trancafiados em suas celas. Sob a escolta de agentes do Desipe, pegamos nossos principais pertences e fomos os dez inocentes transferidos para o Comando de Policiamento do Interior, em Niterói. Não podíamos mais de forma alguma permanecer em contato com eles. O nosso medo maior então era com as nossas famílias. Muita gente culpada ainda estava solta e cumprindo ordens dos que estavam presos — relembra Borjão.

Com base nos depoimentos, os promotores solicitaram a instauração de um IPM para apurar as fraudes cometidas por outros policiais na tentativa de encobrir e até apagar os rastros deixados pelos chacinadores.

Contudo, era preciso também garantir a autenticidade das gravações, uma tarefa nada fácil. Embora tivesse conteúdo extremamente importante para a elucidação da chacina, o material não tinha nenhuma qualidade. Por terem sido captadas no interior da cadeia, sempre com muito barulho, e às escondidas, para que seus alvos não desconfiassem, as gravações

AS NOVAS REVELAÇÕES

apresentavam trechos com muito ruído e até inaudíveis. Era necessário decifrá-las. No entanto, naquela época, o Rio não contava com um laboratório apropriado ou mesmo técnicos com essa expertise.

Depois de muita pesquisa, os promotores ficaram sabendo da existência de um professor da Universidade de Campinas (Unicamp), em São Paulo, especialista em decodificar gravações. Com autorização da titular do II Tribunal do Júri, eles entraram em contato com o perito Ricardo Molina, que passou a atuar como auxiliar do Ministério Público.

O estudo demorou cerca de três meses. Enquanto aguardavam os resultados da perícia, os promotores Piñeiro Filho e Maurício Assayag, além dos investigadores da PM, que auxiliavam o trabalho dos membros do Ministério Público, procuraram a direção da TV Globo. A intenção era saber se era possível entender o que estava sendo dito nas gravações. Apesar de as ilhas de edição daquela emissora serem muito potentes, nem tudo conseguiu ser entendido.

— Durante esse tempo, nós íamos no final da noite à emissora para ouvir as gravações. Não queríamos chamar atenção nem atrapalhar a produção diária. Passamos madrugadas fazendo isso, para adiantar as investigações, enquanto aguardávamos que o perito validasse as gravações, comprovando que não haviam sido manipuladas — recorda o desembargador Piñeiro Filho.

Depois de um minucioso estudo, Ricardo Molina atestaria a veracidade das fitas, provando que não foram editadas e recuperando cerca de 75% do conteúdo. O laudo foi anexado ao processo e também ao IPM, instaurado a partir das investigações do major Denisar Quintas dos Santos, da Corregedoria de Polícia Militar:

Quanto às fitas-cassetes gravadas, laudo pericial de exame de gravação de áudio em fita magnética do Departamento de Medicina Legal DML da Faculdade de Ciências Médicas (FCM) da Universidade de Campinas conclui que o material apresentado "não apresenta evidências de qualquer tipo de edição ou montagem, seja física ou eletrônica, que pudesse adulterar o conteúdo dos diálogos originais" e que o conjunto de evidências perceptuais e acústicas observadas estabelece relação entre as vozes dos interlocutores identificados e os padrões colhidos.[3]

O IPM revelou que, depois do massacre, pelo menos sete policiais militares não envolvidos diretamente na chacina trabalharam para apagar rastros ou fornecer álibis para aqueles envolvidos. Três policiais, a pedido do tenente Sérgio Teixeira, pai de Sirley Alves Teixeira, rasuraram o Livro de Partes Diárias (LPD) da cabine da Praça Seca para acrescentar o nome de seu filho ao plantão de 29 de agosto. Eles ainda prestaram depoimento em juízo para confirmar o álibi. O LPD da Fazenda Botafogo também foi adulterado para incluir o nome do policial Luiz Carlos da Silva.

Embora as adulterações fossem visíveis a olho nu – no caso específico de Sirley, seu nome foi acrescentado na linha em branco de espaço entre um registro e outro –, como nos outros casos, os álibis não haviam sido conferidos à época da chacina. A partir do IPM, foi realizada uma perícia grafotécnica nos documentos apreendidos, confirmando as fraudes.

O laudo de exame documentoscópico nº 164/95 – CGPM/CCrim sobre o tópico nº 2.165 do LPD da cabine da Praça Seca, referente ao dia 29 de agosto de 1993, afirma que "houve adulteração do texto, admitindo-se que não tenha havido solução de continuidade de hábito de escrituração do agente escritor, ou seja, considerando-se o estilo de escrituração do agente, aquela linha permaneceria em branco [...] que o grafismo do texto acrescido pertence ao mesmo punho, que produziu o tópico número 2.165", e que "houve a inserção do RG 52.411 – Teixeira".[4]

Até mesmo o livro de controle de operações policiais do 15º BPM, com três meses de registros, desapareceu, impossibilitando, assim, que fossem levantados os nomes dos policiais ou as placas das viaturas daquela blitz, que, de forma flagrantemente irregular, abriu passagem para o comboio de chacinadores na noite da invasão de Vigário Geral.[5] A blitz foi desfeita

AS NOVAS REVELAÇÕES

naquele momento. Com o desaparecimento do livro de registros, nunca mais foi possível verificar se aquelas viaturas foram as mesmas avistadas por Adriana Jales Castro de Macedo naquela noite na rua Bulhões Marcial, em frente à passarela verde.

Para Piñeiro Filho e Maurício Assayag, as gravações permitiram separar o falso do verdadeiro nos depoimentos da testemunha Ivan Custódio. Uma das revelações dizia respeito à verdadeira identidade de Cláudio Russão. Desde o início das apurações, a testemunha Jadir Inácio dizia que tinha visto Cláudio Russão entre os policiais mascarados que foram até o bar do seu Joacir, local onde foi arremessada a granada contra os moradores. Contudo, no inquérito comandado pelo tenente-coronel Valmir Alves Brum, o soldado Jamil Sfair Neto, por ser ruivo, acabou preso e tomando o lugar do suspeito, mesmo não tendo sido reconhecido pela vítima.

Passados dois anos da chacina, na audiência de 25 de julho de 1995, Jadir Inácio reconheceu, por fotografia, o ex-soldado Cláudio Fialho Vargas.[6]

— Uma revelação importante, embora ele já estivesse morto, porque foi o primeiro e único reconhecimento oficial feito por um dos sobreviventes — avalia Piñeiro Filho.

Com a conclusão da perícia nas fitas e de novas investigações, dezessete réus foram soltos para aguardar o julgamento em liberdade e um novo processo contra outros dezenove policiais foi iniciado no II Tribunal do Júri, ganhando o nome de "Vigário 2". Passaram a ser formalmente acusados de envolvimento na chacina os policiais militares Edison Barbosa; André Luiz Vigário e Silva; Rogério Barberino; Sidnei Paulo Menezes de Oliveira; Edson Germano Silva; Fernando Gomes de Araújo; Wilson Batista de Oliveira; João de Assis Baião Neto; Luiz Carlos da Silva; Marcelo Amaro Rodrigues da Silva; Antônio Eduardo Fernandes Costa; Carlos Jorge da Costa; Marcos Batista Gomes; Júlio César de Souza Mourão; Carlos José de Lima Teixeira; Luiz Carlos de Oliveira; Maurício Silva da Costa; Marcelo Sarmento Mendes; e Pedro Flávio da Costa.

A reviravolta nas investigações, no entanto, não dividiu apenas o processo em duas partes – Vigário 1 e Vigário 2 –, mas também o Ministério Público, os familiares e a opinião pública sobre a nova estratégia da promotoria. Embora as fitas fossem suficientes para provar a inocência de muitos dos réus presos desde o início das investigações em setembro de 1993, o material não tinha força legal para condenar os novos policiais apontados nas gravações.

Para os promotores da Central de Inquéritos e outros que atuariam depois nos julgamentos, houve ingenuidade por parte dos colegas Piñeiro Filho, Maurício Assayag e Marcos Chut, que atuaram nessa primeira fase do processo no II Tribunal do Júri. Em uma reunião tensa no gabinete do procurador-geral de Justiça Hamilton Carvalhido, os promotores da Central de Inquéritos responsáveis pela denúncia contra os 33 réus defenderam que as fitas foram um golpe de mestre arquitetado pelo coronel Emir Larangeira para livrar seus homens da acusação.

— Eu fui um dos que se opuseram à utilização das fitas, porque para mim aquilo não tinha credibilidade. Discordei porque achei que aquilo tinha sido montado, uma armação para melar o processo, para inviabilizar a acusação, induzindo o júri a levar todos à absolvição. Como juridicamente aquelas gravações teriam sido feitas sem o conhecimento dos que estavam sendo gravados, elas serviriam para inocentar, mas seriam consideradas prova ilícita para incriminar os supostos verdadeiros autores, por isso não aceitei. Disse isso, inclusive, na presença do procurador-geral. Ficou até um negócio meio chato comigo, porque eu disse: "Discordo. Vocês podem fazer o que quiserem." Eu já era coordenador da Central de Inquéritos e o caso já não tinha mais nada a ver conosco — revela o procurador de Justiça Antonio José Campos Moreira, que ainda defende a mesma posição.

Embora a denúncia estivesse baseada principalmente no depoimento de Ivan Custódio e não fosse possível identificar quem de fato teria participado da chacina, a opinião vigente dos promotores da Central de Inquéritos era de que todos aqueles homens deveriam ser condenados, mesmo que não tivessem participado da chacina. Para eles, os réus eram todos parceiros em outros crimes.

— É claro que isso não é uma coisa que se diga. Como promotores, não poderíamos defender isso. Mas isso era uma ideia que passava na cabeça das pessoas — afirma Antonio José.

AS NOVAS REVELAÇÕES

O desembargador Piñeiro Filho até hoje está convencido da legitimidade das provas apuradas por ele, Maurício Assayag e Marcos André Chut.

— Por que então, por exemplo, o réu Sirley Alves Teixeira iria dizer que matou a vítima Fábio Lau e ainda revelar que fraudou o livro de controle da unidade para forjar um álibi? Isso não tem sentido. Além disso, os poucos condenados receberam a condenação com base nas nossas investigações. Antes, só tínhamos os depoimentos do Ivan, que mentiu. A partir das fitas, passamos a ter depoimentos, gravações e investigações do IPM. Ou seja, se não fossem as fitas, provavelmente não teríamos condenação alguma.

Sob muita pressão e uma avalanche de críticas, foi marcada a data do primeiro julgamento da chacina de Vigário Geral: 16 de abril de 1997. E o primeiro a se sentar no banco dos réus foi o ex-soldado Paulo Roberto Alvarenga, num acordo entre acusação e defesa.

PARTE 4

OS JULGAMENTOS DA CHACINA DE VIGÁRIO GERAL

17. A CASA DA PAZ

Desde aquela madrugada do dia 30 de agosto de 1993, quando uma dor esmagadora invadiu o peito de dezenas de pessoas humildes da comunidade do Parque Proletário de Vigário Geral, diante do massacre de 21 moradores, um sentimento entre eles cresceu. Não se tratava apenas de pedir justiça para seus parentes. Se por tantos anos aquela comunidade viveu coberta pela capa da invisibilidade social, agora era fundamental dar vida a seus filhos mortos e provar que eles um dia existiram para que seus algozes não ficassem impunes.

Os primeiros tijolos dessa reconstrução foram físicos. A casa que um dia pertenceu ao traficante Chiquinho Rambo, onde morreram Gilberto Cardoso dos Santos e outros sete parentes seus, foi reformada para se tornar a Casa da Paz, um centro em memória às vítimas de Vigário Geral. A ideia surgiu de uma lembrança do sociólogo Caio Ferraz, o mesmo artífice da foto dos corpos das vítimas, dos instrumentos de percussão que Joacir Medeiros mantinha em sua birosca. Eram repiques, tamborins, violão e surdos de marcação que seu Joacir, mestre folião, usava na época da tradicional Folia de Reis, entre os meses de dezembro e janeiro. Caio conseguiu de um empresário recursos para comprar as peças da viúva do birosqueiro, mas faltava um espaço para os ensaios. Mais do que isso, a comunidade precisava de um lugar de encontro, de memória, de referência de sua própria história.

Ao passar pelo boteco, ainda com as marcas da chacina, na mesma rua onde morava, Caio virou a cabeça e viu a casa dos evangélicos. Não havia outro lugar mais apropriado. Porém, ele precisava de outro investidor para adquirir a residência dos irmãos Vera e Paulo, filhos de Gilberto e Jane. O imóvel, na época, foi avaliado em 1,5 mil dólares (11,8 mil reais, convertidos e atualizados para 1º de janeiro de 2024). A solução foi dada por Rubens César Fernandes, da ONG Viva Rio, que convenceu um amigo próximo, o pastor Caio Fábio d'Araújo Filho, a bancar as despesas. A princípio, Caio Ferraz torceu o nariz. Temia que a casa acabasse transformada em igreja evangélica. Uma conversa com o pastor o acalmou. Caio Fábio já sabia e concordava integralmente com o projeto da Casa da Paz.

Inaugurado em 5 de junho de 1994, o espaço tinha o objetivo de abrigar atividades culturais e de assistência social, jurídica e psicológica para os moradores. Caio Ferraz, seu primeiro coordenador, disse que as biroscas da comunidade correram para se legalizar e emitir notas fiscais e assim participar dos eventos da casa da Paz. "A gente não podia receber um Chico Buarque sem oferecer um café", lembra ele. Os cinco cômodos da casa, diminutos, foram reformados com recursos da Caixa Econômica Federal (CEF), projeto assinado por Manoel Ribeiro, um arquiteto apaixonado por bailes funk.

A Casa da Paz não prosperou como anunciado, mas se tornou um abrigo para vigílias e ajudou a manter acesos, pelo menos por algum tempo, os holofotes sobre a chacina, naqueles conturbados anos de espera entre o massacre e os julgamentos.

***

Pobres, e ainda mais empobrecidos pela perda de maridos e de filhos que garantiam o seu sustento, os familiares das vítimas acompanharam com resignação as muitas e longas audiências no fórum, no Centro, muitas vezes sem condições sequer de se alimentar. Receberam o apoio solidário de outra enlutada, a novelista Glória Perez, que enfrentava a insuportável dor de uma mãe que também teve sua filha assassinada covardemente.

— Eu lembro que foi logo em uma das primeiras audiências, cheia de jornalistas, autoridades. Quando chegou a hora do almoço, a sessão foi suspensa e as pessoas saíram para almoçar. Eu tinha permanecido ali para falar com o meu advogado sobre o meu caso. Quando cheguei no corredor, vi o pessoal de Vigário. Eles não tinham levado comida, não tinham o que comer. Eu os chamei e fomos todos almoçar numa churrascaria que tinha ali perto, Chamego do Papai — recorda a novelista. — Começamos a falar sobre a vida, deu um link. Eu vi que eles estavam sozinhos, como eu também me sentia sozinha. Apesar de eu ter o apoio de amigos e familiares, de certa forma você se sente muito sozinha nessas horas, porque são vivências que, por mais amiga que uma pessoa seja, é impossível compartilhar. Nós almoçamos todos juntos, ficamos sabendo da vida um do outro, das sensações de cada um. Ali começou uma amizade entre nós que dura até hoje.

Outras vítimas da violência do Estado e integrantes de movimentos de defesa dos direitos humanos se juntaram às vigílias das famílias de Vigário Geral, como as Mães de Acari e os familiares dos jovens assassinados na chacina da Candelária. Foram muitas as manifestações, incluindo aquela do primeiro julgamento, quando, desde a véspera da audiência, crianças da comunidade acenderam velas em frente à Casa da Paz e colaram as fotos das 21 vítimas na parede externa da entidade.[1]

18. O PRIMEIRO JULGADO

O dia marcado para o julgamento começou com um furo jornalístico que caiu como uma granada no colo da acusação, provocando o adiamento da audiência. Uma notícia publicada em *O Globo* informava que um novo laudo de confronto balístico teria dado positivo, comprovando a participação, na chacina, de um dos réus, até então apontado como inocente pelas fitas.[1] A reportagem afirmava que o laudo havia ficado pronto na véspera da audiência e concluído que as balas recolhidas nos corpos de duas das vítimas tinham saído da arma do ex-PM Gilson Nicolau de Araújo.

Sob o título "Bala atinge tese da acusação", a reportagem explicava que o laudo independente, elaborado por três peritos do Instituto de Criminalística de Minas Gerais, jogava por terra a tese da promotoria sobre a veracidade do conteúdo das gravações feitas pelos policiais. Afinal, de acordo com o conteúdo dessas fitas, Gilson Nicolau estava entre os policiais que *não* teriam participado do massacre.

Essas balas tinham sido encontradas por duas viúvas, durante uma exumação de praxe, feita em 1996, para liberação das sepulturas no cemitério de Irajá. Na época, ao tomar conhecimento do achado, o juiz José Geraldo Antônio determinou outras exumações e encaminhou tudo para novo exame do Instituto Médico-Legal. Porém, os peritos fluminenses concluíram que o material recolhido das ossadas era imprestável para perícia por conta da oxidação. O novo laudo surpreendeu a defesa dos réus e a promotoria.[2]

— Nenhum de nós tinha conhecimento sobre esse laudo. Ele apareceu no processo no dia do julgamento. Imediatamente, pedimos que fosse realizada uma nova investigação para confirmar a perícia e defendemos que isso não mudaria em nada o trabalho da acusação sobre os outros réus. Poderia, no máximo, comprovar a participação de Gilson Nicolau na chacina. Mas, claramente, tinha algo errado naquela perícia. Até porque ele foi o único dos réus a entregar a sua arma voluntariamente para um novo exame. Todos os outros disseram que não tinham mais suas armas. Se aquela arma realmente tivesse sido usada na chacina, ele iria de boa-fé até o juiz oferecer o armamento para uma nova avaliação? — questiona Piñeiro Filho, que nunca engoliu aquela manobra para tumultuar o julgamento.

O adiamento provocou protestos e dividiu os parentes das vítimas. Valdir Baiense, pai de Amarildo Baiense, chorou ao saber da suspensão do júri.

— Nada vai trazê-lo de volta, mas ver os culpados condenados ajuda a amenizar um pouco a dor que a gente sente quando lembra que perdeu um filho à toa. O pior é que nem todos os envolvidos estão presos, e duvido que todos os culpados sejam condenados — desabafou.[3] Ele lamentou que o governo não tivesse até aquele momento cumprido a promessa que fez no dia do massacre, de indenizar os familiares das vítimas: — Eles alegam que é preciso ver primeiro se os PMs serão condenados, mas não há dúvida de que as pessoas morreram por obra de policiais. Por que a indenização tem que demorar tanto?

O julgamento foi remarcado para o dia 24 daquele mês de abril. Dessa vez, a promotoria sairia vencedora. A audiência começou tensa e tumultuada, com parte dos réus rindo, em total desrespeito às vítimas e às autoridades presentes. Numa atitude ameaçadora, o réu Luciano Francino dos Santos chegou a apontar o dedo, como se fosse uma arma, na direção do sargento Carlos Alberto de Souza, que fazia parte da escolta.

Depois de quatro dias, entre leitura dos autos, apresentação de provas, depoimentos e debates da defesa e da acusação, os jurados anunciaram sua decisão. Por 6 votos a 1, o ex-soldado Paulo Roberto Alvarenga foi condenado a 449 anos e oito meses de prisão em regime fechado pela morte de 21 inocentes e tentativa de homicídio contra quatro sobreviventes da chacina. A decisão, comemorada pelos promotores, pelas vítimas e pela opinião pública, pegou de surpresa os réus que, até aquele momento, pareciam acreditar que sairiam impunes.

O PRIMEIRO JULGADO

Ao anunciar a decisão, o magistrado considerou que Paulo Roberto Alvarenga demonstrou "uma personalidade extremamente violenta, na qual os instintos da irracionalidade, livres de sua inibição humana, manifestam-se com a sua expressão bestial maior".[4]

Pelo desrespeito demonstrado durante a audiência, o juiz revogou o direito de responder ao processo em liberdade dos réus Luciano Francino dos Santos e Sérgio Cerqueira Borges. No entender de José Geraldo, os dois tiveram comportamento inconveniente em plenário. Um terceiro réu, Gilson Nicolau, também perdeu a liberdade por ter uma prisão preventiva decretada em outro crime.

19. A CRUEL MATEMÁTICA DAS SENTENÇAS JUDICIAIS

Paulo Roberto Alvarenga foi condenado pela morte de 21 inocentes e pela tentativa de assassinato de outros quatro, mas sua pena exemplar, considerada histórica naquele momento, caiu na vala comum dos recursos pulverizadores de sentenças.

Pela lei ainda vigente no Brasil até 2008, o réu que fosse condenado a uma pena igual ou superior a vinte anos tinha automaticamente o direito a um novo júri.[1] A regra foi criada na época do Império, quando as penas de morte e de galés perpétuas (quando os réus eram obrigados a prestar serviços públicos forçados, com calcetas nos pés e correntes de ferro) justificavam a revisão obrigatória de julgamentos. Por falha ou interesse do legislador, a mesma regra foi mantida pelo Decreto-Lei n. 3.689, de 3 de outubro de 1941, do Código de Processo Penal Brasileiro, e ainda vigorava na época das chacinas da Candelária e de Vigário Geral.

Assim, para evitar que aquele ex-soldado tivesse direito automático a um novo júri, anulando todo o esforço realizado naqueles dias para condená-lo, o juiz José Geraldo Antônio, presidente do II Tribunal do Júri, fixou sua sentença em dezenove anos em regime fechado para cada uma de suas 21 vítimas fatais e em doze anos e oito meses para cada uma de suas quatro tentativas de homicídio. Isso somou os 449 anos e oito meses.

Embora a soma de todas as penas alcançasse um tempo de quase meio milênio, pela regra vigente nenhuma das condenações alcançou, individualmente, o limite de vinte anos de reclusão que garantiria ao réu um novo júri. A estratégia do magistrado foi criticada pelos advogados André Ribeiro e Rodrigo Roca, que recorreram ali mesmo da decisão judicial:

— A pena aplicada não correspondeu à decisão dos jurados, nem mesmo aos critérios do próprio magistrado que, no caso da chacina da Candelária, aplicou a pena máxima, de trinta anos, para cada um dos homicídios duplamente qualificados. Foi uma decisão política porque esse é o primeiro julgamento; se todos os réus de Vigário tiverem pena máxima, indo assim a novo júri, o tribunal para apenas para fazer o julgamento de Vigário Geral — protestaram.[2]

A pena de Paulo Roberto Alvarenga ganhou as manchetes dos jornais e, de certa forma, aplacou a revolta dos familiares de vítimas e moradores de Vigário Geral, mas a sensação de justiça se desfez rápido.

A estratégia do juiz José Geraldo Antônio para evitar que os réus condenados pela chacina de Vigário Geral tivessem direito automático a um novo júri logo caiu por terra. O recurso da defesa de Paulo Roberto Alvarenga ao Supremo Tribunal Federal trouxe um marco fundamental ao processo: o STF entendeu que as 21 mortes foram em continuidade e a pena do chacinador foi reduzida de 449 anos para 59 anos e seis meses. Por ser uma pena superior a vinte anos para um crime continuado, o réu também ganhou direito a um novo julgamento. Ou seja, na prática, o primeiro julgamento foi anulado.

> Ante os pressupostos objetivos do art. 71 do Código Penal – prática de dois ou mais crimes da mesma espécie, condições de tempo, lugar, maneira de execução e outras circunstâncias próximas –, impõe-se a unificação das penas mediante o instituto da continuidade delitiva. A repercussão do crime no meio social – de que é exemplo o caso da denominada "Chacina de Vigário Geral" – não compõe o arcabouço normativo regedor da matéria, muito menos a ponto de obstaculizar a aplicação do preceito pertinente.[3]

***

Um dos dias mais difíceis na carreira do promotor José Muiños Piñeiro Filho foi o de explicar aos familiares aquela matemática que tanto favore-

A chacina de Vigário Geral, ocorrida no fim da noite de um domingo, 29 de agosto de 1993, e nas primeiras horas da madrugada do dia 30, expôs ao mundo a pior face da combinação de corrupção e violência policial com a omissão do Estado. Vinte e uma pessoas foram assassinadas por policiais encapuzados.

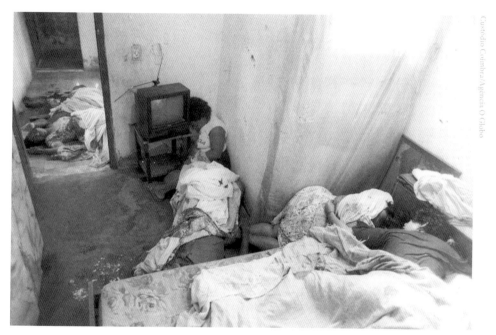

No dia 30 de agosto de 1993, vizinhos e familiares descobririam, na casa 13 da rua Antônio Mendes, o cenário devastador deixado pela brutalidade policial: oito pessoas da mesma família foram assassinadas, sob a justificativa de que poderiam identificar os autores das mortes no bar ao lado.

Não demoraria para que os moradores, atônitos, encontrassem outros corpos pelas ruas de Vigário Geral. Vizinhos e familiares passaram a madrugada e a manhã tentando localizar e identificar os parentes assassinados.

No dia seguinte, a revolta tomou conta de Vigário Geral, e centenas de moradores saíram dos limites da favela para protestar. Munidos de pedras, atacaram veículos na principal avenida de acesso à comunidade, paralisando o sistema de transportes para denunciar o massacre. Os moradores também cercaram as viaturas para impedir a entrada da polícia no bairro.

A presença da perícia só foi autorizada depois da chegada do vice-governador Nilo Batista (na imagem, o segundo, da direita para a esquerda), que percorreu os cenários do crime.

Para garantir que o crime não ficasse impune, a população local determinou que os corpos fossem enfileirados e expostos em praça pública antes de serem levados para o IML. A imagem trágica e perturbadora correu o mundo em poucas horas, expondo para entidades internacionais a violência policial do Estado brasileiro.

O enterro das vítimas da chacina de Vigário Geral marcou mais um dia de protestos. Parentes e amigos, inconformados, também clamavam por justiça.

A polícia elaborou um esquema especial de proteção aos sobreviventes. Entre eles, Jadir Inácio, com o rosto coberto, saindo escoltado do hospital em que se recuperava.

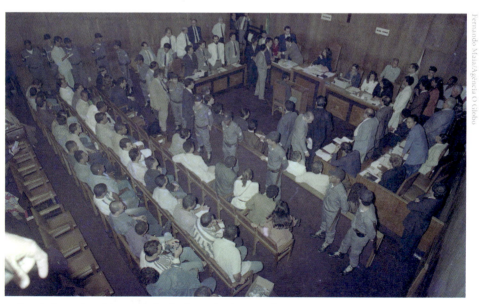

Depois de um inquérito açodado, foi feita a denúncia. O depoimento da testemunha-chave à juíza Maria Lúcia Capiberibe, em 2 de outubro de 1993, durou dezesseis horas, e a audiência, quase um dia.

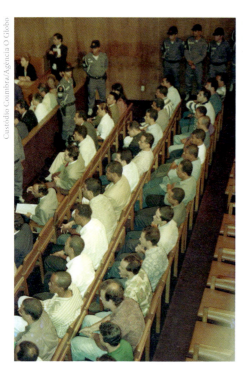

O processo se arrastou por anos até o primeiro julgamento, que ocorreu apenas em abril de 1997. Incrédulos, 31 dos 33 réus assistiram à condenação do ex-soldado Paulo Roberto Alvarenga a 449 anos de prisão.

O segundo condenado, julgado meses depois, foi Arlindo Maginário Filho, que, apesar de receber a mesma pena, seria absolvido posteriormente em outro julgamento.

A chacina de Vigário Geral foi a consequência mais trágica da guerra particular que ocorria no submundo entre policiais corruptos e traficantes de drogas. Um ano antes da invasão, durante o enterro de um policial, no dia 14 de setembro de 1992, um militar encapuzado afirmou em entrevista: "Policiais subirão morros por conta própria."

A casa da família de seu Gilberto, onde oito pessoas foram assassinadas, transformou-se na ONG Casa da Paz, que foi palco de várias manifestações, inclusive com a participação de artistas como Caetano Veloso e Regina Casé.

Após anos de dor e luto, além de poucas consequências para os criminosos, aos parentes das vítimas restam as lembranças e a luta por indenizações. As duas fotografias, guardadas com carinho por Núbia da Silva dos Santos, uma das cinco crianças sobreviventes da chacina, registram momentos felizes de sua família, antes de ser dizimada pela violência.

A CRUEL MATEMÁTICA DAS SENTENÇAS JUDICIAIS   141

ceu o assassino de seus parentes. Professor experiente de Direito Penal, ele buscou um exemplo para explicar o art. 71 do Código Penal:

— A lei foi criada para evitar que, nos casos de crimes patrimoniais, por exemplo, uma vendedora que, ao longo de um tempo, fizesse vários furtos contra a loja de seus patrões fosse condenada em cada um deles, o que daria uma pena enorme para um crime menor.

Mas, em 1984, a regra feita para impedir penas excessivas para crimes pequenos acabou se tornando uma aberração jurídica, quando o legislador estendeu o mesmo conceito para crimes contra a vida. Essa mudança permitiu que a defesa de Paulo Roberto Alvarenga conseguisse um *habeas corpus* no STF para transformar os 21 homicídios em um crime continuado.

— Expliquei a eles que, no caso da chacina de Vigário Geral, o STF entendeu que os homicídios haviam sido continuados, ou seja, foi como se ele tivesse cometido um único crime. Em razão da gravidade do caso, a lei permitia que a sentença fosse multiplicada por três vezes.

Ao ouvir a explicação de Piñeiro Filho, seu Valdir Baiense, o pai de Amarildo, morto quando retornava do trabalho para casa, perguntou:

— Doutor, então para a lei não foram 21 mortes, foram só três?

— Em termos objetivos, é isso, infelizmente.

— O meu filho, para vocês, homens da lei, era um desses três considerados? Ou ele não foi nada?

20. A GUINADA NO PROCESSO

Logo depois do julgamento de Paulo Roberto Alvarenga, Piñeiro Filho foi promovido a procurador de Justiça, e o processo da chacina de Vigário Geral ganhou dois novos promotores: Júlio César Lima dos Santos e Luciano Lessa.

Assim que assumiram, os dois promotores foram procurados por Piñeiro Filho para falar sobre o trabalho que ele, Maurício Assayag e Marcos André Chut haviam realizado até aquele momento e a linha de acusação utilizada por eles. Agradeceram, mas deixaram claro que tinham uma opinião diferente dos colegas que os antecederam. Para eles, a maioria dos 33 réus, e não apenas dez, era culpada. Também suspeitavam que as fitas gravadas pelos presos que se diziam inocentes fossem apenas uma manobra para escapar da Justiça, como já defendiam os promotores da Central de Inquéritos.

— Nós não desprezamos a fita nem o depoimento do Ivan Custódio, mas achávamos que havia algumas inconsistências. Começamos a ver a necessidade de uma interpretação daquelas gravações. O doutor Piñeiro tinha uma linha clara a seguir, segundo a qual alguns teriam participado e outros sido "inocentados" na fita. Depois de analisarmos as gravações, procurei me orientar com um professor de linguística. Fomos, inclusive, ao perito Ricardo Molina. Começamos a perceber que havia umas marcações de linguagem e que talvez alguns não fossem necessariamente inocentes — analisa o hoje procurador de Justiça Júlio César Lima dos Santos.

Para ele, as fitas não foram fisicamente editadas, mas algumas das conversas gravadas eram combinadas antes entre alguns dos réus para prejudicar outros.

O primeiro julgamento da nova promotoria ocorreu em 28 de novembro de 1997. Arlindo Maginário Filho, apontado nas gravações e no depoimento de Ivan Custódio como participante do massacre, foi condenado a 441 anos e quatro meses de prisão pelos 21 homicídios e pelas quatro tentativas. O ex-policial teve sua pena reduzida para 77 anos pelo Supremo Tribunal Federal, que também concedeu a ele o direito de aguardar o novo júri popular em liberdade.[1]

— Seguimos nessa linha. Então fizemos o júri de outro para quem pedimos a absolvição. Partimos para o grupo que seria inocentado por aquelas gravações. Nós sustentamos que eram culpados, mas perdemos: terminou 4 a 3 pela absolvição — recorda Júlio César.

O grupo, formado por nove policiais expulsos administrativamente e um policial civil, foi absolvido após um julgamento que durou cinco dias, terminando em 28 de novembro de 1998. Nessa leva, foram inocentados Edmilson Campos Dias, Demerval Luiz da Rocha, Gil Azambuja dos Santos, Gilson Nicolau de Araújo, Sergio Cerqueira Borges, Luiz Carlos Pereira Marques, Adilson de Jesus Rodrigues, Marcus Vinícius de Barros Oliveira e Jamil José Sfair Neto.

A liberação de uma só vez de tantos acusados revoltou os parentes das vítimas. A dona de casa Maria de Lurdes da Costa, mãe de Clodoaldo Pereira da Silva, uma das vítimas da chacina, ficou inconformada com a decisão:

— Espero que os promotores, ao recorrerem da decisão, consigam um novo julgamento. Tem que haver justiça — disse à época.[2]

Para aquelas famílias não existia a ideia de que a Justiça deveria separar o joio do trigo para condenar apenas os verdadeiros culpados pelo massacre. Por serem policiais que atuavam na comunidade, quase sempre de forma abusiva com os moradores, eram todos culpados. Isso ficou latente durante o julgamento, quando o advogado Nélio Soares Andrade, para explicar a ficha criminal de seu cliente Gilson Nicolau, que também respondia a outro homicídio no III Tribunal do Júri, afirmou que o policial apenas matara um vagabundo. Os pais do jovem morto pelo soldado acompanhavam o julgamento da chacina na plateia e reagiram inconformados:

— Vagabundo não! Era meu filho! Um menino de apenas 16 anos que estava desarmado quando foi morto com tiros na cabeça e nas costas! Seu cliente é um assassino! — protestou, aos gritos, Carlos Alberto de Freitas, acompanhado pela mulher, Marlene, mãe do adolescente.

O juiz José Geraldo Antônio determinou que o casal fosse retirado do plenário, gerando ainda mais protestos e acirrando a discussão entre os advogados Nélio Soares Andrade e Themístocles Faria Lima com os promotores Luciano Lessa e Júlio César Lima dos Santos.

— Desonestos são vocês — disse Nélio.

— Você é advogado de bandidos — devolveu um promotor.

A confusão causou uma interrupção de mais de duas horas. Ao final, ao defender a condenação de todos os acusados, o promotor Luciano Lessa voltou a afirmar que as gravações seriam uma fraude, mas não convenceu os jurados.

Uma nova troca de promotores no processo ocorreu ainda em 1999, quando a promotora Cristina Medeiros assumiu o II Tribunal do Júri.

Em 26 de maio de 1999, a pedido da promotoria, Julio Cesar Braga foi absolvido. Três meses depois, em 26 de agosto de 1999, Roberto Cezar do Amaral Júnior foi condenado a seis anos de prisão. Em 22 de setembro de 1999, William Alves foi absolvido, também a pedido do próprio Ministério Público, por falta de provas.

Um mês depois, em 20 de outubro daquele ano, foi a vez de Adilson Saraiva da Hora. Ele foi condenado a 72 anos de prisão, depois que a promotora Cristina Medeiros constatou que a roupa que ele usou no enterro do sargento Ailton Benedito Ferreira dos Santos era igual à que vestia um dos homens mascarados que invadiram o bar do seu Joacir.

Em 25 de abril de 2000 foram absolvidos Amauri do Amaral Bernardes e o policial civil Jonas Lourenço da Silva. A decisão foi tomada pelos jurados depois que a promotora de Justiça alegou falta de prova suficiente para condenar os policiais pela matança de 21 pessoas.

Foragido desde o dia da chacina, Jorge Evandro Santos de Souza foi preso em 22 de agosto de 2000, quando saía de sua casa. Ainda assim, ele conseguiu a liberdade provisória e acabou despronunciado pouco tempo depois.

Em 24 de agosto de 2000, mais quatro réus ganharam a liberdade. Hélio Vilário Guedes, Paulo Roberto Borges da Silva, o Borginho, William

Moreno da Conceição e Hélio Gomes Lopes foram absolvidos, dessa vez a pedido do próprio Ministério Público.

O ex-soldado José Fernandes Neto, cujo nome acabou ficando mais conhecido em razão de ter impedido a execução das cinco crianças da casa onde foram mortos oito integrantes de uma mesma família, foi a julgamento em 20 de setembro de 2000. Neto alegou inocência e disse que não tinha "sangue nas mãos". Mesmo defendendo a inocência de seu cliente, o advogado José Mauro Couto de Assis admitiu a possibilidade de que Neto tivesse ido à favela com outro interesse, o de matar o chefe do tráfico Flávio Negão e vingar os policiais mortos.

Os jurados concordaram com a tese do Ministério Público de que Neto foi a Vigário Geral matar o traficante e, diante das circunstâncias, participou da chacina. Duas crianças, sobreviventes do massacre, confirmaram que o ex-policial estava realmente na casa, mas impediu que elas fossem mortas. Isso foi entendido pelos jurados como atenuante da pena do ex-PM. Depois de vinte horas de julgamento, o júri condenou o ex-soldado a 45 anos de prisão.

A forma como a promotora Cristina Medeiros tratou o réu, sem ofender seus familiares, fez com que Marli e Narcisa Fernandes, irmãs de José Fernandes Neto, lhe escrevessem uma carta, dizendo que, "apesar de ainda muito ferida e infeliz, quero que receba os meus respeitos, lhe agradecer e cumprimentar a maneira pela qual a senhora conduziu a acusação. A sua dignidade me tocou muito. Já assisti a algumas sessões do tribunal e tive a oportunidade de ver como são maltratados os réus pela promotoria. São humilhados, ofendidos e rebaixados moralmente a um nível de não serem considerados seres humanos. A sua conduta foi uma das mais honestas, sérias, dignas que tive oportunidade (infelizmente) de assistir. O seu papel é de acusar e a senhora o fez, mas sem meios escusos ou baixos. Provas verdadeiras ou não, a senhora usou as armas que constavam do processo". Essa carta a promotora guarda com carinho.

Na visão dos promotores e investigadores, Alexandre Bicego Farinha foi o principal responsável pelo extermínio de 21 pessoas inocentes e também pela tentativa de homicídio contra quatro sobreviventes naquela noite e madrugada de horror, entre os dias 29 e 30 de agosto de 1993. Bicego, como era seu nome de guerra na PM, foi apontado por alguns de seus colegas de tropa como o "psicopata", aquele que atirou uma granada no bar onde trabalhadores confraternizavam após um jogo do Brasil. A explosão foi o estopim para o massacre.

Em 20 de outubro de 2000, após quinze horas de audiência, Bicego foi condenado a 72 anos de prisão pelos 21 homicídios perpetrados e pelas quatro tentativas.

— As condutas incriminadas, representando uma verdadeira chacina, aviltam todos os valores da existência humana — afirmou o juiz José Geraldo Antônio na sentença.

Ao confirmar a participação do réu nos bárbaros crimes, o juiz o estratificou como "uma personalidade extremamente violenta, na qual os instintos da irracionalidade e livres de sua inibição humana se manifestaram".[3]

21. LUIZ NORONHA DANTAS

Com a maioria dos réus respondendo ao processo em liberdade, a partir de 2001 o ritmo de julgamentos sobre a chacina caiu e as audiências foram ficando cada vez mais raras. Àquela altura o processo da chacina de Vigário Geral já durava nove anos e se subdividia em mais de uma dezena de "filhotes". Em junho de 2002, diante da promoção do juiz José Geraldo Antônio a desembargador, o Órgão Especial do Tribunal de Justiça elegeu um novo presidente para o II Tribunal do Júri. Em missão delegada pelo corregedor-geral de Justiça, desembargador Paulo Gomes, caberia ao candidato escolhido concluir aquela ação penal.

O eleito foi o juiz Luiz Noronha Dantas. O novo titular já tinha acumulado uma enorme experiência não só em júri, mas também como especialista em julgamentos de chacinas. Noronha começou sua carreira como defensor público e, ainda estagiário, participou de seu primeiro júri em 9 de abril de 1981. Depois de passar para a magistratura, continuou atuando em julgamentos pelo interior do estado e em Niterói, Região Metropolitana do Rio. Tinha se tornado o juiz titular da 38ª Vara Criminal, na capital, quando vagou a titularidade do II Tribunal do Júri.

— A disputa pela presidência do II Tribunal do Júri era acirrada. Todos queriam essa vaga, até pela visibilidade — relembra o hoje desembargador. — Eu tinha uma missão, que era acabar com isso o mais rápido possível. Não era meta minha, era meta do tribunal. O tribunal não aguentava mais a justa pressão da mídia e por isso é que se deu essa reunião em torno do meu nome.

O desembargador lembra que, no início, enfrentou dificuldades para impor um ritmo de julgamentos do caso. Ele logo percebeu que uma das estratégias usadas pelos réus que respondiam ao processo em liberdade era a de adiar as audiências para fugir de uma possível condenação.

Em um dos julgamentos, em 24 de outubro de 2002, Luiz Noronha Dantas prendeu o réu Arlindo Maginário Filho em plenário. O ex-policial chegou atrasado e desacompanhado à audiência. Quando perguntado onde estaria seu advogado, respondeu que nem sequer sabia o nome de seu defensor. O juiz entendeu que se tratava de uma manobra e lhe deu voz de prisão, afirmando que "não se pode assistir passivamente a essa chicana" e alertou ao réu que "este Tribunal não admite tais expedientes, nem os premia com a impunidade".[1]

— Naquele momento houve uma situação em que, de alguma maneira, me testaram. Era certo que, pela ritualística do júri, vigente à época, eu tinha que respeitar o adiamento por uma sessão, mas não mais do que uma. Então adiei a audiência e decretei a prisão preventiva do réu, porque aí o interesse de julgar passou a ser dele — revela Noronha Dantas. Ele impôs um novo ritmo aos julgamentos relativos aos processos de Vigário Geral: acertou a realização mensal de audiências e julgamentos com o novo promotor do II Tribunal do Júri, Paulo Sérgio Rangel do Nascimento, que assumiu em setembro daquele ano.

Noronha Dantas avalia que os graves problemas de origem do processo da chacina de Vigário Geral dificultaram, sobremaneira, o trabalho da acusação. Segundo ele, no início, o promotor Paulo Rangel amargou derrotas:

— A defesa estava mais bem situada no processo, com resultados positivos, pela bagunça que foi a investigação, pela bagunça que era a reunião de provas. Aliás, a reunião de provas de lugar foi tudo, menos organizada, uma confusão. E essa desorganização favoreceu a defesa, que estava lá desde o início.

Como o novo promotor do caso também não acreditava no teor das fitas gravadas pelos presos e centralizava a acusação no depoimento de Ivan Custódio, as defesas passaram a focar suas artilharias na falta de credibilidade da principal testemunha do caso e também no seu principal investigador.

A trama diabólica engendrada pelo coronel Valmir Alves Brum, que tirou de sua cartola a "testemunha-chave", criminoso contumaz, inacreditavelmente gozou e ainda permanece gozando de mordomias, atualmente custodiado pela Polícia Federal do Estado de São Paulo, sendo tratado não como um criminoso comum que é, mas sim como testemunha idônea, para cumprir suas penas com regalias, somente vem iludindo o júri do II Tribunal, eis que todas as pessoas, sem exceção, acusadas de outros delitos por Ivan Custódio que tramitam nas mais variadas varas criminais do estado do Rio de Janeiro, foram absolvidas pelos juízes de primeiro grau e foram absolvidas por este Egrégio Tribunal, não se deixaram ludibriar pelo "monstro domesticado" que atirou em todas as direções, inclusive em face do coronel Emir Larangeira e da respeitada e falecida procuradora de Justiça dra. Tânia Moreira Sales.[2]

Entre as pancadas que a nova promotoria tomou estava o caso de Arlindo Maginário Filho. O ex-policial, que teve a pena reformada de 449 anos para 72 anos pelo Supremo Tribunal Federal, acabou absolvido em novo julgamento, ocorrido em 14 de novembro de 2003. Os sete jurados chegaram à conclusão de que Ivan Custódio prestou falso testemunho e que Maginário não teve nenhum envolvimento com a chacina.

Considerando que o Conselho de Sentença, inicialmente à unanimidade de votos, afirmou a existência e a letalidade dos fatos, quanto aos vinte e um homicídios consumados, vindo a manifestar, quanto às quatro tentativas, a presença do dolo de matar, bem como e agora, sempre por maioria de votos, ter negado que o réu ARLINDO MAGINÁRIO FILHO tenha concorrido eficazmente para a prática dos fatos [...] admitindo o delito de falso testemunho à testemunha IVAN CUSTODIO BARBOSA DE LIMA, JULGO IMPROCEDENTE a pretensão punitiva e, por via de consequência, absolvo. Quanto ao delito de falso testemunho que o Conselho de Sentença afirmou ter sido praticado pela testemunha IVAN

CUSTÓDIO BARBOSA LIMA, extraiam-se peças da 1ª Central de Inquéritos do MP.[3]

— O Paulo Rangel, no início, não tinha ainda todo o sentido de malícia daquele caso e precisou se ajustar ao ambiente processual interno de Vigário. Mas, além de ser um homem talhado para o júri, ele foi policial. Então, também tinha a visão do investigador. E ele argumentava: "Numa estrutura como essa, ou a coisa apodrece de dentro para fora, e aí o X-9, que é aquele que está junto, aquele que sabe de tudo, resolve ser delator, ou então a gente nunca vai saber de nada." Esse foi o discurso dele, que foi sendo melhorado e, ao ser melhorado, funcionou — recorda Noronha Dantas.

Entre os julgados naquela época estava o ex-PM Sirley Alves Teixeira. Foi ele quem, sem saber que estava sendo gravado, confessou ter assassinado o jovem Fábio Lau durante o massacre. Dez anos depois da chacina, em 13 de setembro de 2003, Sirley finalmente se sentou no banco dos réus. A demora para o julgamento aconteceu porque o ex-PM estava foragido, até ser recapturado em 2002, preso em flagrante praticando um assalto à Caixa Econômica Federal.

Considerado um dos mais perigosos policiais envolvidos na chacina de Vigário Geral, ele foi condenado a 59 anos de prisão. Como em todos os outros casos, teve direito a um novo julgamento quando foi confirmada a sentença.

José Fernandes Neto também teve direito a um novo júri, mas acabou condenado e teve a pena agravada. Julgado junto com Paulo Roberto Alvarenga, os dois foram condenados a 59 anos de prisão em regime fechado.

Trata-se de acusados que possuem características pessoais e circunstâncias judiciais assemelhadas e comuns entre si, e que embora devam ser aqui considerados como sendo réus primários, demonstraram, na participação da prática dos fatos, uma descabida insensibilidade moral, além de um inominável desprezo pela vida, bem como uma absurda crueldade, e sem prejuízo de uma descomedida violência e selvagem brutalidade, mas sem olvidar a presença de uma incomum covardia e de uma descomunal truculência, e com uma inequívoca exteriorização de uma consistente periculosidade e da ausência de um mínimo de respeito à condição humana, além da falta de solidariedade e compaixão [...].

Já o ex-PM Marcelo dos Santos Lemos não chegou a ser julgado. Ele teve a prisão decretada em 1995, mas conseguiu *habeas corpus* no Superior Tribunal de Justiça em 6 de setembro de 1999 por constrangimento ilegal, devido ao excesso de prazo para o seu julgamento. Em 13 de novembro de 2003, no entanto, faleceu em decorrência de um câncer e o processo contra ele foi extinto.

Um dos últimos julgamentos foi o de Adriano Maciel de Souza. A demora ocorreu porque ele também estava foragido desde 1993, quando foi decretada sua prisão preventiva no processo. Ele se entregou em 25 de outubro de 2004, depois que a chacina de Vigário Geral foi tema do programa *Linha Direta*, da TV Globo. Ao se apresentar à Polinter, o ex-PM, também conhecido como "Chuca", afirmou que estava cansado de viver em fuga. Ele foi absolvido em 25 de fevereiro de 2005. Os jurados entenderam que não havia prova de seu envolvimento na chacina.

Também condenados em primeiro júri, Roberto César do Amaral e Adilson Saraiva da Hora acabaram absolvidos em recursos julgados em 2007.

22. VIGÁRIO 2

Entre as principais revelações das fitas gravadas clandestinamente estava a confissão de Sirley Alves Teixeira sobre a participação de outros policiais na chacina que haviam conseguido escapar da denúncia do Ministério Público. Embora os apelidos de alguns daqueles homens já tivessem vazado em telefonemas anônimos para a 39ª DP nos primeiros dias do inquérito, e até mesmo confirmados em depoimentos de Ivan Custódio, esses policiais não foram devidamente identificados e, na pressa daquela primeira denúncia, acabaram não sendo investigados, ficando de fora do processo de Vigário Geral 1.

A partir das gravações, ainda em 1995, os promotores José Muiños Piñeiro Filho, Maurício Assayag e André Chut pediram novas investigações à Corregedoria de Polícia Militar e denunciaram dezenove novos nomes. Todos eles tiveram suas prisões preventivas decretadas, dando início ao processo que se chamou Vigário 2.

Mas, desde o início, a nova linha de investigação desses promotores foi atacada até por seus pares, porque, segundo eles, não serviria para a condenação dos outros réus da chacina. Essa discordância acabou servindo aos defensores dos réus, que se aproveitaram dela para absolver acusados tanto de Vigário 1 quanto de Vigário 2.

E digno de destaque ainda, apesar dos desmentidos, a questão das declarações "espontâneas" dos réus no processo número 4.473, clandestinamente gravadas, constituem, sem dúvida, prova ilícita em razão da violação do direito à intimidade concomitantemente, do princípio do *nemo tenetur se detegere*,[1] visto que os acusados, se soubessem que as conversas estavam sendo gravadas para serem utilizadas contra alguns de seus interlocutores, poderiam ter se reservado o direito de permanecer calados (art. 5, LXIII, CF).[2]

Ainda em 30 de junho de 1997, o juiz José Geraldo Antônio impronunciou seis dos réus, excluindo da acusação Edson Germano da Silva, Rogério Barberino, Fernando Gomes Araújo, Wilson Batista de Oliveira, Antônio Eduardo Fernandes Costa e Carlos Jorge da Costa. Segundo a decisão, "os indícios de sua participação tornaram-se insuficientes, sobretudo, porque lograram estes réus trazer ao processo elementos razoáveis de prova, registrando suas presenças em locais diversos daquele onde se desenrolaram os fatos incriminados, conforme análise precedente".[3] Como estavam antes foragidos, só em 16 de dezembro de 1999, pelas mesmas razões, José Geraldo Antônio impronunciou Luiz Carlos de Oliveira e Maurício Silva da Costa.

> Diante da precariedade dos elementos indiciários em relação a estes dois réus, independentemente de qualquer álibi, não se pode considerar como provável a participação deles nos fatos incriminados. Diante destas razões, julgo improcedente a denúncia e, com base no artigo 409 do CPP, IMPRONUNCIO os réus LUIZ CARLOS DE OLIVEIRA e MAURÍCIO SILVA DA COSTA.

Em junho de 2003, em razão de sua morte, Júlio César de Souza Mourão teve extinta a punibilidade.

Em julho do mesmo ano, numa única canetada, a pedido do Ministério Público, os últimos acusados foram absolvidos. Eram eles Edison Barbosa, o Zeca Bundinha, André Luiz Vigário e Silva, Sidnei Paulo Menezes de Oliveira, Luiz Carlos da Silva, Marcelo Amaro Rodrigues da Silva, Marcos Batista Gomes, Carlos José de Lima Teixeira, além de Marcelo Sarmento Mendes. Eles foram inocentados da morte de 21 pessoas e da tentativa de homicídio de outras quatro. Outro réu absolvido foi Pedro Flávio da Costa.

Ele aparecia nas gravações afirmando que havia jogado as armas usadas na chacina na baía de Guanabara.

Ao pedir a absolvição de todos em suas alegações finais, o promotor Paulo Rangel afirmou que as conversas teriam sido combinadas e as gravações feitas com o objetivo de inocentar os acusados no processo anterior, chamado de Vigário 1.

— Estou convencido de que a fita é uma armação para absolver aqueles de Vigário 1 — afirmou Paulo Rangel.

Para ele, alguns dos PMs acusados no primeiro processo eram os verdadeiros culpados da chacina.[4]

23. UMA CERTA JUSTIÇA

Por mais violento que tenha sido, mesmo com toda a comoção causada pela imagem dos corpos de 21 moradores expostos em praça pública, o massacre de Vigário Geral não conseguiu fugir à sina da maioria dos processos criminais envolvendo chacinas no estado. Aos poucos, o caso foi caindo no esquecimento e o processo, que teve a denúncia mais rápida da história do estado – para sua gravidade –, foi se arrastando ao longo dos anos em inúmeros recursos, principalmente depois que boa parte dos réus conseguiu o direito de aguardar o julgamento em liberdade.

Cinco dos réus de Vigário 1 não chegaram ao final do processo. Marcelo dos Santos Lemos morreu em 27 de novembro de 2001, vítima de câncer no fígado. Outros quatro foram assassinados.

Leandro Correa da Silva Costa foi morto em 28 de fevereiro de 1995, logo depois de fugir da carceragem da Polinter.

Um mês antes de seu julgamento, Luciano Francino dos Santos foi executado com quatro tiros no rosto em 18 de setembro de 1997. Ele estava ao volante de seu Vectra branco e rebocava um jet ski, quando, na rua Curitiba, em Realengo, foi abordado por um conhecido que, depois de conversar com ele, puxou a arma e atirou.

Um dos policiais que executaram sete pessoas no bar do seu Joacir, na noite do massacre, João Ricardo Nascimento Baptista também foi assassinado com tiros no peito, em 4 de abril de 2002, em um posto de gasolina, próximo à favela Jorge Turco, em Rocha Miranda. Ele também aguardava o seu julgamento em liberdade.

Luiz Carlos Pereira Marques foi assassinado em 17 de março de 2000, com vários tiros no peito.

De todos os processados pelo massacre – um total de 52, entre Vigário 1 e 2 –, sete foram condenados, mas apenas cinco deles teriam suas penas confirmadas, dos quais quatro, efetivamente, pagariam pelo crime, como aconteceu, por exemplo, com Alexandre Bicego Farinha, que cumpriu 14 anos de prisão.

Paulo Roberto Alvarenga foi solto por força de um *habeas corpus* em 7 de setembro de 2001, para aguardar em liberdade por um novo julgamento. A liminar foi cassada, mas Alvarenga ficou foragido até 17 de março de 2005, quando novamente o prenderam. Julgado em 23 de julho daquele ano, sua sentença foi confirmada em 59 anos e seis meses em regime fechado, pena que ele pagou até outubro de 2007, quando ganhou a liberdade condicional, beneficiado pelo bom comportamento e pelo tempo em que trabalhou na cadeia para remir sua sentença. Ele soube aproveitar o benefício. Em dezembro de 2008, entrou com uma ação na Justiça contra o estado para cobrar os 2.564 dias trabalhados, ganhando direito à indenização em 2022.

> Ação de cobrança em face do Estado e da Fundação Estadual Santa Cabrini buscando o pagamento da remuneração pelos 2.564 dias de trabalho realizado pelo autor na unidade prisional em que esteve encarcerado no período de março de 1995 a julho de 2001 e março de 2005 a outubro de 2007. A sentença julgou procedente o pedido para condenar os réus a ressarcir o autor pelos 2.564 dias trabalhados no cárcere, à razão de ¾ do salário mínimo mensal, cabendo-lhe 40% do total que vier a ser apurado em liquidação de sentença.[1]

Sirley Alves Teixeira cumpriu quinze anos de cadeia. Depois de ter passado dez anos foragido, foi condenado a 59 anos pela chacina de Vigário Geral em 2003. Também réu em outros seis crimes, conseguiu progressão de regime com o direito de trabalhar na rua em dezembro de 2018. Ainda estava respondendo em liberdade quando foi assassinado a tiros, em 8 de março de 2021, na porta de sua casa, na estrada Mirandela, no centro de Nilópolis, Baixada Fluminense.

José Fernandes Neto cumpriu mais de treze anos de pena, ganhando a condicional em 2006.

24. ALEXANDRE BICEGO FARINHA

Logo depois de entrar para a PM como praça, em 14 de maio de 1985, aos 19 anos, Alexandre Bicego Farinha foi aos poucos se transformando. Ele era considerado por seus pares um policial corajoso, da linha de frente. Mas o temperamento explosivo e instável assustava até mesmo seus parceiros de trabalho. Depois que entrou para a equipe do sargento Ailton, passou aos poucos a participar das operações clandestinas que aconteciam durante as madrugadas em comunidades do tráfico, tornando-se cada vez mais violento nessas incursões.

— Ele era o "psicopata" do grupo. Descobrimos que uma vez ele jogou uma granada que destruiu a cabine da PM de Cascadura. Disseram que tinha sido a vagabundagem, mas não foi, foi ele — revela o coronel da reserva Marcos Antônio Paes.

Esse comportamento ficaria ainda mais claro na cadeia, onde respondeu a quinze processos disciplinares, entre 1995 e 2003. Alguns anos antes de ser libertado, Bicego foi baleado na perna por agentes do Desipe ao tentar fugir durante uma saída do presídio, quando foi levado para depor em um dos muitos processos que respondeu com base nas denúncias de Ivan Custódio.

Embora a família afirme que ele é inocente, nas gravações feitas na cadeia o réu Sirley Alves Teixeira confirma que foi por conta de Bicego que a chacina teria começado. Segundo Sirley, eles já tinham saído do bar do seu Joacir depois de pedir documentos e revistar os que ali estavam. Foi quando Bicego, sem que ninguém esperasse, tomou a granada que estava no cinto de outro soldado, João Ricardo, e lançou o artefato no interior do bar. A partir desse momento, a situação saiu totalmente do controle e terminou na morte de 21 trabalhadores.

Detido em sua casa, em Realengo, zona oeste do Rio, na manhã seguinte à chacina, em agosto de 1993, para ser ouvido administrativamente, ele não voltou mais para lá. Bicego teve direito a um segundo julgamento, em outubro de 2003, que reduziu sua pena para 59 anos e seis meses. Desse total, ele cumpriu 14 anos de prisão.

Bicego foi solto em fevereiro de 2007 para aguardar o julgamento de um recurso em liberdade. Três meses depois, a menos de 200 metros da sua casa, o ex-policial foi assassinado juntamente com o seu sobrinho, Felipe, um adolescente de 14 anos, em 12 de maio de 2007. Eles e o outro sobrinho seguiam de carro de Realengo para assistir a uma partida de futebol no Maracanã, mas tiveram o veículo interceptado no caminho. Segundo sua irmã, ele estava desarmado.

Sua irmã, a advogada Adriane Bicego Farinha, afirma que, no dia seguinte à morte, começou a receber cartas e telefonemas anônimos dando conta de que Azambuja teria ajudado na emboscada contra o irmão. E que, enquanto Bicego e Felipe eram atingidos fatalmente, fogos de artifício e gritos de vivas eram ouvidos na casa do "amigo". Ela disse ainda que não revelaria os outros nomes dos envolvidos na morte de seu irmão por medo do que pudesse acontecer aos seus familiares — mãe, irmão e sobrinhos.

— Não quero pagar para ver.[1]

Adriane e sua mãe, uma artista plástica que pediu para não ser identificada, negam que o ex-soldado tenha participado da chacina. Elas afirmam que ele não saiu mais de casa depois de voltar com a esposa do enterro do sargento Ailton Benedito Ferreira dos Santos, morto na véspera. Elas creditam o fato de o nome de Bicego ter sido envolvido na chacina por ele sempre ter se voltado contra o X-9 Ivan Custódio Barbosa, que veio a ser a testemunha principal do processo.

— Ele sempre dizia que o Ivan era um traíra e que Ailton e Neto não deviam confiar nele. Não suportava o Ivan e sempre dizia isso, inclusive para ele.

Oito dos acusados de participação na chacina de Vigário Geral foram mortos, mas, na maioria dos casos, não há evidências e sequer houve investigações que comprovem que essas mortes tiveram relação direta com a chacina. Além do caso de Bicego, que a família suspeita de que ele tenha sido morto por colegas envolvidos no crime, apenas nos casos de Cláudio Russão, Marinho Félix e do ex-cabo Leandro Correa da Silva Costa, as gravações feitas pelos presos ainda nos presídios revelavam que suas mortes teriam relação direta com a chacina.

25. IMPUNIDADE SENTENCIADA

Se a denúncia contra 33 réus da chacina de Vigário Geral foi feita em apenas 23 dias, o processo se prolongou por pelo menos 22 anos, quando foi decidida sua última sentença. Em 8 de outubro de 2015, após mais de duas décadas considerado foragido, o réu Leandro Marques da Costa, o Bebezão, aquele que defendia que as crianças tinham que morrer, se apresentou à Justiça. Mas não para ser finalmente julgado pelos seus atos:

> Conforme certificado às fls. 13.683, o réu foi pronunciado, tal qual denunciado, em 25 de maio de 1995, encontrando-se foragido desde 2 de setembro de 1994, razão pela qual não tomou ciência da decisão de pronúncia, não recorreu da mesma e não chegou a ser julgado pelo Tribunal do Júri. O fato é que, como bem ponderado pelo Ministério Público, em sua promoção de fls. 13.684, já decorreram mais de vinte anos desde a última causa interruptiva do prazo prescricional – a pronúncia. Como, a teor do art. 119 do Código Penal, a extinção de punibilidade incide sobre cada crime, isoladamente, todos os delitos imputados foram alcançados pela vintenária prescrição. Assim, livra-se o réu requerente de ser julgado por fatos que causaram tanta vergonha ao Brasil e indignação em todo o mundo. Isto posto, nos termos dos arts. 107, IV, 109, I, 119, e 117, II, todos do Código Penal, reconheço a prescrição da pretensão punitiva estatal e julgo extinta a punibilidade de LEANDRO MARQUES DA COSTA. Sem custas. Ao trânsito em julgado, dê-se baixa e arquive-se.

Durante todo esse período, foram muitas as informações de que Bebezão estaria circulando pelo Rio e trabalhando como taxista. Mas ele nunca foi alcançado. Depois de conseguir finalmente a sentença de extinção do processo, ele continuou trabalhando na praça. Procurado durante a produção desta obra, preferiu não dar qualquer declaração.

Passados trinta anos desde aquela noite sangrenta, as autoridades que atuaram na época ainda se dividem sobre a confiabilidade dos depoimentos de Ivan Custódio e a validade das gravações que definiram os processos do caso. Há dúvidas até mesmo se o informante participou do massacre. Porém, numa coisa todos concordam: o açodamento provocado pela pressão da opinião pública e pela consequente necessidade de se dar uma resposta rápida para a tragédia acabou fragilizando as investigações e impedindo que a maioria dos envolvidos na chacina fosse sequer conhecida.

Um dos primeiros promotores a atuar nas investigações, Marcos Ramayana reconhece a falta de investigações básicas, como checagem de álibis dos réus e das revelações da testemunha Ivan Custódio. Mas defende o trabalho realizado:

— Era uma investigação muito difícil. Os policiais estavam encapuzados, e aqueles poucos que não estavam mataram as possíveis testemunhas. O que tínhamos eram algumas cápsulas e o testemunho do Ivan Custódio sobre o passado de acertos. Se não fosse isso, talvez não tivéssemos condenado ninguém — avalia o procurador.

Segundo ele, na época as centrais de inquérito estavam engatinhando e não tinham estrutura para uma investigação tão complexa:

— Nós ficamos muito restritos à PM2, não tínhamos a estrutura que temos hoje aqui. Ali foi um embrião do GAECO [Grupo de Atuação Especial de Repressão ao Crime Organizado], porque inclusive alguns policiais que trabalharam nas investigações conosco depois continuaram aqui. Podem ter acontecido falhas, mas eram policiais abnegados. Eu os admirava. E até trabalharam bem, até determinado ponto.

Ramayana reconhece as pressões causadas pela comoção que o caso provocou, mas pontuou que, mesmo que eles e os policiais encarregados tenham cometido erros, não estavam sozinhos:

— O José Muiños Piñeiro e o Maurício Assayag, promotores experientes, também acompanharam. E o procurador-geral de Justiça, Antonio Carlos Biscaia, participou. Não estávamos sozinhos, estávamos supervisionados. Se houve erros, foi geral. Mas o fato é que tudo que tínhamos era o depoimento de um X-9 e isso é muito fraco.

O ex-procurador geral de Justiça Antonio Carlos Biscaia reconheceu a pressão que fez para que a denúncia da chacina fosse agilizada. Indagado se passou alguma orientação direta aos promotores para que pedissem a condenação de todos os denunciados por Ivan Custódio, limitou-se a dizer que pediu apenas para "botar pra lascar, mão pesada em cima desses caras". Para Biscaia, isso já estava começando a acontecer em outros casos envolvendo crimes de agentes públicos no novo cenário no qual o MP passou a ter autonomia para investigar.

A velha prática, segundo Biscaia, criava uma situação insólita, na qual uma vara recebia 4 mil inquéritos que nunca chegavam ao fim. Desses, apenas cem viravam processos. Pelo ato do corregedor Polinício Buarque de Amorim, as varas só poderiam receber ações penais, pedidos de medidas cautelares em inquéritos e casos de prisão em flagrante. Fora isso, teria de ser remetido ao MP-RJ antes de virar ou não denúncia. Biscaia disse que a medida coibiu práticas bizarras, como a sistemática troca de carimbos entre o escrivão e o inspetor de polícia, sem qualquer andamento na investigação, com o único objetivo de procrastinar o caso até que ele alcançasse a prescrição.

Para dar efetividade a esse novo papel do MP, em 19 de abril de 1991, Antonio Carlos Biscaia baixou a Resolução n. 438, criando dezenove promotorias de investigação penal (PIPs) e garantindo aos promotores atribuição para requisitar a instauração de inquéritos, acompanhar interrogatórios, requerer medidas cautelares, promover diligências, fiscalizar o cumprimento dos mandados de prisão e propor ação penal pública. O documento também criava as centrais de inquéritos para dar apoio administrativo a essas promotorias.

O ex-procurador-geral de Justiça do estado lembrou que a investigação de Vigário encontrou esse cenário novo, mas ponderou que a chacina

OS JULGAMENTOS DA CHACINA DE VIGÁRIO GERAL

ocorreu numa época em que o MP ainda não contava com uma estrutura própria para as investigações e que dependia da Polícia Judiciária. Porém, rebateu as críticas sobre as falhas nas investigações e a fragilidade da denúncia do MP. Para ele, a Justiça cumpriu seu papel:

— Não sei quantos foram condenados. Ainda que parte deles tenha sido inocentada ou excluída, a justiça foi feita. Não haveria justiça se nenhum dos responsáveis fosse condenado — defendeu.

O procurador de Justiça Antonio José Campos, que também assinou aquela denúncia, pontua que o crime aconteceu em uma época em que a relação entre parte dos delegados de polícia e membros do Ministério Público não andava bem. Pela regra anterior à Constituição Federal de 1988, os inquéritos instaurados nas delegacias eram encaminhados diretamente à Justiça para controle e pedido de providências, como mandados de busca e apreensão, entre outros pedidos. Com a nova Carta, o controle externo da polícia passou a ser atribuição do Ministério Público. Segundo ele, a chacina de Vigário Geral foi o primeiro grande teste de fogo da 1ª Central de Inquéritos. Ainda mais naquele momento, quando o clima era de desconfiança entre as duas instituições:

— Naquela época, havia uma relação de muita promiscuidade entre a polícia e a bandidagem em geral. Tráfico, jogo do bicho, enfim, havia uma relação muito visível de corrupção. Nós éramos relativamente jovens e aquilo nos assustava. Porque, antes, o promotor recebia os inquéritos e simplesmente se limitava a despachar, sem apontar a diligência, sem fazer nada. Com a central, esse quadro mudou. Nós tínhamos atribuição específica de trabalhar nos inquéritos e começamos a fazer isso embrionariamente, sem nenhuma estrutura — contextualiza o procurador.

Ele se recorda de que, na época, a corrupção era muito ostensiva:

— Não que houvesse conivência, mas, de certa forma, [a corrupção] era ignorada. Ninguém, nem mesmo o Ministério Público, incomodava os corruptos. Principalmente na área policial. A gente vinha de um período de redemocratização. O primeiro presidente eleito por voto direto foi em 1989. A nossa polícia era muito mais violenta do que a atual. E violência e corrupção estão de braços dados. Essa história de que o policial violento

IMPUNIDADE SENTENCIADA

é combativo, mas não é corrupto pode ter um ou outro, só que, quando você desborda os limites da lei, começa pela violência e daqui a pouco está recebendo grana, está matando por encomenda. Foi isso que aconteceu em Vigário Geral.

O distanciamento entre aqueles delegados da cúpula da Polícia Civil e o Ministério Público e a pressa pela apuração da chacina fizeram com que algumas normas jurídicas fossem esquecidas. Pela lei, cabe à polícia judiciária, ou seja, à Polícia Civil, a realização de inquéritos para a elucidação de crimes da Justiça comum. Mas ali a regra se subverteu.

— Passamos por cima disso — confessa o procurador Antonio José Campos. — Era praticamente impossível trabalhar, com raras e honrosas exceções, com aquele grupo de delegados que veio com o secretário Nilo Batista. Nós já tínhamos notícia de que além da prática de arrego, uma propina fixa cobrada a traficantes, havia também sequestros. Era uma guerra de gato e rato. A polícia prendia, levava para a delegacia, mas em vez de lavrar flagrante e encaminhar ao Ministério Público, cobrava pela libertação do criminoso e revendia o produto do crime — justifica.

Para o desembargador aposentado José Geraldo Antônio, que presidiu boa parte dos julgamentos de Vigário, o processo acabou prejudicado pela pressão das autoridades em dar uma resposta ao crime:

— Foi um açodamento do poder público [Executivo e MP] para dar uma resposta à sociedade diante da pressão da imprensa, das ONGs e das autoridades. Não houve uma investigação séria, não se checou álibis, não se investigou de fato quem realmente participou.

O desembargador Paulo Sérgio Rangel do Nascimento, da 3ª Câmara Criminal do Tribunal de Justiça do Rio, que atuou nos julgamentos de Vigário Geral 1 e 2 como promotor de Justiça do II Tribunal do Júri, pontua que a ingerência política foi determinante para atrapalhar o processo e impedir que a Justiça alcançasse todos os culpados:

— Fora do aspecto jurídico penal, o caso retratava uma realidade da polícia do Rio de Janeiro. Primeiro porque os quatro que morreram na véspera na praça Catolé do Rocha foram lá fazer um acordo, uma extorsão, com o Flávio Negão. E o traficante passou todos eles. Os policiais, então, foram lá se vingar, só que escolheram o mal. Quando você se vinga, já que admite essa hipótese, é sobre quem fez o mal e não de inocentes, você não vai se vingar matando inocentes pela rua. De preferência nem se vingar, mas, já que foi, que seja sobre os possíveis autores do fato. Mas houve aquela lambança toda e aí começou a política. O que estragou o processo foi a política. O Brizola achando que aquilo foi um ataque ao governo dele; o Larangeira, por sua vez, achando que estavam injustiçando o batalhão dele, que era o de Rocha Miranda, um quartel na época complicado. A imprensa batendo. O Ministério Público, como sempre, querendo dar uma satisfação rápida à sociedade. Por isso que aquela denúncia saiu daquele jeito e naquele tempo. Uma denúncia que, em alguns aspectos, deixava a desejar, porque não individualizava a conduta dos réus que participaram da chacina. Mas eu já peguei pronto, então tive que trabalhar com o que tinha.

Sobre as gravações que mudaram o rumo do processo, os promotores do II Tribunal do Júri que trabalharam no caso continuam divididos. Rangel ainda defende que as fitas não passaram de uma trama dos verdadeiros culpados.

— Eles fizeram um acordão, livrando a maioria dos acusados. Tanto que, quando pedi a absolvição dos réus de Vigário 2, não houve protestos da parte dos sobreviventes e familiares das vítimas, que concordaram até porque sabiam que os réus culpados estavam em Vigário 1. Eles protestaram muito contra a absolvição dos réus de Vigário 1 — argumenta o desembargador, acrescentando que, quando assumiu o processo, o então procurador José Muiños Piñeiro Filho foi até seu gabinete para explicar o caso ao colega. — O Piñeiro uma vez foi ao meu gabinete, sem eu pedir, para me explicar Vigário 2. Não pedi explicação, deixei ele falar. Ele falou e eu disse "tá bom". Aí conversei com o Júlio César [dos Santos, outro promotor que atuou no caso], que concordava comigo, e fiz a minha sustentação normal. Mas na cabeça dele [de Piñeiro Filho], Vigário 2 é que tinha os culpados.

O desembargador José Muiños Piñeiro Filho confirma a ida ao gabinete do então colega. Seu objetivo, explicou, era sempre conversar com todos os promotores que, a cada momento, assumissem o caso, na tentativa de ajudar na missão de cada um. Ele adotou a mesma postura com os promotores Júlio César Lima, Luciano Lessa e Cristina Medeiros, no processo de Vigário Geral, e Glória Márcia Percinoto e Riscalla Abdenur, quando assumiram o caso da chacina da Candelária.

— Procurei explicar como agi, após uma denúncia equivocada e açodada. Embora compreendendo a pressão suportada pelos colegas que a subscreveram, a denúncia foi baseada apenas na palavra de um alcaguete da polícia, sem qualquer outra prova e, pior, com a única pessoa reconhecida por uma vítima [Jussara Prazeres da Costa] nada tendo a ver com a chacina, indicando que haveria uma absolvição de todos os acusados. A partir das fitas se conseguiu chegar a uma prova contundente, inclusive com testemunhas que mentiram a favor de réus e voltaram a juízo para desdizer os álibis, e prova pericial de adulteração de livros de armas, o que permitiu a condenação de pelo menos seis acusados em Vigário 1.

Piñeiro Filho disse que, quando terminou de acusar Paulo Alvarenga e de convencer seis dos sete jurados, compreendeu que tinha a obrigação institucional, no mínimo solidária, de levar aos colegas toda a realidade do processo, com mais de 3 mil páginas.

— Evidente, [fiz isso] respeitando a posição e independência de cada um, e não poderia ser de outra forma. Mesmo diante das ameaças que Assayag e eu sofremos, tinha o dever moral de ajudar os colegas. Sabíamos que, dos 33 réus de Vigário 1, apenas dez eram culpados e até hoje estou assim convencido. Conseguiu-se, com muito esforço e coragem, condenar seis. Quanto aos acusados em Vigário 2, bem, cada promotor pensa como quiser e deve ter suas razões.

Sérgio Cerqueira Borges, o Borjão, um dos réus, também defende a legitimidade das gravações que fez. Ele lembra que, mesmo estando com sua família em um restaurante cheio, seu álibi não foi aceito, amargou anos na cadeia e quase enlouqueceu até ser absolvido. Se houve alguma justiça para Vigário, ele garante, foi em razão das gravações:

— As fitas me absolveram. E a outros réus também. Fizemos justiça, gostem ou não, aceitem ou não a legitimidade das fitas.

172   OS JULGAMENTOS DA CHACINA DE VIGÁRIO GERAL

O ex-militar avalia que, se por um lado conseguiu justiça para o seu quadro, por outro seu comportamento também o prejudicou. Não conseguiu retornar para a polícia e ainda sofreu atentados em razão de não ficar calado:

— Hoje me arrependo e muito. Devia ter ficado calado sim. Queria não ter posto a boca no mundo, pois foi isso que impossibilitou meu retorno à PM. Contudo, fui forçado pela situação a gritar minha inocência. Eu tinha que ficar em evidência para não morrer e provar também que eu não era um PM bandido. Mas, principalmente, não teria sofrido quatro atentados nem perdido meu filho com apenas 18 anos, morto como vingança. Minha família sofreu e sofre muito até hoje. Num dos atentados, fui ferido na perna e até hoje tenho dificuldades para andar. Os autores? Com certeza alguns que denunciamos. Nunca tive dúvidas disso.

Logo depois de ser solto, o ex-soldado entrou na Justiça pedindo a reintegração, que foi concedida, pois ele tinha mais de doze anos de PM e a estabilidade funcional exigia dez. Mas o Ministério Público recorreu. A desembargadora Leila Mariano, da segunda instância, reformou a sentença do juízo de primeiro grau e manteve a exclusão do soldado. Dessa vez, o problema foi um erro burocrático: nas informações fornecidas para a desembargadora pela PM, constava que Borjão se chamava Paulo Roberto Borges, na verdade o Borginho, também absolvido, mas que não tinha estabilidade funcional.

Desde então Borjão vem brigando para ser reintegrado, sem sucesso.

— Cada dia que passa estou muito cansado disso tudo. É um conjunto de motivos. Dói na minha alma e na da minha família essa situação.

Quando olha para trás, o ex-soldado culpa a política de segurança do governo Brizola como responsável, em parte, pelo que aconteceu:

— Quando eu entrei para a polícia estava no final do governo militar e no começo do governo Leonel Brizola. O Brizola, de imediato, como o STF fez recentemente, proibiu a polícia de entrar nos morros para combater o tráfico. Com essa atitude, os traficantes ficaram fortalecidos. E qual foi a saída encontrada pela PM? Criaram um serviço que era chamado de Pamesp [Patrulhamento Motorizado Especial], que eram as Patamos especiais dos batalhões. Esses grupos gozavam da confiança de seus coronéis e entravam

IMPUNIDADE SENTENCIADA

nas favelas com autorização dos seus comandantes, mas de forma clandestina, sem o governo saber. Essas Patamos começaram a fazer mineira, porque já havia essa cultura do governo militar de guerra, de espólio de guerra. E o que era isso? Você entrava na favela, estourava a boca de fumo, pegava o armamento e o dinheiro. A droga você apresentava na delegacia. Esse espólio de guerra servia para fortalecer o policial, porque a PM dava apenas um revólver .38, com quatro cartuchos, às vezes era o .38 da Rossi, de cinco tiros. Para combater, você recebia quatro cartuchos e mais quatro balas extras, uma escopeta com quatro cartuchos e uma metralhadora Ina .45, que era transformada em 9 mm. E os policiais ganhavam muito mal. Esses grupos faziam a missão oficial que tinham que fazer e aproveitavam para minerar os traficantes. Era uma caça ao ouro. Vários batalhões faziam isso, só que o 9º BPM era onde o tráfico era mais rico. Era onde estava o traficante Cy de Acari, o maior distribuidor de drogas do estado.

Segundo Borges, nem mesmo a mudança de governo, com a eleição de Moreira Franco, mudou a situação:

— Quando acontece a troca de governo e o Moreira Franco libera o combate, esse comportamento já estava institucionalizado. Porque praticar sequestro mediante extorsão contra traficante, pegar o traficante, pegar o dinheiro e liberar não era moralmente reprovado. Todo mundo fazia vista grossa para isso. O que era moralmente condenável para a tropa era o "arrego", receber dinheiro do criminoso. Quem pegava dinheiro do tráfico para não atacar aí sim era reprovado. Esses eram vilões. Eram poucos os "arregadores" e havia mais mineradores.

Outra regra, segundo o ex-soldado, era a questão da vingança:

— E tinha aquele negócio: se matasse um PM, naquela época, eram dez bandidos mortos. Independentemente de quem matou, ou se não matou, era isso. Era a lei do cão. Infelizmente era assim que funcionava.

Ainda segundo o ex-soldado, os comandos sabiam que os policiais não aceitariam pacificamente a morte dos quatro policiais do 9º BPM:

— O erro foi do governo. Se tivessem mantido o Bope e o Choque lá, nada disso teria acontecido.

Inimigo político de Brizola, o tenente-coronel reformado Emir Campos Larangeira defende o ex-governador trinta anos depois:

— Brizola nunca deu qualquer determinação para que não houvesse operações nas favelas. Ele só exigia que respeitassem os direitos dos seus moradores.

Mesmo tendo sido exonerado do Bope por determinação do comandante-geral Nazareth Cerqueira, o coronel da reserva Wilton Ribeiro também garante que nunca ouviu tal ordem:

— À frente do Bope, fiz inúmeras operações. E nunca houve essa determinação.

26. O CULPADO GERAL

Ele foi acusado diversas vezes, em várias fases do processo, de ser o principal responsável pela fragilidade das provas que deixaram a maioria esmagadora dos culpados pela chacina de Vigário Geral fora das vistas da Justiça. Mais ainda, foi também acusado de se utilizar do cargo e do caso para se vingar e se promover. De grande mentor da solução rápida do massacre de Vigário Geral, o coronel da reserva Valmir Alves Brum se tornou, pouco tempo depois, o maior responsável pelo fiasco das investigações. E de herói tornou-se inimigo do governo. Por conta das profundas inimizades que fez durante esse período, o oficial viveu durante anos sob risco de morte.

Ao se recordar das investigações para chegar imediatamente aos nomes dos culpados, a primeira coisa que vem à mente de Brum é a imagem dos 21 corpos enfileirados. O chefe da Polícia Militar à época, e principal responsável pelas investigações sobre a chacina de Vigário Geral, confessa que houve sim um açodamento no inquérito. Segundo ele, havia muita pressão por parte das próprias autoridades, da sociedade, das organizações não governamentais e de organismos do mundo inteiro.

— Aquela imagem dos corpos enfileirados nas urnas do IML acho que ninguém irá esquecer, havia corrido o mundo. O Brasil e, principalmente, o Rio de Janeiro estavam sendo cobrados por uma resposta.

O oficial se recorda de que, desde o primeiro momento, trabalhou com a supervisão de promotores do Ministério Público do Estado do Rio de Janeiro, com a parceria do delegado Elias Barboza, da Divisão de Homicídios da Polícia Civil. Naquela mesma semana, vários policiais militares foram presos administrativamente, sem que todos os álibis fossem devidamente checados.

Brum defendeu o seu papel em um dos pontos mais criticados da investigação, a descoberta casual da testemunha-chave:

— Aí acontece o que chamei de feliz e deliciosa coincidência. O Ivan que encontramos não era o Ivan Aguiar, mas sim o Ivan Custódio, que viria a ser a chave para se começar a desvendar realmente a chacina — relembra Brum, na certeza de que atiraram no que viram e acertaram no que não viram, ou melhor, não sabiam ou esperavam.

Sobre as acusações que pesavam contra o alcaguete, o oficial lembrou que, logo depois da chegada de Ivan Custódio ao QG da PM, e de sua primeira conversa, também seguiram para a sede da PM o vice-governador Nilo Batista, o então procurador-geral de Justiça Antonio Carlos Biscaia e o alto-comando da Polícia Militar. Para o coronel da reserva, embora ainda não houvesse ferramenta legal para isso, Ivan Custódio foi o embrião do que se chama hoje de delação premiada.

O ex-chefe da Polícia Militar, que trabalhou em outros casos espinhosos, como as chacinas de Acari e da Candelária, garante:

— Nunca o Brasil teve, em toda a sua história policial, uma testemunha do padrão e calibre de Ivan Custódio — defende Brum, lembrando o quanto quiseram desacreditá-lo, tanto os advogados de defesa quanto alguns investigadores. — Todas as maiores e mais importantes autoridades do estado do Rio estavam presentes no momento em que Ivan Custódio começou a detonar todos os crimes que sabia, seja por ouvir dizer, seja por ter participado. Afinal, ele, como X-9 da polícia, tinha acesso ao perigoso mundo do crime, sabia ouvir pelos cantos, mesmo os mais baixos sussurros, e era dono de uma memória espetacular. Sabia de cor telefones, endereços, lotações, nomes de familiares e locais de residências de seus comparsas, o que conferiu certa credibilidade à sua confissão.

De acordo com o coronel da reserva, também corroborado por outros investigadores, Ivan saiu botando a boca no trombone e delatando tudo e todos, acusando de corruptos muitos delegados considerados importantes na cúpula da Polícia Civil, comandantes de batalhões, policiais matadores, extorsionários, além de autoridades do mais alto nível do governo do estado.

— Conforme ele ia detonando, nós íamos checando e prendendo administrativamente. Desse primeiro interrogatório deu para extrair elementos

O CULPADO GERAL

para outros crimes, que foram virando "filhotes" da investigação principal, a chacina, e se transformaram também em processos rumorosos, como os que investigaram os bens dos homens de bem da Polícia Civil e o estouro da fortaleza do jogo do bicho do contraventor Castor de Andrade.

"Sabíamos que [Ivan] era um criminoso e participava de extorsões, mas tenho certeza de que ele não participou dessa chacina. A gente conseguiu mantê-lo vivo por todos esses anos e tem uma coisa positiva: conseguimos transformar um camarada que era criminoso num trabalhador. Ele morreu de câncer, trabalhando como guardador de automóveis em Copacabana. Morreu e passamos todos esses anos ajudando ele e a família dele. Mesmo com todo o descrédito, a gente nunca teve no Brasil uma testemunha do padrão dele. Não acredito que os vários depoimentos que ele deu tenham atrapalhado."

A descoberta de livros e outros documentos da contabilidade da contravenção, durante a operação que estourou a fortaleza de Castor de Andrade, trouxe centenas de nomes de policiais, políticos, personalidades, do primeiro e segundo escalões do governo e outras autoridades. Inicialmente, até mesmo o nome de Nilo Batista foi ventilado. A suspeita de que Brum teria vazado os documentos para a imprensa levou o governo a afastá-lo do cargo. Depois de ser exonerado da chefia de Polícia Militar, ele foi convidado para trabalhar no Ministério Público em outras investigações, entre elas a do estouro da fortaleza do jogo do bicho.

Para o seu lugar na segunda fase das investigações da chacina de Vigário Geral foi nomeado o tenente-coronel Denisar Santos. Ele auxiliou Piñeiro Filho e Assayag, titulares a partir daquele momento do processo. Brum não disfarça a mágoa com seu afastamento:

— Fui exonerado no momento em que tudo estava rolando, em 1994. Se eu tivesse permanecido nas investigações, tenho certeza de que teria conseguido desvendar o que realmente aconteceu em Vigário Geral, com todo o respeito à promotoria pública. O mesmo comando que eu salvei, o mesmo governo que ajudei a salvar de um fracasso político, cortou a minha cabeça. Houve o estouro da fortaleza do jogo do bicho e aí essas mesmas autoridades viraram as costas para mim; estava todo mundo comendo nas mãos do Castor de Andrade.

Brum aponta outros obstáculos ao inquérito:

— Há trinta anos era tudo muito diferente, deficiente. Não havia um bom departamento para perícias, o próprio Ministério Público não contava com um grupo de promotores especialistas para uma investigação de tal porte, a própria polícia não considerava "crime grave" as extorsões praticadas pelos seus agentes. Mas, com a chacina de Vigário Geral, essa deficiência do estado veio à tona.

As falhas nas investigações, como a não checagem correta dos álibis, as contradições nos depoimentos da principal testemunha e a pressa na investigação que acabou numa denúncia inicial de 33 réus e depois em outra com mais dezenove acusados, muitos deles inocentes, respingaram no coronel Brum. Mas, para seus acusadores, ele retruca:

— Havia seis promotores, dois ou três delegados, outros oficiais, e a culpa é minha?

A vida de Brum cruzaria anos depois com a de um dos réus de Vigário 2, quando o militar da reserva foi morar em um condomínio na zona oeste do Rio. Decidira limpar e regularizar um terreno próximo, cheio de mato e entulhos, para incorporá-lo de vez ao condomínio onde vivia. Ele pôde testemunhar pessoalmente a ação de milicianos. Um homem que se dizia corretor de imóveis, chamado Reginaldo, entrou na área e colocou uma placa, anunciando que o terreno estava à venda.

— Quando cheguei e vi aquilo, triturei a placa e fui atrás do sujeito, perguntando por ordem de quem [ele pôs o terreno à venda]. Não disse quem era. Mas soube depois que ele procurou o ex-policial conhecido por Zeca Bundinha [Edison Barbosa] para que "resolvesse uma paradinha para ele, com um sujeito que estava incomodando os negócios". Este, ainda sem saber quem era o tal sujeito, disse que faria o serviço e quis saber quem seria a vítima — revelou Brum, acrescentando que soube depois o teor da conversa que o "corretor" tivera com seu futuro matador: — "Sabe quem é esse cara que você quer que eu mate? Mano, eu vou te contar uma coisa, acho bom não se meter com ele não. Primeiro, nunca vou fazer isso, porque foi ele quem me livrou de uma condenação. E cuidado para você não ser a vítima, ele não vai mandar ninguém, ele mesmo vai fazer isso contigo.

O CULPADO GERAL

Ele não faz sacanagem com ninguém, não persegue. Ele é um legalista. Você não conhece o potencial desse cara que é um oficial da PM."

Na época das investigações, Zeca Bundinha foi acusado por Ivan Custódio e teve o nome revelado nas fitas gravadas por parte dos presos, sendo um dos absolvidos de Vigário 2.

PARTE 5

A DOR ETERNA

27. "NÃO DURMA, VÃO TE MATAR"

As sequelas causadas por cinco tiros, um dos quais deixou uma bala alojada em seu tórax, obrigaram o eletricista Jadir Inácio a pendurar as chuteiras. Sem fôlego para correr como centroavante, virou um fiel torcedor do Madrugada Futebol Clube, de Vigário, sempre encostado nos alambrados dos campos de várzea dos grotões da cidade. Certo dia – esqueceu a data exata –, no início dos anos 2000, foi cercado pelos filhos e sobrinhos antes do começo de um jogo.

— Bora, pai, vaza! — gritava nervoso um dos filhos, antes de cobrir o rosto de Jadir com uma camisa e levá-lo às pressas para dentro de um veículo com motor ligado.

O carro saiu cantando pneu. Não deu para ver pelo retrovisor a figura enorme e bruta que se aproximava do campinho do Quitungo, em Brás de Pina. A pessoa que apavorou a família Inácio era o ex-PM Leandro Marques da Costa, o Bebezão. Por viver perto, era uma sombra na vida de seu Jadir, a ponto de tirar do eletricista aposentado o prazer de frequentar biroscas à noite e seguir as partidas do Madrugada.

Crises de ansiedade e depressão. Constante sensação de insegurança. Sono noturno invadido por pesadelos. E o pior dos medos: a desconfiança de que eles podiam reaparecer. No trigésimo aniversário da chacina, era assim o cotidiano de sobreviventes e parentes de vítimas do massacre. Jadir saiu da comunidade e nunca mais voltou. Bira, ao contrário, não saiu mais de lá. Depois de ter a família dizimada, Núbia teve oito filhos. Iracilda assumiu um lugar de liderança e uma bandeira de luta por justiça. Cada qual, a seu modo, viveu um luto permanente, marcado por dores e revolta.

Os sete primeiros anos após a chacina foram especialmente difíceis. Como os crimes foram praticados por militares fora de serviço, eventuais pedidos de indenização dependiam do trânsito em julgado de processos que caminhavam vagarosamente pelo tribunal do júri. A indignação causada na população pelo ataque covarde aos moradores de Vigário Geral não foi suficiente para garantir algum suporte financeiro às famílias, já pobres, que haviam perdido seus provedores. A única saída era enxugar as lágrimas e se virar sozinhos.

Foi o que fez, a duras penas, a dona de casa Iracema Medeiros. O bar do marido Joacir ainda exibia buracos na parede, causados pela granada lançada pelos criminosos, quando ela teve de reabri-lo para garantir alguma renda e alimentar os sete filhos. A lembrança do crime no local onde morreram sete pessoas, incluindo o marido,[1] lhe fazia vizinhança, pois a casa da família dava para os fundos do boteco. Mas o negócio, maculado pela tragédia, não prosperou. Os moradores haviam perdido o prazer de frequentar o Bar do Caroço, como chamavam o tradicional ponto de encontro de seu Joacir na rua Antônio Mendes. Jadir Inácio e Ubirajara Santos estavam entre os clientes assíduos que nunca mais apareceram.

— Éramos um grupo que se encontrava de domingo a domingo, quase todos os dias, para tomar cerveja depois do trabalho. O único aborrecimento era quando a polícia aparecia. O problema dos PMs era com os bandidos. Alguns, inclusive, me conheciam. Sabiam que eu trabalhava na Light. Conosco, no máximo, eles falavam umas besteiras quando estavam irritados — recorda-se Jadir, que garantiu ter visto pelo menos um desses policiais no ataque ao boteco e desconfiou que o criminoso também o reconheceu.

Desde os primeiros socorros, no Hospital Getúlio Vargas, na Penha Circular, o medo não mais abandonou Jadir. Levado para a Sala de Custódia[2] da emergência, onde a polícia imaginava que ele teria mais proteção, o eletricista conheceu um jovem, algemado à cama, que tossia muito e gritava para Jadir:

— Não durma, não durma. Vão te matar!

Quando a tosse aliviava, o rapaz voltava a gritar para a equipe de atendimento:

"NÃO DURMA, VÃO TE MATAR" 185

— Vão matar o sobrevivente!

Jadir, muito ferido, não conseguia dormir. Quando fechava os olhos, ainda ouvia os gritos dos companheiros do bar durante o fuzilamento.

O Bar do Caroço também era destino, após o expediente, do ferroviário Adalberto de Souza, o Beto. Naquela noite, havia um motivo especial: o jogo da Seleção Brasileira contra a Bolívia. Era filho de Nahildo Ferreira de Souza, presidente da Associação de Moradores do Parque Proletário de Vigário Geral. Todos o conheciam. Portanto, não sentiu medo quando os criminosos chegaram e lhe pediram os documentos. Tinha no bolso a carteira de funcionário da Rede Ferroviária Federal. Foi fuzilado poucos segundos após mostrá-la.

A viúva, Iracilda, jamais se esqueceu da roupa, dos chinelos e das últimas palavras de Beto quando ele se despediu avisando que iria para o boteco. Foram trinta anos repetindo para si, uma pessoa religiosa, que "Deus quis assim"; era o momento escolhido para a partida do marido. Ela nunca esperou se curar do trauma. Mergulhou fundo na luta contra a impunidade e pelo auxílio aos sobreviventes e parentes das vítimas, como forma de amenizar a sua dor.

— A gente não vê resposta para o que aconteceu. Além da revolta, ficou o temor. Será que tem algum deles por perto? Entraram na mesma condução que um filho nosso pega? É uma insegurança velada. Não gosto de passar na rua. Há anos que não entro em Vigário Geral. Me faz mal. Não gosto de lembrar, ver a casa onde fui feliz. Não tenho vontade de reviver aquele momento. Evito — desabafou a viúva.

Iracilda abriu uma exceção em 29 de agosto de 2023, na missa de trinta anos do massacre. A acolhida dos moradores foi reconfortante. A viúva encontrou um lugar diferente, "melhor do que na minha época", com ruas pavimentadas, entrada iluminada, bueiros para escoar as águas, serviços essenciais presentes – especialmente a entrega de correspondências na porta das pessoas, ao contrário do sistema dos anos 1990, época em que o sogro, Nahildo, então líder comunitário, era obrigado a pegar as cartas fora da comunidade e distribuí-las por conta própria.

Um detalhe em especial encheu Iracilda de orgulho: a facilidade de acesso de veículos de moradores, criada pelo viaduto que leva o nome do sogro – Nahildo ainda presidia a associação de moradores quando a obra foi reivindicada, em 1995. Ela só lamenta que outro pleito importante, a abertura de escolas na comunidade, ainda permaneça apenas como uma promessa.

Iracilda é sempre tomada por um sentimento antagônico quando o assunto é Vigário. Ela trata os anos vividos ali como "página virada", mas se alegra com o progresso do local, as boas lembranças da comunidade e, mais recentemente, a existência de lojas enormes, onde o comprador chega a se perder nos corredores, abertas pelo polo comercial de Vigário, na praça Dois, "onde é difícil transitar durante o período de Natal":

— Me orgulho porque foi ali que fui feliz por quatorze anos e tive meus filhos. Aprendi que tinha de criá-los sem o pai e ainda tentar ser forte para evitar um trauma maior para o futuro deles. Hoje, vejo que nós ganhamos através das perdas. É a triste realidade. Só quando a morte bateu na minha porta tive que aprender a caminhar.

***

Entre os que preferiram continuar em Vigário Geral está a família de Cléber Alves, assassinado naquela noite, quando voltava de um baile com as amigas. Seu irmão, Cláudio Marco Alves, disse que tem "55 anos de idade, 55 anos dentro de Vigário". Seu momento de maior tensão, após a tragédia, foi vivido fora da comunidade. Entregador de cargas, como o pai, ele estava descarregando alimentos em um presídio – não se recorda da data, nem faz questão de lembrar – quando alguns presos se aproximaram para ajudá-lo com o desembarque dos produtos:

— Eram policiais presos. Sempre vinham para ajudar. Mas, naquele dia, um deles comentou com o outro: "Olha, em Vigário eu matei mesmo. Não nego."

No meio dos outros presidiários, o policial parecia até ter orgulho do que fizera. Foi a impressão de Cláudio. Seus colegas de transporte logo olharam para ele, mas Cláudio preferiu ouvir calado. Teve de engolir. Nem em casa comentou com os pais. Sua melhor reação era outra: estar sempre ao lado do pai, o também entregador Aldenir Alves, na peregrinação pelas sessões de julgamento no Tribunal de Justiça do Rio, em passeatas, reuniões e até mesmo viagens para Brasília.

Enquanto teve forças para andar, Aldenir lutou contra a impunidade, mesmo depois de vencido por uma hérnia que o obrigou a se aposentar e ficar em casa. Fazia entregas de fogões, geladeiras e outros eletrodomésticos, junto com Cláudio. Mesmo cansado, após um dia de muitas entregas, jamais faltava às reuniões da Casa da Paz (já fechada). Jamais se conformou com a morte do filho de 23 anos, alvejado em uma das vielas da comunidade após achar que o tiroteio em Vigário já havia terminado.

— Ele saiu escondido do grupo que voltava do baile. Como o tiroteio parou, achou que podia voltar. Mas os policiais ainda estavam lá. Foram me avisar que tinha sido baleado. Minha mãe apareceu, assustada, perguntando o que tinha acontecido. Não tive coragem de contar naquele momento. Disse que era um recado da namorada do Cléber — contou o irmão.

Ubirajara Santos, que também foi baleado naquela noite, é outra vítima que preferiu ficar em Vigário. Seu medo é o mundo exterior e seus fantasmas. Trinta anos depois do massacre, aos 62 anos, o ex-pintor de paredes praticamente não andava e estava cego, acometido pela diabetes. Atingido com um tiro no fêmur no Bar do Caroço, conseguiu escapar mancando pela porta dos fundos. Mais detalhes sobre a matança, nem pensar. Bira sempre evitou o assunto.[3]

Deprimido, imobilizado pela doença, foi encontrar conforto no álcool – não mais no Bar do Caroço. Mas designou outro ponto onde passava as horas entre copos e garrafas. No início, chegou a participar do movimento das vítimas, mas a progressão da doença, que lhe causou uma permanente ferida na perna, retirou-lhe o ânimo.

28. INDENIZAÇÃO INÉDITA

Um ponto em comum unia todos os dramas, dentro ou fora da comunidade: a falta de recursos para seguir a vida. Por mais que a sociedade tivesse se indignado, por mais que os políticos berrassem promessas de apoio e reparação, sobreviventes e parentes de vítimas passaram sete anos praticamente entregues à própria sorte. A história dessas pessoas só começou a mudar quando, em março de 2000, na Comissão Interamericana de Direitos Humanos[1] da Organização dos Estados Americanos (OEA), entrou em pauta o julgamento do governo brasileiro em três processos: as chacinas da Candelária, de Vigário Geral e de Nova Brasília 1.[2]

O Pacto de Direitos Humanos foi firmado em 1967 pelos países do continente, em San José, Costa Rica. Porém, no Brasil, que teve uma ditadura até 1985, esse compromisso só passou a valer em 1992, um ano antes da chacina. As autoridades brasileiras ainda aprendiam o que fazer com a imensa herança de abusos do ciclo militar e as consequências da brutalidade policial em comunidades pobres espalhadas pelo país.

Uma das estratégias foi delegar ao procurador-geral de Justiça dos estados referidos nos casos a missão de explicar, na corte internacional, as providências tomadas para punir os responsáveis e amparar as vítimas. Em 2000, diante de três chacinas ocorridas no Rio de Janeiro, o então secretário nacional de Direitos Humanos, José Gregori, solicitou ao então procurador-geral de Justiça do Rio, José Muiños Piñeiro Filho, que representasse o país nas três demandas. O convite criou uma situação inusitada: Piñeiro Filho era o mesmo promotor que havia feito a sustentação acusatória contra os chacinadores de Vigário e da Candelária. Mas agora cabia a ele o papel de defensor do governo brasileiro.

Piñeiro Filho, ao preparar as alegações brasileiras, sabia que a chacina da Candelária era um caso bem amarrado, com os responsáveis claramente identificados e punidos. Porém, o papel do poder público no caso de Vigário Geral ainda deixava a desejar. Começou mal, com uma denúncia apressada, uma testemunha-chave polêmica e reconhecimentos equivocados. De 33 acusados, o Ministério Público do Rio de Janeiro (MP-RJ) esperava no máximo chegar a dez condenações, deixando uma sensação de impunidade.

A saída para o imbróglio surgiu quando os representantes da comissão perguntaram a Piñeiro Filho se ao menos houve reparação às vítimas. O procurador-geral de Justiça explicou que, na área cível, pela lei, as famílias de Vigário não conseguiriam ganhar ações indenizatórias porque, na chacina, os militares não estavam fardados. Portanto, não se configurava operação oficial. Eram marginais comuns, civis, agindo por conta própria. Por essa interpretação, os pleitos seriam julgados improcedentes.

Em setembro de 2000, a convite do Superior Tribunal de Justiça (STJ), integrantes da Comissão Interamericana estiveram em Brasília. Piñeiro Filho foi apresentado ao relator do caso Vigário, o argentino Juan Ernesto Méndez, advogado, ex-exilado político e ativista dos direitos humanos conhecido por seu trabalho em defesa dos presos. Ele parecia disposto a resolver o impasse. Os dois combinaram um almoço. Na conversa, o argentino argumentou que a saída para o Brasil era resolver a questão da responsabilidade pelos danos causados. Uma família inteira tinha sido dizimada, observou. Se o Estado brasileiro não podia não ter responsabilidade objetiva, tinha ao menos a responsabilidade moral do poder público. Os chacinadores usaram tática militar, aprendida nos quartéis.

Na semana seguinte, o então governador do Rio, Anthony Garotinho, visitou Piñeiro Filho no MP-RJ. O procurador-geral aproveitou para expor a questão. Havia o risco de condenação, com todo o ônus que a decisão da comissão traria. O governador ouviu calado. A medida, porém, seria evitada se o governo do Rio amparasse as famílias. No fim da exposição, perguntou se Piñeiro Filho elaboraria uma minuta de projeto. Com a resposta positiva, ele se levantou e se despediu. Duas semanas depois, a concessão de uma pensão mensal para as vítimas de Vigário, no valor em

INDENIZAÇÃO INÉDITA

torno de três salários mínimos, estava aprovada pela Assembleia Legislativa do Rio. Um acordo de lideranças, inclusive, evitou a votação em plenário.

— Não fosse esse conselheiro, acredito que o Brasil seria parcialmente condenado. Absolvido na parte criminal, mas condenado pela não reparação dos danos cíveis. E foi dele [Juan Méndez] a ideia de propor que o Brasil assumisse moralmente a responsabilidade. Me instigou a levar a discussão ao governador e propor a pensão, criada por lei para afastar o óbice da indenização, que a legislação não admitia — explicou Piñeiro.

A concessão do benefício, que livrou o Brasil da condenação, criou uma situação inédita, já que nenhum outro estado brasileiro aprovou programas parecidos. Normalmente, as violações envolviam mortes causadas por policiais militares em serviço, como as chacinas de Carandiru (SP), Eldorado dos Carajás (PA) e Corumbiara (RO). Vigário mudou a própria jurisprudência de temas semelhantes no âmbito da OEA, que passou a defender a mesma solução para casos análogos em países do continente americano.

Quando o dinheiro saiu, Iracema Medeiros, mulher de Joacir, o dono da birosca, estava vendendo sacolés, doces e pipoca em uma barraquinha para criar os sete filhos. Pensou que a vida ficaria arrumada, mas o alívio durou pouco. O projeto aprovado pela Alerj não era vitalício. A lei originária era baseada na estimativa de vida da vítima (65 anos), quando a pensão tinha de cessar. Com o benefício cortado, Iracema voltou a montar a banca de doces, sem reclamar ou cobrar reparações.

— Só descobri que Iracema deixou de receber o benefício dezesseis anos depois, no momento em que cortaram a minha pensão também. Foi quando comecei a correr atrás. Ela era uma pessoa maravilhosa. Em 29 anos de vida, após a chacina, perdeu os seus três filhos homens. Quando conseguimos, finalmente, aprovar uma lei que tornou a pensão definitiva, ela praticamente não conseguiu usufruir do benefício. Morreu em março de 2022 — lamentou Iracilda Siqueira.

Após nova investida dos parentes, liderados por Iracilda, um projeto de lei elaborado pelo então deputado Marcelo Freixo (Partido Socialismo e Liberdade – PSOL) foi aprovado em 2018 pela Assembleia Legislativa, conferindo o caráter de vitaliciedade à pensão. Apesar da aprovação legislativa, um equívoco no assessoramento do governador em exercício,

Francisco Dornelles, retardou a sanção, que somente veio a ocorrer no governo Cláudio Castro (Partido Liberal – PL), em 2022. Mas faltava resolver o que havia ficado para trás.

Mais um ciclo de lutas, centradas no gabinete do já desembargador Piñeiro Filho, desta vez priorizou os retroativos. O então procurador-geral do estado, Bruno Dubeux, teve de dobrar as resistências internas do órgão para não barrar as pensões vitalícias e, ainda, garantir o pagamento dos retroativos. Um novo projeto de lei foi enviado pelo governador Cláudio Castro para reassegurar uma pensão permanente, que correspondesse à renda que as famílias deixaram de ter com a morte dos parentes na chacina, e especialmente a quitação dos valores passados.

Religiosa, Núbia Silva dos Santos sempre defendeu que a união de casais deveria ser consagrada no altar. No entanto, embora vivesse em 2023 mais de duas décadas com o companheiro, nunca formalizou o casamento:

— Tenho medo de, ao fazer isso, perder a pensão, pois uma vez alguém comentou que havia esse risco. Não sei como ficou. Sem ter certeza do que pode acontecer, não posso me casar.

O impasse sobre as pensões, que esperou três décadas por uma solução em definitivo, foi praticamente a última resposta do poder público e da sociedade às vítimas do massacre. Nem mesmo a Casa da Paz, criada em 1994, no mesmo imóvel onde a família de seu Gilberto foi dizimada, sobreviveu. Idealizada pelo sociólogo Caio Ferraz, um dos poucos moradores a chegar a uma universidade, no início dos anos 1990, o local não servia apenas como memorial para marcar a tragédia, mas também como ponto de encontro e de referência nas lutas que se seguiram depois.

— Escrevi todo o projeto. Fui atrás das ONGs. Inicialmente, chamamos a ideia de Projeto AR-15, Arma Revolucionária aos 15 anos. O objetivo era pegar um menino de 15 anos e botar um computador na mão dele. Pintamos a casa e criamos um espaço para atividades culturais. Mas não foi só isso. Esse sentimento conseguiu parar a guerra entre duas favelas por dez anos, Vigário contra Parada de Lucas — recordou o sociólogo.

Desse espaço coletivo, por exemplo, brotaram as manifestações na porta do Tribunal de Justiça do Rio, organizadas pela advogada e ativista Cristina Leonardo, uma das principais apoiadoras das vítimas, para cobrar

INDENIZAÇÃO INÉDITA

punição aos criminosos. Aos poucos, porém, o projeto foi minguando. Caio Ferraz, ameaçado, foi viver um longo exílio em Boston, nos Estados Unidos. Os recursos que mantinham o local aberto desapareceram. As pessoas, desiludidas com o desfecho do caso, se recolheram. Em 2008, a Casa da Paz fechou as portas em caráter definitivo. Vera Lúcia da Silva dos Santos, filha e irmã das vítimas que moravam na casa, que atuava como secretária do local (de 1995 a 2008), foi trabalhar de merendeira em uma escola infantil.

O fechamento provocou ressentimentos entre as vítimas. Iracilda Siqueira, presidente da Associação das Vítimas, lamentou que o projeto tenha servido de trampolim político e social para alguns ativistas, embora evite citar nomes. Ela disse que sempre procurou se manter distante de lá:

— Não fui muito assídua. Meu sogro [Nahildo Ferreira, ex-presidente da Associação de Moradores de Vigário Geral] me queria afastada. Disse que aquilo ali não iria dar certo. "Usam a chacina e vão embora. Enriquecem e esquecem de onde saiu toda a luta", me alertou. Infelizmente, quem passou por ela [a Casa] não nos ajudou. Eles tiveram o pódio em cima do sangue de 21 mortos e, depois, nos abandonaram — reclamou.

A reparação financeira jamais curou os ressentimentos e a dor dos parentes. Trinta anos depois, restou a sensação de impunidade para a maioria dos criminosos. Vera Lúcia disse que o mundo caiu sobre a sua cabeça quando viu, no Tribunal de Justiça, dez dos acusados pela chacina serem absolvidos. Ela também desconfiava da intenção de ativistas que passaram pela Casa da Paz com discursos afiados, mas pouca atenção aos moradores. A impunidade, contudo, foi o motivo central das mágoas, que não desapareceram.

— Chorava, chorava, choro que não passava. É triste ver que as pessoas tiram a vida das outras e depois vão se esconder atrás da Bíblia. Saber que eles faziam tanta coisa errada, matavam, roubavam. Era muita coisa errada. Quando a Justiça condena, é como tirar um peso de cima dos parentes. Deus sonda o coração das pessoas, sabe o que se passa no coração. Confio na Justiça de Deus. [Os acusados] começaram a se matar uns aos outros. Justiça capenga. Olha aí a justiça de Deus. Não passa nada despercebido. Não fico feliz, porque não gosto de ver o mal aos outros. Mas dá um refrigério.

29. AS MUDANÇAS NA LEI E NA ORDEM

Se não teve o condão de aplacar a dor dos familiares de suas vítimas, através de um julgamento exemplar para os seus algozes, a chacina de Vigário Geral contribuiu para mudanças importantes na legislação penal e na responsabilização do Estado como garantidor da segurança pública. Na lei penal, acabou com o protesto por novo júri. Entre as responsabilidades do Estado, a chacina ajudou a criar o programa de proteção às vítimas e testemunhas de crimes, além de passar a obrigar o poder público a reparar financeiramente os familiares e vítimas sobreviventes atingidos por agentes públicos, mesmo que não estejam de serviço ou em operação policial.

Em maio de 2003, surgiu a oportunidade para que o procurador de Justiça José Muiños Piñeiro Filho pudesse, de alguma forma, atender ao protesto feito anos antes, em 1999, por seu Valdir Baiense, pai de Amarildo, que nunca se conformou com o fato de que os assassinos de seu filho tiveram direito a novos julgamentos. Nenhum deles pagou pelas 21 mortes.

Piñeiro Filho foi convidado por Glória Perez para ir até à sua casa na zona sul do Rio para conversar com o casal Cleyde do Prado Maia e Santiago Ribeiro, pais da adolescente Gabriela Prado Maia Ribeiro, de 14 anos. Após o assassinato de sua filha, a novelista começara a apoiar familiares vítimas de violência. O objetivo da conversa era atender uma vontade dos pais de Gabriela. Eles queriam transformar o luto em luta contra a criminalidade e a impunidade geral de criminosos.

Gabriela havia sido morta nas escadarias da estação do metrô São Francisco Xavier, na Tijuca, zona norte do Rio, no dia 25 de março daquele ano, durante uma troca de tiros em razão de um assalto que ali ocorria.

A iniciativa popular para projetos de lei foi uma das novidades surgidas com a Constituição do Brasil de 1988, autorizando que a sociedade pudesse propor leis diretamente ao Congresso Nacional, desde que o projeto contasse com pelo menos as assinaturas de 1% do eleitorado brasileiro, distribuído por eleitores de pelo menos cinco estados da federação.

Perez e Piñeiro Filho foram um dos pioneiros desse tipo de iniciativa. Pouco antes, a novelista convidara o procurador a participar da redação do projeto de lei de iniciativa popular que resultou, em 1994, na alteração da Lei dos Crimes Hediondos, para que o crime de homicídio qualificado passasse a ser enquadrado nessa categoria.

Em apenas três meses de campanha boca a boca, em uma época em que ainda não havia internet, a novelista, que precisava de 700 mil assinaturas de eleitores, conseguiu coletar mais de 1,5 milhão. Tão logo apresentado à Câmara dos Deputados, e contando com a adesão do Poder Executivo, o projeto obteve rápida aprovação nas duas casas do Congresso Nacional, transformando-se na Lei n. 8.930/1994, que incluiu o homicídio qualificado na Lei dos Crimes Hediondos. Em razão da não retroatividade das leis penais em desfavor de acusados de crimes, Guilherme de Pádua, Paula Thomaz e outros algozes, como os das chacinas de Vigário Geral e da Candelária, não foram atingidos pelos efeitos da mudança da legislação.

No encontro com os pais de Gabriela na casa da novelista, Piñeiro Filho sugeriu alterações pontuais na Lei de Execução Penal e no Código de Processo Penal, para dar fim ao protesto por novo júri e à tese de crime continuado. Após as explicações dos efeitos sobre as mudanças propostas, o procurador encarregou-se de redigir ele mesmo o projeto e a respectiva exposição de motivos.

A proposta deu origem ao Movimento Gabriela Sou da Paz, uma campanha que novamente mobilizou a sociedade: após a assinatura de 1,3 milhão de eleitores, o projeto foi apresentado à Câmara dos Deputados em 8 de março de 2006 – coincidentemente, Dia Internacional da Mulher.

A proposta afastava o reconhecimento do chamado crime continuado previsto no art. 71 do Código Penal nos casos de crimes hediondos, tortura e genocídio, e impedia o indulto para o crime de tortura. Ainda endurecia

AS MUDANÇAS NA LEI E NA ORDEM

na concessão de benefícios ao preso, durante a execução penal, exigindo que fossem calculados com base na pena total imputada ao apenado, ainda que ultrapassasse o limite de trinta anos, até então estabelecido como máximo de tempo na prisão.

Além dessas propostas, o projeto pretendeu acabar também com o chamado protesto por novo júri, que era previsto nos arts. 607 e 608 do Código de Processo Penal. O protesto por novo júri era um direito assegurado a todo acusado julgado pelo Tribunal do Júri, caso a pena fosse igual ou superior a vinte anos. Assim, o réu teria direito a um novo julgamento. Foi o que ocorreu nos julgamentos dos réus das chacinas da Candelária e de Vigário Geral, em que vários deles, condenados no primeiro julgamento, tiveram o direito de ser julgados novamente.

Era usual o acusado condenado a uma pena de mais de vinte anos no primeiro julgamento ter sua sentença confirmada no segundo júri. Porém, como toda regra tem sua exceção, no caso de Vigário Geral, um dos réus, o ex-soldado Arlindo Maginário Filho, que havia sido condenado a 441 anos, acabou sendo absolvido no segundo júri.

Piñeiro Filho bem sabia que isso poderia acontecer. Antes de sua promoção a procurador de Justiça, ele havia atuado como promotor de Justiça também nos júris das chacinas da Candelária e de Vigário Geral, atuando no julgamento de réus nos dois massacres: o soldado Marcus Vinícius Borges Emmanuel, acusado pelo assassinato de oito adolescentes e crianças que dormiam nas calçadas da Candelária, foi condenado a trezentos anos de prisão no primeiro julgamento pelo Tribunal do Júri e submetido a mais dois, sendo condenado nos três. Já Paulo Roberto Alvarenga, o primeiro réu de Vigário Geral a ser julgado, foi condenado a 449 anos pelos 21 homicídios e quatro tentativas. Submetido a um segundo julgamento, voltou a ser condenado.

As famílias de vítimas de diversos crimes continuaram cada vez mais a pressionar os políticos para acabar com aquelas aberrações que eram o protesto por novo júri e a tese do crime continuado. A iniciativa acabou incluída em outro projeto bem mais amplo, que já tinha propostas de alteração do Código de Processo Penal.

Coincidentemente, o relator escolhido foi o deputado federal Antonio Carlos Biscaia, que chefiava o Ministério Público do Estado do Rio de Janeiro na época das denúncias dos réus das chacinas da Candelária e de Vigário Geral e, principalmente, do estouro das fortalezas do jogo do bicho do contraventor Castor de Andrade. Biscaia, ex-procurador-geral de Justiça, navegando na fama que essas denúncias lhe trouxeram, se elegeu deputado federal pelo Partido dos Trabalhadores (PT).

Houve uma enorme discussão política sobre os dois temas. Então, em 2008, o Congresso Nacional aprovou somente o fim do protesto por novo júri, transformadas as regras para os julgamentos populares pela Lei n. 11.689/08. A lei do crime continuado – e o direito de réus de crimes hediondos, como chacinas, de responder, na prática, apenas pela execução de uma de suas vítimas – permanece vigente.

30. O PROGRAMA DE PROTEÇÃO A TESTEMUNHAS

Desde o massacre de 21 moradores da favela Parque Proletário de Vigário Geral, o alcaguete Ivan Custódio Barbosa de Lima sabia que era a bola da vez e que seria apenas uma questão de dias até o seu assassinato. Decidiu delatar não só o que sabia sobre a chacina, mas tudo sobre os esquemas de corrupção que conhecia, incluindo, entre os alvos, seus possíveis algozes. A partir de denúncias anônimas que ele mesmo encaminhou à 39ª DP e ao delegado Elias Barboza, da Divisão de Defesa da Vida, conseguiu que os investigadores do serviço reservado da Polícia Militar chegassem até seu endereço.

Já no seu primeiro depoimento, solicitou proteção policial. A partir daí, permaneceria protegido, por pelo menos dez anos, abrigado na sede do Comando-Geral da instituição e depois em outras unidades policiais, até que fosse transferido para um imóvel localizado em Guaratiba, onde viveu até o fim de seus dias.

Não havia no Rio, nem no Brasil, um programa efetivo para proteção de vítimas e testemunhas. O que se usava era a política do improviso, como aconteceu no caso das crianças e vítimas da chacina da Candelária. Crianças e adolescentes que testemunharam as mortes de oito menores, assassinados por policiais nas calçadas da praça Pio X, em frente à igreja da Candelária e próximo ao Aterro do Flamengo, em 23 de julho de 1993, corriam grave risco de serem mortos pelos mesmos executores de seus amigos, uma vez que os criminosos ainda não haviam sido identificados e estavam soltos.

Para abrigá-los, Nilo Batista criou a Casa da Testemunha, que funcionou em um imóvel de três andares localizado na rua Senador Pompeu, na Saúde, região próxima à estação ferroviária Central do Brasil, e com proteção policial integral. Lá os jovens recebiam também refeições, atendimento psicológico e médico. O endereço ficou logo conhecido.

Evidentemente, a situação era provisória e longe da ideal. Por isso, a Comissão de Direitos Humanos da Câmara Municipal da cidade do Rio de Janeiro, presidida à época pelo vereador Augusto Boal (PT), reuniu um grupo, do qual participaram os promotores de Justiça do II Tribunal do Júri e representantes de organizações civis, a fim de elaborar um projeto de lei voltado para a criação de um programa de proteção a vítimas e testemunhas de crimes ocorridos na cidade do Rio de Janeiro.

O trabalho da comissão resultou no Projeto de Lei n. 171, de 1997, aprovado pelo Legislativo municipal, mas sofreu vetos do então prefeito Luiz Paulo Conde (Partido da Frente Liberal – PFL), o que paralisou a proposta na Câmara. Porém, a iniciativa chegou ao conhecimento de José Gregori, então secretário nacional de Direitos Humanos, que estudava a criação de um programa de proteção de âmbito nacional.

Membros do Ministério Público estadual participaram de reuniões com integrantes do Ministério da Justiça e da Secretaria Nacional de Direitos Humanos para a edição da Lei n. 9.807, de 13 de julho de 1999, que estabeleceu normas para a organização e a manutenção de programas especiais de proteção a vítimas e testemunhas ameaçadas, instituindo, assim, o Programa Federal de Assistência às Vítimas e às Testemunhas Ameaçadas, conhecido como Provita. A lei dispôs ainda sobre a proteção de acusados ou condenados que tenham voluntariamente prestado efetiva colaboração à investigação policial e ao processo criminal.

A partir da vigência da lei federal, cada estado ou unidade da Federação teve a obrigação de criar o seu próprio programa de proteção, com coordenação coletiva, da qual passaram a integrar magistrados, membros do Ministério Público, da Defensoria Pública e advogados. Com a iniciativa da lei, a Câmara Municipal do Rio de Janeiro voltou a discutir o projeto oriundo da Comissão de Direitos Humanos daquela casa e aprovou a Lei n. 3.200, de 27 de março de 2001, criando o Programa Municipal de Proteção a Vítimas e Testemunhas de Infrações Penais, cometidas no território do município do Rio de Janeiro.

PARTE 6

ANTES E DEPOIS DO MASSACRE

Causas e consequências

31. O CRIME DO CORONEL

Denunciado como chefe da organização criminosa conhecida por Cavalos Corredores, que entrou na favela Parque Proletário de Vigário Geral para vingar a morte de um de seus líderes, o sargento Ailton Benedito Ferreira dos Santos foi assassinado por traficantes locais. O grupo teria montado um gigantesco esquema de corrupção envolvendo delegacias de área e especializadas, além de policiais de diversos batalhões. Durante o processo da chacina de Vigário Geral, foi acusado, por autoridades que trabalharam nas investigações e até mesmo nos julgamentos, de montar uma farsa engenhosa para livrar seus comandados da responsabilidade pelo massacre.

O fato é que o tenente-coronel Emir Campos Larangeira foi absolvido por 18 votos a 1 pelos desembargadores do Órgão Especial do Tribunal de Justiça do Estado do Rio, em um processo que ficou conhecido nos bastidores como "o quadrilhão". Durante a ação penal, em que também foi acusado de mandar matar traficantes, policiais e até um cabo eleitoral da campanha para a eleição do governador fluminense Moreira Franco, Larangeira rebateu seus acusadores alegando perseguição política. Em seu depoimento, na sessão de julgamento, protestou veementemente:

— Quer dizer que eu não estudei, não trabalhei. Nem sequer cuidei da minha família. Apenas sentei na cadeira de comandante e comandei: matem aquele, matem aquele, matem aquele também — relembra o oficial e ex-deputado na época da chacina, que não conseguiu se reeleger em 1994 e, mesmo inocentado, ainda tem seu nome associado aos Cavalos Corredores.

O acórdão do relator do processo, o desembargador Paulo Gomes da Silva Filho, concluiu que a denúncia do então procurador-geral de Justiça, Antonio Carlos Biscaia, foi baseada unicamente em depoimentos (pelo menos seis) feitos pelo alcaguete Ivan Custódio, em longas horas de conversas gravadas durante dias, no quartel-general da Polícia Militar:

> Outra coisa não se fez ao longo dos vinte volumes deste processo, como agora sintetizaram as sustentações orais, com a acusação pretendendo a supremacia dos indícios que decorreram de tais declarações (até com supérflua sugestão de cuidados de coerência com precedente julgamento deste órgão), e a defesa argumentando com a fragilidade da prova indireta, pelo descrédito comprometedor de sua fonte exclusiva.[1]

Em seu voto, o desembargador elencou "o absurdo" de algumas das acusações feitas pelo alcaguete, sem que houvesse o mínimo de comprovação:

> Ninguém conseguiu localizar os despojos de parentes de um traficante, que estariam no interior de um automóvel lançado pela ribanceira do Sumaré (fls 1860 – 10º volume); ninguém conseguiu sequer localizar o suposto detetive, Nilson, a quem o denunciado Emir Larangeira teria corrompido para desviar investigações acerca da morte de outro traficante identificado como "Zorro", nada se apurou acerca do assassinato do cabo eleitoral do então governador Moreira Franco, conhecido como Miguelzão, a quem Emir Larangeira teria mandado matar simplesmente porque "Miguelzão" o importunava com insistente pedido de obtenção de benesse, dessas que os governantes distribuem em recompensa de votos; nem se compreende porque a vítima com acesso direto ao manancial de onde fluíram os favores como o que pretendia, fosse para isso socorrer-se de, até então, obscuro comandante de batalhão da Polícia Militar (fls 1863 – 10º Volume).

O acórdão de Paulo Gomes segue enumerando:

> No mesmo poço da manifesta inverossimilhança caem a ordem de execução de ex-soldado que teria sido pendurado no stand de tiros para

O CRIME DO CORONEL

servir como alvo, o que obviamente não poderia ocorrer no interior do movimentadíssimo quartel, sem a imediata divulgação e ampla possibilidade de comprovação. E o mandato para a eliminação de dois soldados que teriam participado da morte encomendada dos oficiais da Polícia Militar porque estariam falando muito sobre isso, razão de haver Emir Larangeira também mandado matá-los, com a recomendação de que se fizesse isso quando estivessem fardados para simular uma ocorrência "de serviço", sendo os milicianos assim executados quando se encontravam em frente a uma agência do Unibanco, em Vaz Lobo. É certo que nos registros da Polícia Militar nada consta sobre este fato ou sobre o desaparecimento de soldados em serviço naquele local, como decisivamente afirmou o coronel Marcos Antonio Paes, em depoimento neste tribunal. (Fls 3614 – 19º vol.)

O relator também registrou como fator determinante do processo contra o então deputado a inimizade entre Larangeira e o responsável pelas investigações das chacinas da Candelária e Vigário Geral, o chefe da Polícia Militar, tenente-coronel Valmir Alves Brum.

O significativo esclarecimento final torna certo que a imputação tem como fundamento exclusivo as declarações de Ivan Custódio, e que Larangeira passou a ser considerado inimigo de Valmir Brum. Ivan, agindo como deputado estadual, levou um advogado para acompanhar o auto de reconhecimento de soldados que Brum apresentava como responsáveis pela "chacina de Acari", atitude que teria frustrado a diligência.

Mas se as denúncias contra Emir Larangeira não tinham qualquer comprovação e eram pautadas pela raiva de Brum, como afirmava o acórdão de Paulo Gomes, o que levou então um desconhecido oficial da Polícia Militar a ser considerado em algum momento o "inimigo público número um" do estado?

A carreira de Emir Campos Larangeira, um aluno prodígio da Academia de Polícia Militar do Estado, que sempre esteve entre as primeiras colocações em todos os cursos que realizou, rivaliza com a imagem polêmica de militar que defendia o combate à violência com violência.

— Sempre tive numa mão a caneta, na outra, a escopeta. Defendo a educação como forma de mudança, mas vivemos outra realidade. A polícia é violenta porque a criminalidade é violenta, o estado é violento. Mas, nessa relação de causa e efeito, não sei dizer quem foi a causa e quem foi o efeito — argumentou o oficial reformado, que se tornou escritor.

Nascido em São Gonçalo, em julho de 1946, Emir Larangeira se tornou policial em 1965, fazendo parte da Polícia Militar do antigo estado do Rio de Janeiro, que era conhecida como Treme-Terra, em razão das façanhas de seus heróis na Guerra do Paraguai. A roupa bege se diferenciava do uniforme da Polícia Militar do Estado da Guanabara, antiga capital do país, que tinha a cor azul. A fusão dos estados, em 1974, uniu as cores insígnias e os efetivos, mas não apagou as diferenças entre as duas corporações, sempre rivais. Criado na velha guarda, o jovem oficial ainda demorou a trocar o uniforme bege pelo azul, o que lhe rendeu problemas.

— Eu ficava com raiva quando eles chamavam a gente de "joão-de-barro" por conta da cor do uniforme. Eu sempre tive muito orgulho de ser um treme-terra. Então, por isso, continuei por um tempo usando o uniforme bege, mas tive que ceder.

Larangeira foi o segundo colocado no concurso de oficiais. Por muitos anos foi professor da Escola de Oficiais, instrutor de tiros e preparador de tropas especiais. Esteve lotado também no 12º BPM, onde foi comandado pelo então coronel Astério Pereira dos Santos, que mais tarde viria a se tornar promotor de Justiça. Entre os cargos que ocupou, foi relações-públicas da PM, durante o primeiro governo de Leonel Brizola.[2] Tinha acabado de completar o Curso de Comando de Polícia, na Escola Superior de Polícia Militar (equivalente a um doutorado segundo o Ministério da Educação e Cultura) como primeiro da turma, com nota 9,67, um feito para a época. Foi quando resolveu pedir ao comandante-geral da PM do governo Moreira Franco, coronel Manoel Elysio dos Santos Filho, um quartel para comandar.

— Eu era o primeiro lugar no curso de comando, mas nunca tinha comandado uma unidade. Meu sonho era o quartel de Neves [bairro de São Gonçalo], que era Treme-Terra. Mas ele me disse que lá não podia ser, porque já tinha colocado um amigo. E me disse: "Vou te propor um desafio.

O CRIME DO CORONEL

Você vai comandar o 9º BPM, em Rocha Miranda. A tropa lá tem uma fama ruim. Para você ter uma ideia, onde chega um PM do 9º eu costumo dizer na tropa: 'Vamos segurar os bolsos.'"

Mas o objetivo do comandante-geral, naquele momento, não era melhorar a imagem chamuscada daquela unidade militar. Manoel Elysio queria a prisão do maior traficante do estado: Darcy da Silva Filho, o Cy de Acari.

Cy de Acari foi o "herdeiro" do legado deixado pelo traficante Antônio José Nicolau, o Toninho Turco, responsável por 60% da cocaína vendida na década de 1980 no Rio. Amigo pessoal do narcotraficante Pablo Escobar, Toninho Turco gozava do privilégio de vender uma carga consignada, ou seja, tinha crédito na praça. Com sua morte, em 10 de fevereiro de 1988, durante a Operação Mosaico, da Polícia Federal, Cy de Acari, que era sua principal mula (quem faz o transporte de drogas), passou a ser o número 1 do tráfico de drogas.

Embora também usasse da força para defender e ampliar seus territórios, Cy era avesso à violência desnecessária, para não atrapalhar seus negócios. Por isso, o traficante preferia comprar a combater policiais. A corrupção chegou a tal ponto que Acari passou a ser conhecida como "Citibank da polícia". Era possível encontrar agentes de segurança de qualquer lugar do estado circulando por aquele complexo de favelas.

— Eu respondi ao comandante-geral: "Pô, coronel, então o senhor está me dando um batalhão que, pelo visto, é tomado de corruptos, um batalhão numa área de sessenta quilômetros quadrados que eu não conheço. Sou de Niterói, conheço Macaé, mas não conheço a zona norte do Rio. O senhor está dizendo que precisa prender o Cy de Acari para poder mudar esse esquema do governo, esse negócio de acabar com a violência em seis meses. O senhor está me oferecendo um presente de grego. Coronel, eu aceito." — E acrescentou: — Tinha tudo que eu gostava, tudo de ruim. E eu disse a ele que aceitava e que iria mudar aquilo lá.

A missão do novo comandante do 9º seria prender Cy de Acari vivo, não morto. E, para encarar o desafio, Emir teve direito a levar alguns homens de sua confiança para sua segurança pessoal e total carta branca para gerir a unidade.

— Ele também me entregou uma lista com os nomes de vários oficiais comprovadamente corruptos daquela unidade que eu teria que afastar. E eu disse: "Assim vou morrer na primeira semana."

Antes mesmo de assumir a nova tropa, buscou sua escolta no 12º BPM, onde já tinha trabalhado.

— Claro que escolhi uma equipe ferrabrás. Levei para minha escolta uma guarnição de Patamo do doze, formada pelos policiais Borginho, Vilário, Miranda, Castro e Vargas. Só não levei o sargento que era o comandante daquela Patamo porque ele foi assassinado. De oficial, levei o capitão Pirassol.

Emir Larangeira assumiu o comando do 9º BPM em 5 de abril de 1989.

— Cheguei no 9º num dia sem solenidade, sem nada, e fiquei passeando pelo pátio do quartel. Os PMs todos olhando para mim desconfiados, meio que se esquivando, se escondendo. E eu pensei: "Meu Deus, que diabo é isso? Já sei o que vou fazer." Fui até o xadrez e mandei o policial abrir a porta para mim. Eu já sabia que tinha um recruta preso lá dentro. Pegou trinta dias. Eu o chamei e perguntei por que estava detido. Ele disse que chegou atrasado duas vezes porque o filho estava doente.

O oficial treme-terra percebeu ali o cartão de visita para a sua aceitação no comando daquela tropa:

— O que eu fiz? Determinei que ele cumprisse os quinze dias que faltavam da punição em casa. Ele chegou a desconfiar e eu disse: "Sai daí, rapaz, eu sou o seu comandante." E, diante de todos, mandei chamar a equipe de obras do batalhão. O soldado Télio, que se tornou meu motorista e é meu amigo até hoje, me chamou a atenção de que o sargento que comandava a equipe tinha o apelido de Bem-Te-Vi, de que ele não gostava. Então, quando ele e a equipe de obras se aproximaram, falei na frente de todos: "Bem-Te-Vi, vem pra cá." E ele disse: "Comandante, comandante..." E eu determinei: "Derruba esse xadrez e abre uma porta, porque aqui vai ser o escritório do comandante do rancho [cozinha]. O 9º não tem mais xadrez a partir de hoje."

O oficial reformado conta que, no dia seguinte, fez, no jargão policial, uma grande parada, reunindo toda a tropa para dizer a que veio. Contou

O CRIME DO CORONEL — 209

aos novos comandados que começou na PM como soldado e que tinha coração de soldado, que pretendia ser amigo da tropa e que sua missão era prender Cy de Acari. Disse ainda que não pretendia fazer perseguições, mas de duas regras não abriria mão:

— Eu falei: "Eu vou dizer a vocês como a coisa tem que funcionar aqui. Prioridade absoluta: não se pode confundir bandido com morador da favela que é trabalhador. Não pode nem mesmo abrir a marmita de trabalhador pra ver se tem arma dentro. Eu não aceito isso. Aquele que confundir não vai se dar bem comigo. Essa regra vocês vão respeitar. Segunda coisa, bandido: não quero saber; se atirar em PM então, não quero saber. Não pode morrer PM aqui. Se morrer PM, nós vamos cobrar." Fiquei emocionado e chorei. E o que aconteceu depois? No dia seguinte, o quartel era outro.

Larangeira justifica que não tirou a regra da cartola, mas do livro *Planejamento organizacional: dimensões sistêmico-gerenciais*, de Geraldo Caravantes e Paulo Roberto Motta:

— O livro diz que, quando você chega numa empresa, tem que tratar os empregados como pessoas basicamente boas e você os motiva. Ou como pessoas fundamentalmente más que você tem que punir. É uma questão de decisão. A minha formação não me permitia olhar para um soldado e o achar fundamentalmente mau, porque ele era igual a mim. E eu não era mau. E alertei: "O comandante de vocês não vai ficar no gabinete. Eu vou encontrar vocês na rua."

A ideia de Emir Larangeira era ele próprio circular pelas comunidades da região para se infiltrar e conseguir moradores aliados à sua missão. Mas o carro que tinha para a missão, a viatura oficial dos comandantes, chamou atenção até de quem estava longe dali, e ele acabou convocado pelo coronel Manoel Elysio:

— Ele disse: "Larangeira, os coronéis estão reclamando que vão tomar tiros, porque você está entrando em favelas com o trovão azul [como era conhecido aquele modelo de Opala]." "Mas, coronel, o carro que eu tenho é esse." O comandante então me disse que iria tirar o meu carro oficial e me dar um Uno Mille novinho. E foi assim — recorda.

Mas um fato grave, ocorrido pouco depois de sua chegada ao quartel de Rocha Miranda, selaria o estado de guerra sem trégua que viria a seguir. O discurso de "posse" de Larangeira ainda reverberava entre seus comandados quando, em 18 de maio daquele ano, o policial Ary Roberto Moreira Amaral foi gravemente ferido num tiroteio com o traficante Antônio Carlos Coutinho, o Tunicão, e seu bando, e acabou morrendo depois.[3] Um dos braços operacionais de Cy de Acari, Tunicão dominava o tráfico no Conjunto Amarelinho, em Irajá, bairro vizinho a Acari. Ainda naquela madrugada, foi iniciada uma caçada contra Tunicão que só acabou um mês depois com a morte do traficante.

— Eu determinei prioridade máxima para pegar Tunicão e ele ofereceu 50 mil dólares [393,6 mil reais, em valores convertidos e atualizados para 1º de janeiro de 2024] pela minha cabeça. Ou seja, mesmo que ele fosse preso, minha cabeça continuaria a prêmio.

Em 8 de junho de 1989, o duelo entre os dois chegou ao asfalto. Num protesto determinado pelo traficante, cerca de 4 mil moradores fecharam as duas pistas da avenida Brasil.[4]

— Foi um erro estratégico dele, porque pude enviar uma parte da tropa pela contramão para cercar a comunidade. Ao mesmo tempo, enviei outra tropa, especial, para caçar Tunicão dentro da favela. Contei com a ajuda de uma moradora que me indicou a casa onde o traficante estava escondido. Ele conseguiu fugir, mas foi baleado. Vi pelo rastro de sangue. Batemos tudo ali. Não o encontramos, mas soube que um carro havia deixado a favela. Era só questão de tempo. Com certeza era de um morador obrigado a levar o traficante para uma clínica particular. O carro só retornou no fim do dia. Lembro que meus homens chegaram a pedir para ir na casa, mas eu disse que dali só sairíamos depois de localizar Tunicão. E foi o que aconteceu. Bem mais tarde, o morador voltou e conseguimos que ele falasse.

Os jornais confirmariam a morte do traficante na clínica. A versão oficial dizia que ele teria sido morto por comparsas. A família sempre negou essa versão e acusou policiais do 9º BPM de terem entrado na clínica para matar Tunicão.[5]

— Se ele fosse preso, dobraria o prêmio pela minha cabeça.

Rapidamente, o quartel de Rocha Miranda viraria notícia em todos os jornais, enquanto a política de bangue-bangue do governo Moreira Franco

O CRIME DO CORONEL

se multiplicava em combates em favelas. A campanha inicial do governo, "O fim da violência em seis meses", era substituída pela nova ordem, "Guerra total ao tráfico de drogas". Mas, fora do noticiário e das versões oficiais, as histórias seguiam diferentes.

O oficial reformado lembra que, pouco depois de assumir a chefia daquele quartel, quase prendeu Cy de Acari, que conseguiu escapar. Mas sua mulher, identificada por Larangeira apenas como Rosângela, acabou detida. Na casa, os policiais encontraram cinco quilos de cocaína e contas telefônicas com ligações para a Colômbia, o que confirmava a conexão do traficante com o cartel de Medellín. Larangeira enviou os documentos para a Polícia Federal e entregou Rosângela à Delegacia de Repressão a Entorpecentes (DRE). Posteriormente, soube que, além de muito maltratada naquela especializada, foi também estuprada por policiais.

— A DRE era terrível. Eu me apresentei ao delegado Eduardo Baptista, titular na época, para combinar que todo dia teria uma equipe daquela delegacia nas minhas operações. Logo percebi como a coisa era complicada. O líder da equipe não era policial, era X-9, um tal de Reinaldo. Mas eu precisava me dar bem com a Polícia Civil. Procurei conhecer todos os delegados da área com quem eu teria que trabalhar: as delegacias 29ª (Madureira), 30ª (Marechal Hermes), 39ª (Pavuna), 40ª (Honório Gurgel) e as especializadas de Cargas e de Entorpecentes.

Para conseguir a adesão de moradores para sua meta de caçar Cy de Acari, Larangeira passou a promover reuniões no auditório do Ceasa, aonde ia sozinho.

— Eles traziam suas queixas. Uma vez, me contaram que havia uma guarnição que fizera vandalismo lá dentro de Acari, disparando contra um barraco onde vivia uma família. Identifiquei, chamei os policiais e disse que, se falassem a verdade, não responderiam a inquérito, caso contrário eu iria instaurar um IPM e tinha já testemunhas para falar contra eles. Eles confirmaram e eu os transferi para o 23º BPM, recém-inaugurado, que precisava de policiais. E disse: "Lá vocês podem dar tiros na fachada dos prédios da Vieira Souto, em Ipanema. Aí sim vocês vão entender o que é isso."

Segundo Larangeira, depois das reuniões, algumas lideranças sempre vinham conversar com ele, em particular:

— As informações que me passavam eu guardava comigo. Afinal, não dava para confiar em ninguém. Qualquer coisa que eu falasse o Cy ficaria sabendo. Eu confiava na tropa, mas desconfiando.

Emir Larangeira contou ainda que aproveitava o final de tarde para treinar a mira de seus comandados no estande de tiros do quartel e participava das operações sem o uniforme de comandante, para não chamar atenção.

Em uma das operações, feita a partir de informações de uma moradora, o comandante revelou que acabou liberando parte da quadrilha de Acari:

— Eu consegui, através da minha informante, o ponto certo da endolação [local onde traficantes misturam a carga de droga com outras substâncias para aumentar o rendimento, separam e embalam para venda no varejo]. Prendi uns quatro ou cinco soldados do tráfico, mas, quando entrei no barraco, vi que, para endolar, tinha ali mulher velha, mulher barriguda [grávida], criança trabalhando. Chamavam o Cy de patrão. Cheguei para a líder comunitária, dona Genilda, e disse: "Chama o pastor e diz para ele vir aqui me pedir para soltar essas mulheres e crianças." O religioso veio com a Bíblia debaixo do braço para dizer que aquelas pessoas não sabiam o que faziam. Reuni meus PMs, falei o que o pastor estava pedindo e combinei de liberar aquela gente. Lógico que a minha tropa fechava comigo. Mas ali eu tive que negociar com todo mundo, com a líder comunitária, com os bandidos que iam ser presos, com meus policiais. Era assim.

Após semanas da Operação Asfixia nas favelas do Complexo de Acari, às 12h30 do dia 13 de setembro de 1989, Cy foi finalmente preso em seu próprio reduto, sem que a tropa de Rocha Miranda disparasse um único tiro. Os policiais haviam feito uma operação pela manhã na comunidade, deixaram o local, mas voltaram pouco depois, direto para a localidade de Caxangá.

— Usei de artimanha. A gente estava fazendo operações de manhã, à tarde e à noite em Acari, mas quarta-feira é meio expediente nos quartéis. Como a gente já tinha feito uma operação pela manhã, os seguranças do Cy não acreditaram que fôssemos retornar. Não participei diretamente,

O CRIME DO CORONEL

mas controlava a operação de fora do batalhão. O traficante estava próximo a um barraco e foi reconhecido por um dos policiais. Ele não esboçou qualquer reação ao ser preso, mas perguntou se tinha jogo. Meu policial disse que sim. Só quando chegou ao quartel, contou a ele que estava preso — comemorou o tenente-coronel reformado.

Cy ficou cerca de seis horas no 9º BPM, até ser levado diretamente para um presídio:

— Ele me pediu apenas para não ser esculachado. Então, ficou no 9º até ser transferido para o presídio de Bangu 1.

Na entrevista coletiva, Emir Larangeira dedicou a prisão do traficante aos nove policiais do seu quartel que morreram em trocas de tiros desde que assumira o comando daquele batalhão, cinco meses antes. Depois presenteou o policial que reconheceu o traficante com uma máquina de secar roupas.

32. PARQUE PROLETÁRIO DE VIGÁRIO GERAL: QUATRO ANOS ANTES DO MASSACRE

Se para o governo Moreira Franco o principal alvo era Cy de Acari, para a tropa de Rocha Miranda o inimigo estava no Parque Proletário de Vigário Geral. Antes mesmo de Emir Larangeira assumir o comando do 9º BPM, a guerra particular entre policiais daquela região e o Comando Vermelho (CV) já estava em curso. Curiosamente, a data de chegada de Emir Larangeira àquela unidade militar coincidiria com o retorno do chefe do tráfico da favela de Vigário Geral. Em 5 de abril de 1989, enquanto o tenente-coronel se apresentava à tropa, dez homens armados emboscaram um carro do Departamento do Sistema Penitenciário (Desipe), mataram o agente penitenciário Jorge Fontoura Oliveira Reis e resgataram o traficante Francisco Antônio da Silva, o Chiquinho Rambo.[1]

O resgate ousado surpreendeu os agentes. Até mesmo o diretor do Desipe à época, Oswaldo Deleuze, chegou a afirmar que nem sequer sabia da periculosidade do traficante, embora Chiquinho Rambo já colecionasse duas condenações por homicídio e tráfico de drogas e respondesse a outros cinco processos, quase todos por homicídio.

Entre as ações contra policiais, criminosos do bando de Chiquinho Rambo faziam blitzes em ônibus, na altura da passarela de Vigário Geral, para caçar PMs. Em uma das vezes, capturaram um policial, que foi arrastado para dentro da favela, fuzilado e teve o corpo amarrado num tronco como demonstração de força.

— Eu inverti a ordem das coisas. Passei a atacar os traficantes na estação ou tocaiá-los do lado de fora, na saída. Acabei com o problema. Para escapar à prisão, eles saíam da comunidade desarmados e, depois, umas senhoras vinham com suas bolsas, transportando o armamento. Acredito que eram obrigadas. Preferi achar que sim e, por isso, não as prendia. Assim, angariei a simpatia dos favelados. E até brincava com alguns, dizendo que não entraria com o quepe na favela para não ser troféu. Houve baixas dos dois lados, mas os bandidos sumiam com os corpos dos seus mortos para dar a impressão de que não perdiam as batalhas. Jogavam no rio Acari.

Para enfrentar o CV em Vigário Geral, segundo Emir, foi necessário escolher um lado. E ele escolheu o de Parada de Lucas.

— Para entrar em Vigário, ou eu seguia pela passarela, e aí vinha aquela carga de tiros, ou entrava por Parada de Lucas, que era do Terceiro Comando, inimigo do CV. Eu fui procurado no quartel por Waltencir Coelho, advogado do Robertinho de Lucas. Ele disse que era "uma situação chata", pois o Terceiro Comando não é de dar tiros na polícia. E eu respondi: "Waltencir, então vamos fazer um trato, avisa ao Robertinho para me deixar entrar em Lucas e eu não faço nada contra ele agora. Preciso entrar em Vigário de surpresa." Ali era guerra, não perdoava vagabundo do Comando Vermelho ou de qualquer facção que viesse atirar em mim. Então funcionava assim: se não atirasse em PMs, tudo certo. Mas se atirassem... bem, nesse caso, não se perde a viagem — ironizou o antigo comandante.

Larangeira lembrou que, naqueles anos, morreram, em emboscadas, muitos policiais civis e militares.

— Eu fazia guerrilha. O traficante Zé Penetra, que também era um estuprador, virou meu alvo. Então eu disse: "Deixa eu entrar com a guarnição e avisa ao Robertinho para segurar, porque meu alvo agora não é ele, é o Zé Penetra." E disse ao advogado para avisar ao Robertinho para ele não usar mais aquela Brasília amarela da loja de construções para circular, porque eu já estava enjoado de saber. Mandei ele trocar de carro, senão eu o pegaria do lado de fora da favela — revelou o oficial reformado, dizendo que aproveitava a rivalidade entre as quadrilhas para revezar as operações entre as duas comunidades.

— O quartel não tinha estrutura para combater todas as quadrilhas ao mesmo tempo. O jeito era negociar com o inimigo da favela que eu fosse

PARQUE PROLETÁRIO DE VIGÁRIO GERAL: QUATRO ANOS ANTES... 217

atacar. Essa estratégia está no livro *A arte da guerra*, do Sun Tzu,[2] e tem mais de 2.500 anos.

O problema não estava restrito à linha que dividia as favelas de Parada de Lucas e Vigário Geral. Outro local atacado por traficantes foi a favela Vila São Jorge, em Irajá, mais conhecida por Para Pedro. Um dos poucos morros da cidade onde não havia tráfico, a comunidade se tornou alvo de quadrilhas como a de Cy de Acari e de Celsinho da Vila Vintém. Pelo menos dois presidentes de associações de moradores já haviam sido assassinados por tentar impedir o domínio de facções.

Em um ataque em 3 de setembro de 1989, seis trabalhadores foram chacinados no local. Emir Larangeira determinou que guarnições do 9º BPM ficassem permanentemente na favela para dar segurança aos moradores. O jornalista Sérgio Pugliesi, que participou da reportagem especial "A violência que oculta a favela", produzida em 1990 pelo *Jornal do Brasil*, lembrou dessa época:

— Éramos três repórteres, cada um cobrindo o dia a dia de uma favela. O Luarlindo Ernesto foi para o Borel, o Francisco Luiz Noel, para Nova Brasília, e eu fiquei na Vila São Jorge, a Para Pedro, que diziam que era a única que não tinha tráfico. Inventei que tinha perdido minha moradia numa enchente no Espírito Santo e fiquei morando lá numa casa desativada. Realmente era um local muito tranquilo. Uma vez, à noite, vi que a viatura do 9º BPM ficava lá. Tinha uns policiais sem camisa, tomando cerveja ao lado da viatura. Aí, fiquei sabendo que a favela era muito protegida e que o Larangeira mantinha o policiamento ali para impedir a entrada de traficantes. Não tinha tráfico, nem milícia. Um líder comunitário me falou do Emir Larangeira e que a ideia era fazer campanha eleitoral dele ali.

A guerra das facções criminosas pelo controle territorial para o milionário comércio da venda de drogas e armas já se espalhara no início dos anos 1980, mas foi na segunda metade da década que os conflitos se intensificaram e ganharam as ruas. Foi assim na disputa pelo controle do tráfico no morro Dona Marta, em Botafogo, e as guerras entre quadrilhas dos morros do Borel, Casa Branca e Formiga, na Tijuca. Outros conflitos tomaram as ruas dos bairros de Santa Teresa e do Estácio, coalhados de favelas, além da Gávea e de São Conrado, na luta pelo poder no maior entreposto de drogas da zona sul carioca, a Rocinha.

No início, a polícia entrava para cessar os conflitos e combater a venda ilegal. Mas denúncias de invasões ilegais a barracos, agressões a moradores e até estupros levaram o governador Leonel Brizola a estabelecer regras para a atuação das polícias nos morros. Insatisfeita com os baixos salários e a política de segurança punitiva contra suas transgressões, em especial, nessas comunidades, além de ávida pelo patrimônio dos traficantes, uma parcela das polícias Civil e Militar passou a fazer incursões ilegais para receber arrego ou sequestrar traficantes e saquear seus tesouros. Isso fez crescer a vitimização policial. Se, em 1983, foram registrados dezesseis policiais mortos em "ato de serviço", segundo dados da corporação compilados à época, em 1993 o número de baixas havia saltado para 95. Havia uma verdadeira caça aos policiais.

Emir Larangeira seria promovido a coronel em julho de 1990, mas, ciente da fama que conquistara junto à tropa, aceitou o convite do Partido Trabalhista Renovador (PTR) para se candidatar ao cargo de deputado estadual, deixando a corporação em abril de 1990:

— A ideia foi do meu irmão, que colocou meu nome na nominata do partido. Decidi deixar a polícia, mesmo faltando tão pouco para me tornar coronel.

Aquele voto de confiança que Larangeira dera à tropa ao assumir o 9º BPM se transformaria, no ano seguinte, em 11.763 votos, garantindo ao "coronel" o mandato de deputado estadual com a segunda maior votação do seu partido nas eleições de 1990, à frente, inclusive, de candidatos como Paulo Melo e Sérgio Cabral Filho (ambos do MDB). A tropa da Polícia Militar via em Larangeira alguém para defender seus interesses. E foi durante a sua curta campanha que o oficial reformado diz ter conhecido o que considera a origem da milícia que se espalhou pelo estado. Ele lembra de ter participado de pelo menos dois encontros que envolviam policiais de diversos batalhões. Eram reuniões clandestinas.

— Uma foi na região do Centro, mas não lembro o local. A outra foi na rua Capitão Teixeira, em Realengo, em um trailer que funcionava como

PARQUE PROLETÁRIO DE VIGÁRIO GERAL: QUATRO ANOS ANTES... 219

se fosse um bar. Cheguei lá e encontrei uma cabeçada de PMs. Eu não identifiquei na hora quem eram eles. Um me recebeu muito bem e falou que iriam me ajudar na campanha. Eu era a estrela ali. Então perguntei por que estavam reunidos. Me disseram: "Comandante, daqui nós vamos sair porque tem um parceiro de um batalhão que está ameaçado de morte. Então vamos dar um sacode na favela" — revela Larangeira. Na reunião, o oficial viu que eram policiais de diversos quartéis reunidos para resolver, à sua maneira, os seus problemas.

Eles revelaram ao então candidato que, nessas incursões clandestinas, ficavam com o espólio da guerra, ou seja, com o dinheiro, as armas e as drogas.

— Eu pensei: "Caramba, a coisa tá pior do que imaginei." Porque quando você pensa que policiais de um batalhão estão fazendo esse tipo de cobrança, fora do horário de trabalho, é uma coisa, mas quando juntam policiais de vários batalhões para fazer isso é muito mais grave. Também é fato que, naquela época, estavam morrendo muitos policiais em emboscadas. E eles buscaram suas próprias soluções. Foi isso que aconteceu na chacina de Vigário Geral. Quando decidiram vingar a morte dos quatro policiais do 9º, foram PMs de vários batalhões. Mas, sem comando, enraivecidos e muitos deles embriagados, acabaram fazendo aquela covardia, aquela tragédia. Para mim, aquilo foi uma turbamulta. O que mudou de lá para cá é que eles decidiram que não bastava mais atacar e pegar o espólio. Eles decidiram ocupar essas favelas — comenta Emir Larangeira, que confessa ter ido embora da reunião em Realengo, evitando se envolver com o problema.

Aquelas reuniões secretas, muitas realizadas inclusive nos postos de policiamento comunitários, como a que ocorreu no PPC da Fazendinha na noite do massacre, revelavam que os confrontos entre policiais e traficantes havia tempos ultrapassara a tênue linha da legalidade do combate à violência pela violência. Travavam uma guerra suja no submundo não apenas para defender e vingar os seus. Lutavam pela fortuna que brotava nas favelas com a venda de armas e drogas.

33. UM ANO ANTES DO MASSACRE

Início da madrugada de 13 de setembro de 1992.

Traficantes do morro da Fé, no Parque Proletário da Penha, na zona norte, invadem uma casa na rua Maturacá, na subida da favela, e arrastam o soldado PM Paulo Valentim Leite, do 6º BPM (Tijuca), diante da mulher e das duas filhas.[1]

A ação ousada dos criminosos, caçando em casa um agente da lei, daria início a uma insurgência declarada da tropa militar.

O sequestro aconteceu às 2 horas. A notícia se espalhou quase imediatamente e, ainda naquela madrugada, cerca de 150 policiais do 6º BPM, do 16º BPM e do 22º BPM (Benfica), auxiliados pelo Bope, e com apoio de cinco delegacias e da Coordenadoria de Inteligência e Apoio Policial (Cinap) se organizaram informalmente e, sem ordem de qualquer comando, deram início a uma operação de resgate. Mas, antes mesmo que aquela tropa subisse a favela, o segundo-sargento da PM Josimar Fontarigo Alonso, do 6º BPM, que estava de folga, decidiu participar das buscas, indo de moto até a casa do colega sequestrado. Ao chegar, foi cercado pelos traficantes, rendido e executado ali mesmo, na rua Maturacá, com dois tiros na cabeça.

A situação ficou ainda mais tensa quando, durante a manhã daquele mesmo dia, outro policial, o cabo Alcides Lisboa, do 16º BPM, que morava na mesma região, teve sua casa invadida e também foi sequestrado, mas foi liberado horas depois. Desesperado, pegou sua família e deixou tudo para trás. Outros dois policiais também haviam sido sequestrados, nos mesmos moldes, no morro Dona Marta, em Botafogo, dois dias antes, o que tensionou ainda mais o episódio.

Estava declarada a guerra. A ordem do traficante Jorge Luís da Silva, o Jorge Espora, era para que todos os policiais que morassem na região deixassem a favela. Jorge Espora era integrante do Comando Vermelho e chefe do tráfico no Parque Proletário da Penha, um complexo com várias favelas, entre elas o morro da Fé, Caixa D'Água, Sereno e Vila Cruzeiro.

Revoltados, os policiais fizeram batidas em várias casas daquelas favelas durante todo o dia. No alto do morro da Caixa D'Água mataram três traficantes, mas não encontraram pistas que levassem ao paradeiro do policial sequestrado. As buscas, ainda não oficiais, foram retomadas à noite e vararam a madrugada seguinte. Os policiais estavam à paisana e chegaram em carros particulares. Nas buscas, dois menores foram mortos no morro do Sereno, que também faz parte daquele complexo de favelas. Moradores contaram à reportagem de O Globo que seus filhos teriam sido arrastados e executados no alto da favela.[2]

Eles denunciaram a presença naquelas comunidades de um grupo de extermínio formado por policiais e ex-policiais. Três deles seriam conhecidos como "Chuca", "Ivan" e "Marinho", apelidos que circularam depois nas denúncias anônimas sobre os suspeitos da chacina de Vigário Geral.

Os moradores também disseram que, embora fosse lotado no batalhão da Tijuca, o sargento Josimar Fontarigo era frequentador do morro da Fé. E afirmaram que ele costumava aparecer sempre de moto, armado e com capuz, mas fazendo questão de demonstrar que era policial, o que teria irritado os traficantes da região.

Respeitado pelos colegas do 6º BPM por sua coragem nas operações policiais, o sargento era conhecido por "Diabo Louro". A revolta com a sua morte e com o sequestro do soldado Paulo Valentim Leite levou um grupo de policiais a anunciar a jornalistas, durante o enterro do sargento, que não iriam mais respeitar a ordem do comando-geral da corporação. Usando touca ninja para esconder a identidade, um porta-voz dos insurgentes afirmou que a tropa subiria o morro fazendo "blitz" por conta própria e ainda acusou o comando do 16º BPM de envolvimento com o traficante Jorge Espora.

— Estamos unidos. Se um comandante prender um policial, todos terão que ser presos. Estamos cansados de levar tiros de traficantes. Agora é por

UM ANO ANTES DO MASSACRE

nossa conta. Vamos fazer operações por conta própria e não respeitaremos mais determinações. As pessoas não sabem o que está se passando dentro de determinados quartéis. Não podemos matar traficantes, mas eles podem nos assassinar porque sabem que ficarão impunes — disse um policial do 6º BPM, que usava uma touca de motociclista.[3]

Durante o enterro no cemitério de Inhaúma, na zona norte, que contou com a presença de cerca de trezentos policiais, os agentes interromperam o trânsito na avenida Automóvel Clube para dar passagem ao cortejo. Na ausência de honras oficiais, dispararam para o alto em homenagem ao colega. O repórter fotográfico Júlio Cesar Guimarães, que fazia a cobertura da cerimônia, foi agredido e impedido de registrar o momento:

— É uma coisa muito cara na minha memória. Essas honras irregulares já vinham acontecendo e o nosso objetivo não era o enterro, mas flagrar o momento da salva de tiros. E eles não iam fazer a homenagem na cara de todo mundo, né? Com a imprensa e tal. Esse cemitério é bem característico, porque as alas das catacumbas são altas, formando corredores. Os fotógrafos dos jornais correram cada um para um lado para tentar registrar o flagrante.

Júlio Cesar conta que entrou em um dos corredores quando começou a ouvir a salva de tiros. Sem poder ver o que acontecia, ele se guiou pela audição até chegar na alameda onde acontecia a homenagem. Nesse momento, foi parado por dois policiais à paisana. Tentou ultrapassá-los, mas foi empurrado:

— Quando olho para trás, vejo uma galera correndo na minha direção. Meu colega, o repórter Ronaldo Braga, também de *O Globo*, também vinha correndo junto com toda a imprensa. Tinha ali uns vinte policiais que foram fechar o tempo comigo, queriam me pegar para Cristo. Já chegaram sentando a porrada. Pensei até em usar a tele [lente teleobjetiva] de 300 mm pendurada no meu ombro para me defender, mas pensei melhor e apenas protegi minha cara e deixei baterem. Não tinha o que fazer; eram muitos. Até que a turma do deixa-disso fez parar a agressão. Eu já estava transtornado, aí veio um covarde e me deu um tapa na cabeça por trás. Depois parou na minha frente e ficou me encarando, junto com os outros. Foi o pior. Tive vontade de voar no pescoço dele. O Ronaldo me contou depois que o seguraram.

Havia dois comandantes presentes no enterro. Eles nada fizeram para impedir a agressão. Repórter acostumado a registrar conflitos, Júlio César conta que nunca tinha vivenciado uma situação tão absurda. Mas o desfecho, no dia seguinte, ele recorda, foi ainda pior:

— Ronaldo Braga escreveu a reportagem contando tudo e até levantou quem eram os comandantes no enterro. No dia seguinte, eu estava na fotografia e fui chamado para conversar com dois oficiais. A proposta deles é que eu fosse até o batalhão para fazer o reconhecimento dos meus agressores. Eu disse: "Tá brincando, né?" Aí eles puxaram do bolso um documento para eu assinar, dizendo que não tinha condições de fazer o reconhecimento. Assinei, mas fiquei ainda mais puto.

Após o enterro do sargento Fontarigo, os policiais fizeram uma nova operação clandestina na região.[4]

***

Depois de quase uma semana de buscas insanas pelo paradeiro do soldado Paulo Valentim Leite, descobriu-se que seu corpo estava desde o dia do sequestro no Instituto Médico-Legal do Rio. O cadáver foi encontrado no dia 13, na mala de um carro, com a identidade do policial, mas, por algum erro que as autoridades nunca souberam explicar, permaneceu não identificado por dias.

As operações que resultaram na morte de cinco moradores das favelas durante as operações ilegais, e que levaram pânico aos moradores dos morros da região, poderiam ter sido evitadas. Até mesmo o assassinato dos dois policiais. Pelo menos três semanas antes, em 22 de agosto daquele ano, o soldado Luiz de Souza Chaves, de 43 anos, foi sequestrado e ficou em poder de traficantes que queriam informações sobre o endereço de outros três militares. Depois de humilhado e espancado pelos criminosos, o militar foi libertado e comunicou o fato ao comando do 16º BPM.

O sequestro do soldado Luiz de Souza Chaves foi registrado na 27ª DP (Vicente de Carvalho) sob o número 2.292/92, mas nenhuma providência foi tomada. Desamparado, ele pegou a família e abandonou o apartamento na rua Maturacá, a mesma onde, três semanas depois, seriam executados o soldado Paulo Valentim Leite e o sargento Josimar Fontarigo, todos do mesmo quartel.[5]

34. 1993, O ANO DAS CHACINAS: QUATRO MESES ANTES DO MASSACRE

25 de abril de 1993.

Ainda não tinha anoitecido quando centenas de populares, entre eles pelo menos três policiais militares, testemunharam o momento em que quatro policiais civis da 39ª DP foram rendidos, obrigados a se ajoelhar no meio da rua e, diante de todos, executados com tiros de AR-15 e escopeta. Eles teriam chegado ali, segundo a versão oficial, para reprimir um pega[1] que acontecia na rua Professor Costa Ribeiro, no Jardim América, zona norte do Rio, vizinha a Vigário Geral. Não tiveram tempo sequer de se defender. Foram capturados pelos seis ocupantes do Santana roubado, placa XI-1172, na altura do número 640 daquela rua movimentada.

As quatro vítimas eram o detetive Ronaldo Pereira Sampaio, os carcereiros Elias do Souto Cabral e Sérgio Vasconcelos e o motorista policial Silézio Silva Consendey. Segundo as informações oficiais da época, os agentes foram chamados por moradores do Jardim América às 17h45 porque havia uma grande confusão no local.

Testemunhas contaram que, minutos antes, turmas rivais que participavam do pega haviam se desentendido e se enfrentado com paus e pedras.

Um rapaz da favela de Vigário Geral apanhou e fugiu prometendo vingança. Em seguida, voltou num táxi Monza com quatro pessoas e sequestrou um outro com quem tinha brigado. Logo depois, chegou o Santana com seis homens encapuzados e armados. Esses homens eram traficantes de Vigário Geral e também estariam envolvidos na vingança.

O bando começou a circular pelo bairro quando, na esquina das ruas Professor Costa Ribeiro e Álvaro Magalhães, encontrou os policiais civis.[2]

De acordo com a versão oficial, não foi a primeira vez que os agentes tinham estado ali. Eles já teriam reprimido o pega e, na ocasião, recuperado um Verona roubado, placa de São Paulo, VU 4408. Já estavam de volta à delegacia quando souberam que o pega havia recomeçado. Eles retornaram, usando o mesmo carro roubado que haviam acabado de recuperar. Já alguns moradores denunciaram que eles foram extorquir quem assistia ao pega.

Entre as testemunhas do crime estavam três policiais militares, que alegaram que não tiveram reação porque estavam armados apenas com revólveres e não teriam como enfrentar a superioridade de homens e armas dos traficantes. No local do crime, os peritos recolheram mais de quarenta cápsulas de fuzil AR-15.

Os algozes dos policiais logo seriam identificados pelos investigadores da Divisão de Repressão a Entorpecentes. Eram eles Flávio Pires da Conceição, o Flávio Negão; Marcelo Carlos Nascimento, o Marcelo Arregalado; Alexander Paganotes Guimarães, o Batata; Elias Pereira da Silva, o Elias Maluco; Alexandre Francisco da Rocha, o Alec; e um traficante identificado como Claudinho Soldadinho. Todos ligados à quadrilha de Adlas Ferreira, o Adão, preso na DRE, e também os mesmos que seriam acusados, quatro meses depois, da morte dos quatro policiais militares do 9º BPM na praça Catolé do Rocha – origem da motivação do massacre de 21 inocentes da favela Parque Proletário de Vigário Geral.

Como se fosse a mesma história com outros personagens, o crime deixou revoltados policiais civis e militares que, em mensagens ameaçadoras, exigiam providências pelo rádio do Centro de Operações da Polícia Civil. E como aconteceria depois, nas mortes dos policiais militares do 9º BPM, eles prometeram se vingar dos assassinos. Na mesma noite, se organizaram para uma operação na favela.

Os corpos dos colegas mortos ainda não tinham sequer baixado na sepultura quando, mesmo sob ameaças de punição, grupos de policiais sem comando realizaram diversas incursões atrás de pistas contra os assassinos. Entraram em favelas, motéis e até em um templo religioso.

1993, O ANO DAS CHACINAS...

O motel Champion, na avenida Brasil, altura de Vigário Geral, ficou cercado por mais de uma hora. Exibindo armas, os policiais exigiram o livro de registro de hóspedes:

— Gente, mas que motel tem livro de registro? — perguntou um funcionário.

O grupo vingador não conseguiu entrar nos quartos, mas anotou a placa de todos os hóspedes, deixando o local diretamente para os velórios.

Os enterros dos policiais foram marcados por tiros para o alto, críticas ao governo e promessas de vingança. Revoltados com o vice-governador Nilo Batista e com a cúpula daquela corporação, que não programou ao menos uma homenagem especial aos mortos, policiais presentes ao enterro do carcereiro Sérgio Vasconcelos obrigaram um coveiro a quebrar uma gaveta do mausoléu e retirar os ossos de um morto para dar lugar ao caixão do amigo, que seria enterrado em uma cova rasa. Eles ainda ameaçaram com revólveres os repórteres fotográficos que tentaram registrar aquele absurdo.

Apesar da histeria dos policiais e da falta de comando da cúpula da corporação sobre seus homens, o episódio não terminou em tragédia, mas revelou claramente as relações entre agentes do Estado e bandidos. Como aconteceria mais tarde no caso dos militares executados na praça Catolé do Rocha, não havia registro algum na 39ª DP sobre a regularidade daquela operação de repressão ao pega, tampouco sobre a recuperação do Verona e a participação de carcereiros da unidade na ação.

Embora não fossem na época foco da atenção da imprensa, nem mesmo da cúpula da segurança, até o dia 29 de agosto, quando explodiu o massacre de Vigário Geral, o jornal *O Globo* havia noticiado pelo menos outras nove chacinas, que ceifaram a vida de 43 pessoas. Uma das notícias, publicada em 2 de junho, flagrava a realização de incursões clandestinas dos agentes do Estado ao submundo das facções criminosas.

Com apenas dois parágrafos, a reportagem, sob o título "Assassinato de traficante fecha comércio em favelas", dava conta da morte de quatro traficantes, entre eles, Carlos Augusto Benevenuto, o Julião. Eles seriam da favela de Manguinhos. A reportagem terminava informando que os acusados pela chacina seriam cerca de quinze homens encapuzados que teriam invadido a comunidade durante a noite e seguido madrugada adentro, comandados por um policial militar.[3]

A mesma edição do jornal trazia, em outra página, uma reportagem que dava conta do aumento de casos registrados naquele ano em que criminosos vestiam coletes da Polícia Civil sobre a camisa. O artigo enumerava algumas ocorrências. Entre elas, uma em fevereiro daquele ano, quando moradores da favela de Manguinhos haviam denunciado ao secretário Nilo Batista que um grupo de homens, usando coletes e se identificando como agentes da Divisão Antissequestro, mataram a tiros de AR-15 dois rapazes que participavam de um baile funk.[4]

Mas se até ali essas incursões noturnas com resultado em morte não foram suficientes para chamar a atenção da cúpula da segurança ou dos comandantes de batalhões para o agravamento do problema até aquele momento, as chacinas que viriam a seguir mudariam a percepção não só das autoridades, mas do mundo sobre a violência e a corrupção policial no estado do Rio de Janeiro.

35. CANDELÁRIA NUNCA MAIS!

Trinta e sete dias antes do massacre no Parque Proletário de Vigário Geral, outra chacina havia abalado o Rio de Janeiro e chamado a atenção do mundo para aquela cidade conhecida por suas belezas naturais e a alegria de seus moradores. Na noite de 23 de julho de 1993, mais de setenta crianças e adolescentes dormiam, aquecidas por jornais e velhos cobertores, abrigadas sob marquises da praça Pio X, nas proximidades da Igreja de Nossa Senhora da Candelária, no Centro do Rio, quando o terror ali se instalou.

Quatro homens que estavam em um Chevette pararam o veículo próximo ao chafariz ali existente, onde os jovens costumavam se banhar. Eles procuravam pelo adolescente conhecido por Come Gato. Ao encontrá-lo, fizeram vários disparos, matando-o. Os tiros assustaram os menores, provocando pânico e correria, e dando início a uma nova e brutal caçada. Cinco dos meninos não conseguiram escapar e morreram ali mesmo, na calçada em frente à igreja. Entre eles, uma criança de apenas 10 anos.

Momentos antes, três jovens haviam sido baleados na mesma região, já próximo ao Aterro do Flamengo. Dois deles morreram, mas o terceiro sobreviveu, embora atingido por quatro disparos à queima-roupa.

Inicialmente, essas mortes pareciam não ter relação entre si. Mas, quando foi feita a perícia de balística, constatou-se, com base em projéteis extraídos dos cadáveres, que a mesma arma fora usada nos dois crimes. Além da perícia, declarações da principal vítima sobrevivente, Wagner dos Santos, revelaram ainda que as execuções tiveram a mesma motivação.

Wagner e os dois companheiros, que moravam com ele no entorno da Candelária, foram sequestrados quando, naquela mesma noite, uma quinta-feira, se dirigiam para a praça Mauá a pé. Os quatro homens que estavam no Chevette os alcançaram e os arrastaram para dentro do veículo. Porém, quando passavam pela avenida Rio Branco, o carro deu um solavanco e a arma de um dos homens, que estava engatilhada, disparou, atingindo a cabeça de Wagner.

Eles decidiram então matar os três adolescentes. Buscaram um local escuro e ermo no início do Aterro do Flamengo e lá dispararam contra os garotos, deixando-os caídos no gramado do parque. Em seguida, rumaram para a praça Pio X, conhecida como Candelária, onde executaram outras seis crianças, num total de oito, hoje simbolizadas por uma cruz fixada em frente à famosa igreja.

A motivação do que passou a ser chamada de chacina da Candelária, após as primeiras investigações, foi a mais fútil. Um policial de trânsito, designado para a função três dias antes, ao perceber dois jovens próximos ao chafariz com latas de cola de sapateiro, os deteve e apreendeu o material, chamando uma viatura policial para conduzi-los para a 1ª Delegacia de Polícia, na praça Mauá.

A atuação do policial provocou o ressentimento daquelas crianças e dos adolescentes que viviam abandonados e que já estavam acostumados a se drogar cheirando cola sem ser incomodados. O policial de plantão na delegacia liberou os dois jovens, esclarecendo ao guarda de trânsito, o policial militar Marcus Vinícius Borges Emmanuel, que a legislação não punia ou entendia a cola de sapateiro como entorpecente. O policial, ao retornar para o seu posto, exatamente na praça Pio X, se deparou com o ânimo inflamado daquelas crianças e adolescentes. A situação inusitada criou um clima de tensão e fez com que os superiores do militar determinassem que ele retornasse à sua unidade, a Companhia de Policiamento de Trânsito. Quando ele ingressou na viatura que o levaria ao batalhão, as crianças arremessaram pedras no vidro do veículo, quebrando-o. O policial foi atingido por estilhaços.

Marcus Vinícius, ao chegar em casa, no Rio Comprido, zona norte do Rio, encontrou seus vizinhos Nelson Cunha e Marcos Aurélio Dias Alcântara, também policiais militares. Os três moravam na rua Cândido de

CANDELÁRIA NUNCA MAIS!

Oliveira e estavam sempre com o ex-policial militar Maurício da Conceição Filho, mais conhecido por Sexta-Feira Treze ou Quito, que havia sido expulso das fileiras militares em 1990 e era muito amigo do irmão de Marcus Vinícius. O apelido de Maurício tinha origem na sua atuação repressiva e criminosa sempre às sextas-feiras, principalmente contra adolescentes que perambulavam pela noite em regiões da cidade.

Sexta-Feira Treze, que tinha fama de matador, sabendo do ocorrido com o irmão de seu grande amigo, decidiu que era necessária uma resposta imediata e organizou a ida à localidade onde os menores costumavam dormir. Os principais alvos eram Wagner dos Santos e Come Gato, mencionados por Marcus Vinícius.

Os participantes da "operação" seguiram para o local no veículo de Sexta-Feira Treze. Quando se aproximavam da praça Pio X, ao final daquela noite, Marcus Vinícius Emmanuel logo avistou os três jovens caminhando em direção à rua Acre, onde foram sequestrados. Depois da chacina, os quatro homens se esconderam em um apartamento de uma amante de Maurício da Conceição, no bairro da Glória, até que a "poeira baixasse".

Wagner, que era guardador de carros, mesmo baleado por quatro disparos, conseguiu se levantar do gramado do aterro e atravessou a pista, cambaleante, caindo em frente a uma das bombas de gasolina do posto Maquiné, na divisa com a avenida Beira-Mar, que ainda estava funcionando.

As mortes levaram ao local diversos policiais do 5º Batalhão, situado na praça da Harmonia, muitos curiosos e também repórteres. Afinal, uma chacina de crianças no centro da cidade, diante da icônica igreja da Candelária, era um fato inédito, escancarando um novo patamar da violência.

Dentre os policiais que compareceram ao local, um não estava de serviço, mas sempre permanecia no batalhão durante a semana para economizar dinheiro e tempo, por morar distante do quartel. Tratava-se do tenente Marcelo Ferreira Cortes, com histórico policial exemplar e que, mesmo fora de serviço, resolveu prestar auxílio aos colegas, indo diretamente para a praça Pio X. Lá chegando, e iniciando o levantamento sobre o que havia ocorrido, foi alertado de que uma pessoa estava ferida no posto Maquiné, não muito longe da Candelária e, para lá, imediatamente, se dirigiu.

Ao perceber o estado de Wagner, o tenente Marcelo Cortes prestou os primeiros socorros, orientando-o sobre a posição corporal mais adequada para que não engolisse o próprio sangue e sufocasse. O tenente ainda tentou conversar com a vítima para acalmá-la enquanto aguardava a ambulância chegar. O espaço aberto entre os dentes superiores do oficial, condição identificada como diastema, ficou na memória do sobrevivente.

Wagner foi socorrido e levado para o Hospital Souza Aguiar, onde depois participou da elaboração de dois retratos falados de seus algozes, a pedido de investigadores da Delegacia de Homicídios. Mas como a última imagem que vira antes de desmaiar havia sido a do homem que o socorreu, a vítima passou a acreditar que justamente o tenente Marcelo Cortes era um dos assassinos que o atacaram.

Retratos com alta precisão de detalhes levaram a polícia a identificar Cortes e também o soldado Marcus Vinícius Borges Emmanuel como os primeiros suspeitos do crime. Os dois policiais foram logo indiciados como eventuais chacinadores.

Como ocorreria no caso da chacina de Vigário Geral, o governo do estado determinou uma investigação sumária do caso. A notícia já havia se espalhado e aquela matança, que ficou conhecida mundialmente como chacina da Candelária, teria que ter uma resposta rápida por parte das autoridades. Conforme os fatos iam sendo esclarecidos, comprovando a participação de agentes do Estado naquela barbárie, também aumentavam as pressões da sociedade e de organismos nacionais e internacionais, que exigiam uma punição rigorosa para a tragédia que ceifou a vida de crianças e adolescentes, a maioria preta e pobre.

Havia a necessidade de abrigar crianças e adolescentes que testemunharam os fatos, aqueles que sobreviveram, e que estavam amedrontados. A pedagoga e filóloga Yvone Bezerra de Mello, fundadora do Projeto Urerê (criado para garantir educação e instrução à jovens moradores de rua) e que já conhecia os adolescentes que ali pernoitavam, além da advogada Cristina Leonardo, que atuava em uma ONG cujo escopo era proteger crianças e adolescentes, entraram em cena e se dispuseram a ajudar aqueles menores.

Junto com a Delegacia de Homicídios, passou a atuar nas investigações o tenente-coronel Valmir Alves Brum, que depois também se encarregaria

CANDELÁRIA NUNCA MAIS!

das investigações do extermínio dos 21 trabalhadores de Vigário Geral. O guardador de carros Wagner dos Santos já havia descrito dois dos possíveis chacinadores. Não havia dúvidas sobre o soldado Marcus Vinícius Borges Emmanuel, com quem o sobrevivente tivera forte entrevero. Mas no caso de Cortes, não havia qualquer relação ou indício fora o reconhecimento precário feito por Wagner.

Nos três dias que se seguiram à chacina, sexta, sábado e domingo, as polícias Civil e Militar procuraram obter o máximo de informações para o esclarecimento dos fatos. Alguns sobreviventes alegaram que teriam visto, no momento da chacina, uma dupla de policiais conhecida como Pelé e Xuxa, que atuava à paisana. O soldado Xuxa logo foi identificado no início das investigações e, ao prestar depoimento, disse que estava naquela noite fatídica na companhia do cunhado, o serralheiro Jurandir Gomes França, à procura de divertimento com mulheres, na região da praça XV. Xuxa não foi reconhecido por testemunhas e sobreviventes nos atos realizados na sede da Corregedoria da Polícia Civil. Por determinação do tenente-co-ronel Brum, seu cunhado Jurandir se apresentou voluntariamente para se submeter ao reconhecimento. O serralheiro acabou sendo apontado por algumas testemunhas como um dos chacinadores.

O soldado conhecido como Pelé também não foi reconhecido, mas as crianças apontaram que era parecido com um dos chacinadores. O tenen-te-coronel Brum, então, considerando a referência feita pelos adolescentes de que ele era conhecido por ser um policial que atuava à paisana, imagi-nou que pudesse ser algum soldado negro integrante do serviço reservado (P2) do 5º BPM (Centro). O oficial ligou então para o comandante daquele setor, indagando quais eram os policiais negros do batalhão. Somente ele e o soldado Cláudio Luiz dos Santos correspondiam à descrição, respondeu. Diante disso, o tenente-coronel Brum determinou que o soldado Cláudio Luiz se apresentasse à Corregedoria de Polícia Civil. Ele acabou reconhecido pelos sobreviventes como mais um dos matadores.

Como também aconteceria na chacina de Vigário Geral, houve muito tumulto nos dias que se seguiram, inclusive nos atos de reconhecimento. Contudo, diante do que até então havia sido investigado e dos reconhecimentos realizados, promotores da Central de Inquéritos do Ministério Público do Estado do Rio de Janeiro acolheram o pedido feito pelos investigadores para prender o tenente Marcelo Cortes, os soldados Marcus Vinícius Emmanuel e Cláudio Luiz, além do serralheiro Jurandir França. Mais uma vez os álibis dados pelos acusados não foram devidamente checados. Mesmo assim, o pedido foi deferido pelo juiz que estava de plantão no domingo, dia 26 de julho.

Em razão do decreto de prisão, os autos do inquérito policial foram distribuídos na segunda-feira, 27 de julho, ao II Tribunal do Júri. Os promotores José Muiños Piñeiro Filho e Maurício Assayag assumiram as investigações do caso, com a colaboração do promotor Carlos Roberto Jatahy, que vinha atuando pela Central de Inquéritos. Tendo em vista os tumultos noticiados e o pouco tempo de investigação realizada (menos de três dias), os três promotores preferiram que os reconhecimentos fossem ratificados em juízo, o que foi deferido pela juíza Maria Lúcia de Almeida Capiberibe, presidente do II Tribunal do Júri.

Na audiência de reconhecimento, os quatro indiciados foram misturados a cerca de quinze outras pessoas, a maioria soldados do Corpo de Bombeiros e com semelhanças físicas aos acusados, para que, em ato judicial e com garantia do contraditório, fossem realizados os reconhecimentos. Mais uma vez, os dois foram identificados.

Assim, Piñeiro Filho, Assayag e Jatahy ofereceram denúncia contra os quatro indiciados, dando início, assim, à ação penal.

Não demorou, porém, para que os promotores começassem a perceber que a história "não fechava". Eles viram que não havia relação próxima entre os quatro indiciados, nem mesmo entre o tenente Cortes e o soldado Cláudio Luiz – embora atuassem no mesmo batalhão, eles nunca haviam trabalhado juntos.

— Seria difícil que quatro militares, desconhecidos um do outro, fossem, de repente, praticar uma chacina no centro financeiro da capital do estado e, principalmente, em frente a um templo religioso de fama internacional. Contudo, os réus foram reconhecidos também em juízo, principalmente por Wagner dos Santos, que identificou Marcus Vinícius e o tenente Cortes. Assim, a ação penal prosseguiu — recorda-se Piñeiro Filho.

CANDELÁRIA NUNCA MAIS!

Porém, ainda desconfiados pelo açodamento das investigações, os promotores de Justiça, com o apoio do tenente-coronel Valmir Brum, começaram algumas investigações paralelas, algo que se repetiria depois no processo da chacina de Vigário Geral.

Após intensa e reservada investigação, até com informes de acusados do massacre de Vigário Geral e pessoas presas por outros crimes, o Ministério Público confirmou que a chacina fora praticada como vingança relacionada ao episódio envolvendo o soldado Marcus Vinícius Emmanuel. A partir daí, chegaram aos policiais militares ligados ao guarda de trânsito pela vizinhança e por amizade, residentes e vizinhos no bairro do Rio Comprido: Maurício da Conceição Filho, Marcos Aurélio Dias Alcântara e Nelson Cunha.

Piñeiro Filho relembra que ele e seus colegas não se surpreenderam quando identificaram, nas fotografias, Maurício da Conceição Filho. Ele tinha uma semelhança notável com Cláudio Luiz, o que torna compreensível a confusão pelos adolescentes que o reconheceram. Sexta-Feira Treze fora morto no ano seguinte em um tiroteio com policiais da Divisão Antissequestro, acusado de sequestrar, em 1994, o adolescente André Scafura, neto do bicheiro José Scafura, o Piruinha. Mas os promotores conseguiram mais uma prova contra Sexta-Feira Treze; ele era proprietário de um Chevette da mesma cor do veículo utilizado pelos chacinadores.

Entretanto, a surpresa maior foi quando, em diligência no 6º BPM, localizado na rua Barão de Mesquita, Piñeiro Filho e Maurício Assayag encontraram outro possível chacinador, o soldado Marcos Aurélio Dias Alcântara. Ele não tinha apenas o rosto, a cor da pele e o físico semelhantes aos do tenente Marcelo Cortes, mas também os dentes da frente afastados, ou seja, diastema.

A chacina estava esclarecida para Piñeiro Filho e Assayag. Mesmo acreditando que eram inocentes, os promotores mantiveram o tenente Cortes e o soldado Cláudio Luiz presos no batalhão, mas sem permanecerem no cárcere da unidade policial, até o julgamento do caso. Também autorizaram que Jurandir França, preso na Polinter, atuasse como "faxina" [como são conhecidos os presos que trabalham na limpeza e conservação do presídio e que, por isso, passam boa parte do dia, fora do xadrez] para minimizar a sua presença na prisão.

Os promotores já sabiam da enorme semelhança entre o soldado Nelson Cunha e o serralheiro Jurandir: rosto redondo, forte, ombros largos, cabelos curtos e crespos – ainda que Jurandir fosse apenas um pouco mais retinto.

Mesmo certos de sua inocência, os membros do MP tiveram que enfrentar um grande dilema: como provar que Wagner havia se enganado, confundindo o tenente Cortes com o soldado Marcos Aurélio Dias Alcântara? Eles apresentaram fotografias de diversos militares para o sobrevivente, na esperança de que o rapaz fizesse o reconhecimento. Mas a tentativa não deu certo. Na presença da advogada Cristina Leonardo e de outras testemunhas, Wagner reconheceu o soldado Alcântara – para os promotores o assassino – como o homem que o havia socorrido no posto Maquiné. Ele ainda continuou acusando o tenente Marcelo Cortes de ser o homem que atirou nele.

A explicação era lógica. Alcântara estava no interior do Chevette em que Wagner foi sequestrado e Cortes foi a última pessoa que o socorreu e esteve com ele antes de desmaiar no posto de gasolina.

Era necessário, então, requerer a prisão de Alcântara, deferida pelo juiz José Geraldo Antônio, que se tornara o novo presidente do II Tribunal do Júri. Aproximava-se o início dos julgamentos, e Piñeiro Filho e Assayag já estavam convencidos de que deveriam julgar, primeiramente, o soldado Marcus Vinícius Borges Emmanuel, que sempre negara qualquer envolvimento na chacina. Os promotores tinham a certeza de que ele era culpado. Resolveram, então, deixar para julgar o tenente Marcelo Cortes, o soldado Cláudio dos Santos e o serralheiro Jurandir Gomes, que consideravam inocentes, em outra ocasião. Depois de dois anos e nove meses presos, os três foram finalmente julgados, em dezembro de 1996, e absolvidos por unanimidade a pedido dos próprios promotores.

Antes, porém, o caso teve uma reviravolta. Quando foi marcada a sessão plenária dos quatro acusados, veio uma nova surpresa: o ex-soldado Nelson Cunha, que havia deixado as fileiras militares e se tornado evangélico, resolveu confessar o seu envolvimento no massacre para um pastor. Também

CANDELÁRIA NUNCA MAIS!

advogado, o pastor procurou os promotores, informando-lhes que Nelson Cunha estava arrependido e não queria que inocentes – inclusive "um irmão evangélico", o soldado Cláudio – permanecessem presos e fossem condenados pela chacina, da qual ele participara. Contudo, já havia um mandado de prisão contra o ex-soldado, que passara um tempo foragido. Foi ele também o autor do disparo ocorrido dentro do carro contra Wagner dos Santos, quando houve um solavanco no Chevette ao passar sobre um quebra-molas.

Os julgamentos foram desmembrados, com Marcus Vinícius Borges Emmanuel sendo o primeiro a ir a júri em 29 de abril de 1996, com a presença de jornalistas brasileiros e 22 correspondentes estrangeiros, além de representantes de organismos nacionais e internacionais.

Ele surpreendeu a todos ali presentes no II Tribunal do Júri ao admitir que realmente participara da chacina, mas não havia atirado. Marcus Vinícius disse ainda que o único a disparar foi Maurício da Conceição Filho, já falecido. Por achar que o réu merecia uma pena exemplar, o juiz José Geraldo Antônio decidiu aplicar a pena máxima de trinta anos por cada homicídio, aumentada em razão das tentativas de homicídio. Marcus Vinícius Borges Emmanuel foi condenado a 309 anos de prisão. Porém, por conta da aplicação da pena máxima, teve direito a novo julgamento, o chamado protesto por novo júri. Ele foi condenado a 89 anos.

O Ministério Público recorreu da decisão, e Marcus Vinícius Emmanuel foi a um terceiro julgamento, dessa vez tendo na acusação o promotor Riscalla João Abdenur e como presidente do júri o juiz Luiz Noronha Dantas. Sua defesa ainda tentou a tese do crime continuado, que foi indeferida. Por unanimidade, ele foi condenado e voltou a ser penalizado com trezentos anos de prisão.

Alguns meses depois do primeiro julgamento de Marcus Vinícius Borges Emmanuel, o tenente Marcelo Cortes, o soldado Cláudio dos Santos e o serralheiro Jurandir Gomes tiveram o julgamento marcado para 10 de dezembro de 1996. Uma data simbólica: Dia da Declaração Universal dos Direitos Humanos. Eles foram absolvidos por unanimidade a pedido dos próprios promotores.

Ao ser julgado, Marcos Aurélio Alcântara também acabou confessando sua participação. Assim como Marcus Vinícius Emmanuel, disse que somente Sexta-Feira Treze atirou. Foi condenado a 204 anos e não quis recorrer da sentença. Já Nelson Cunha foi condenado a 261 anos, embora alegasse que o seu único disparo tinha sido contra Wagner, acidentalmente, no solavanco do carro. Também apontou o falecido Maurício da Conceição Filho como o único a fuzilar as crianças e os adolescentes. No entanto, os três cumpriram menos de vinte anos de prisão, sendo libertados graças a indultos judiciais.

Já o guardador de carros Wagner dos Santos, um ano e meio depois da chacina, sofreu um novo atentado quando passava pela Central do Brasil, no Centro do Rio. O Programa de Proteção às Vítimas e Testemunhas Ameaçadas conseguiu asilo para ele na Suíça, onde vive desde então.

A chacina da Candelária, porém, permanece viva na memória dos que passam em frente à igreja que deu o nome a um dos piores crimes da história do Brasil. Um pequeno monumento foi construído no local – uma cruz de madeira com os nomes dos jovens assassinados: Paulo Roberto Oliveira, 11 anos; Anderson de Oliveira Pereira, 13; Marcelo Cândido de Jesus, 14; Valdevino Miguel de Almeida, 14; Gambazinho, cujo nome de registro não era conhecido, 17; Leandro Santos da Conceição, 17; Paulo José da Silva, 18; e Marcos Antônio Alves da Silva, 19 anos.

Mais de vinte anos depois da data em que ocorreu a chacina da Candelária, aproveitando a vinda do papa Francisco ao Brasil, para participar da Jornada Mundial da Juventude, que aconteceria em julho de 2013, no Rio de Janeiro, o ex-promotor do caso, e, naquele momento já desembargador, Piñeiro Filho propôs ao então bispo do Rio de Janeiro, dom Orani Tempesta, que, em um dos seus discursos, durante a Jornada, o papa Francisco abordasse a situação desses jovens. Para o magistrado, uma fala do sumo pontífice teria eco e força política suficientes para sensibilizar os governantes de todos os níveis e esferas da federação brasileira para a adoção de políticas públicas que tirassem aquelas crianças e jovens das ruas.

O magistrado lembrou que, quando cardeal argentino Jorge Mario Bergoglio, o papa Francisco foi atuante nas periferias de Buenos Aires,

CANDELÁRIA NUNCA MAIS! 239

tendo se destacado na ajuda e no apoio aos mais necessitados. Piñeiro Filho imaginou que, por intermédio de dom Orani, anfitrião da comitiva papal em solo carioca, pudesse conseguir que o papa, em um de seus vários discursos, fizesse referência ao assunto, dando ênfase aos sobreviventes e vítimas da chacina da Candelária.

Após conseguir uma agenda com dom Orani, o magistrado foi à arquidiocese, acompanhado do seu amigo padre Lázaro, celebrante das missas na Capela Ecumênica do Ministério Público. E levou uma carta a ser entregue pelo arcebispo do Rio ao papa, narrando tudo o que ocorrera vinte anos antes, em 1993. Na conversa com dom Orani, eles aproveitaram para incluir outros casos de violência em comunidades carentes, principalmente o massacre de Vigário Geral. Dom Orani chamou um padre que o assessorava nos preparativos e comunicações com a comitiva papal.

O padre argumentou que os temas de todos os discursos que o papa faria em solo brasileiro já estavam definidos havia pelo menos seis meses, sendo impossível solicitar uma reabertura de alguma discussão ou tema a ser abordado. Observou ainda que até a Santa Sé e o Itamaraty já haviam encerrado a troca de informações diplomáticas sobre a presença do papa Francisco no Brasil.

Entretanto, mesmo ante a veemência do seu assessor, dom Orani Tempesta pegou a carta das mãos do desembargador, dizendo que "nada é absoluto quando se tem boa vontade e a causa é importante", e que ele mesmo tentaria fazer o pedido chegar às mãos do papa Francisco.

O resultado dessa conversa foi surpreendente. Na abertura da Jornada Mundial da Juventude, na praia de Copacabana, na véspera da chegada do papa ao Rio de Janeiro, dom Orani discursou solenemente para mais de um milhão de pessoas presentes e também para católicos e cristãos de todo o mundo que acompanhavam o evento pela TV. Ele fez questão de dedicar o evento às vítimas e aos sobreviventes das duas chacinas, destaque em todos os noticiários dos grandes órgãos de comunicação do mundo.

Diante dessa repercussão, o papa Francisco quebrou o protocolo e abriu espaço na sua apertada agenda para receber crianças e adolescentes que moravam nos arredores da Candelária. Abençoou ainda um enorme

240 ANTES E DEPOIS DO MASSACRE

rosário, contendo os nomes dos oito mortos na chacina. E, da janela do palácio São Joaquim, virado para o largo da Glória, que fica a menos de três quilômetros da Candelária, o papa Francisco, como faz todos os domingos na basílica de São Pedro, no Vaticano, quando da oração *urbi et orbi*, exclamou: CANDELÁRIA NUNCA MAIS!

36. O PÓS-MASSACRE

Entre as sequelas deixadas pela chacina de Vigário Geral, uma cortou a carne da tropa: o número de mortes de policiais disparou. Se em 1993 a Polícia Militar havia registrado a morte de 95 policiais – o número mais alto já registrado até ali –, no ano seguinte ao massacre, entre 1º de janeiro e 31 de dezembro de 1994, essas baixas triplicaram. Foram assassinados 227 oficiais, o maior número de vítimas na força policial da história da Polícia Militar do Rio de Janeiro.

Preocupado com as frequentes mortes de colegas, um jovem tenente decidiu estudar o fenômeno. Fábio Cajueiro entrou para a polícia em 1993, pouco depois do massacre, e desde então, e por toda a sua carreira militar, estudou a vitimização policial.

— Eu me formei em dezembro de 1993 e entrei em operação na polícia em janeiro de 1994. Já naquela época, a cada duas semanas, eu me deparava com colegas, conhecidos, veteranos e contemporâneos em cemitérios ou hospitais. E comecei a coletar esses dados. Realmente existia uma proibição velada de não fazer operações nas favelas. Não era por escrito, mas tácita, por parte do então governador Leonel Brizola. Isso fortaleceu muito esses grupos criminosos, o armamentismo, a vinda pra cá de criminosos de diversos lugares — opina o coronel da reserva Fábio Cajueiro.

Já no primeiro ano de levantamentos, o oficial perceberia que os dados oficiais eram incipientes porque retratavam apenas policiais em ato de serviço. Os novos números revelariam o impacto da chacina de Vigário Geral na vitimização policial. Dos 227 policiais assassinados em 1994, apenas quatorze estavam em serviço. Ou seja, 213 policiais, classificados como de folga, foram, na sua maioria, executados em "bicos" – atividades paralelas de policiais em horário de folga, quase sempre ligadas a serviços de segurança – incursões clandestinas ou emboscadas, além dos casos de acidentes e suicídios.

— Antigamente só se falava sobre quem estava de serviço, fardado. A gente conta quem está de folga. Mas anos de levantamentos mostraram que você tem dois policiais mortos ou feridos por dia no Rio há trinta anos, sendo que o início dos anos 1990 foram os piores. Os criminosos passaram a andar de fuzil e outros armamentos de guerra, enquanto os policiais tinham, para trabalhar, um revólver .38. Cabiam seis tiros no tambor, mas a gente botava cinco porque, se a arma sacolejasse, podia disparar. Era precaríssimo. Até mesmo as submetralhadoras que tinham era a MT12, disputadíssima, e a Ina, muito malfeita para aquela realidade, nada confiável. A gente tinha até um acrônimo para a Ina: "Isso Não Atira." A indústria nacional de armamento para a polícia era isso.

Na avaliação do oficial, além da falta de armamentos e munições apropriados para o enfrentamento das quadrilhas, cada vez mais armadas, a política de imigração do país também impactou a violência fluminense, com a chegada de ex-militares, que acabaram arregimentados pelas quadrilhas como mercenários:

— Isso foi gravíssimo. O Brasil aceitava com muita facilidade refugiados da ONU, e para cá vieram muitos ex-militares do Exército de Angola e guerrilheiros. Esses caras eram treinados pela Rússia e por Cuba e tinham extremo conhecimento militar. Eles falavam português, moravam mal no Brasil, em favelas, e ganhavam um salário mínimo da ONU como ajuda de custo, mas na verdade vendiam conhecimento ou operavam treinando o narcotráfico. O foco desse problema era na Maré. Cheguei a elaborar documentos extensos alertando sobre os riscos que isso significava. Mas nada adiantou. O início dos anos 1990 foi uma temporada muito difícil. Foram os maiores números de mortes militares. Era um caldo perverso. Tanto que a Maré tem esse problema até hoje — opina o estudioso, que presidiu durante muitos anos a Comissão de Análise da Vitimização da PMERJ.

O PÓS-MASSACRE

Os levantamentos sobre mortos e feridos aconteceram entre 1994 e 2020, quando, segundo ele, a Secretaria de Polícia Militar do governo Cláudio Castro desmontou a equipe de Cajueiro e deu fim ao serviço, situação que o levou a se aposentar. Em 27 anos de acompanhamento, foram assassinados 3.643 policiais, dos quais 692 estavam de serviço. Para cada policial morto em combate ostensivo, outros cinco foram assassinados durante a folga.

As baixas por ferimentos também mostram um estado permanente de guerra mesmo sem a farda: 17.173, que, somando as mortes, totalizam 20.816 baixas. Os números compilados durante todos esses anos pelo oficial foram publicados no estudo *Reflexos da ineficácia da segurança pública e a vitimização policial*. Já na introdução, Fábio Cajueiro alerta que, para efeitos de comparação, se utilizou de cenários de guerra, uma vez que, segundo ele, não existe polícia no mundo vivendo a mesma situação da polícia fluminense. Em seu artigo, afirma:

> Pensem numa força na qual 18% do seu efetivo foi morto, ou ferido, fisicamente, por causas não naturais, em alguns anos. Estamos falando de qual força e guerra? Forças armadas dos EUA, da Rússia? I Guerra Mundial? II Guerra Mundial? Coreia? Vietnã? Iraque? Kuwait? Não, não abordaremos nenhuma dessas, falaremos da Polícia Militar do Estado do Rio de Janeiro, e a guerra não foi declarada oficialmente, mas está fazendo baixas em proporções superiores às citadas, desde o final do século XX, marcando e ceifando vidas, principalmente de policiais militares.[1]

Embora reconheça que muitos dos policiais mortos durante o trabalho no bico estavam, na verdade, exercendo atividades criminosas, envolvidos com milícias, máfia de caça-níqueis ou mesmo quadrilhas de traficantes, Fábio Cajueiro defende que a maior parte da tropa policial é formada por heróis. Para ele, têm uma vida difícil, vivem em perigo e não gozam sequer dos mesmos direitos garantidos pela Constituição a todos os brasileiros, já que trabalham todos os dias do ano e podem ter suas folgas e até férias cassadas a qualquer momento.

— Estudos mostram que 10% da tropa está envolvida em algum tipo de delito. A maioria esmagadora da polícia é formada por policiais honestos, corajosos, que além de expor diariamente suas vidas ainda são obrigados a viver em favelas, muitas vezes dominadas pelos mesmos grupos que combatem durante o serviço, porque ganham mal e não contam sequer com uma política habitacional.

O estudo de Cajueiro trouxe outros números igualmente preocupantes. Entre 1º de janeiro de 2011 e 31 de dezembro de 2016 ocorreram 13.494 confrontos oficiais no estado do Rio. Isso representa uma média de seis confrontos por dia.[2]

— Não existe lugar no mundo onde os policiais sejam obrigados a participar diariamente de confrontos. É um estado de guerra permanente, que também traz problemas psiquiátricos gravíssimos, que hoje não podem sequer tratar. Porque, se buscarem o serviço psiquiátrico da corporação, não terão direito a participar do Programa Segurança Presente, que garante a eles um extra no fim do mês. Essa situação, aliás, é mais uma bomba-relógio que ainda vai explodir — conclui o autor.

Os confrontos diários podem afetar o psicológico da tropa, mas não são responsáveis pela maior parte das baixas. O professor e sociólogo Daniel Hirata, coordenador do Grupo de Estudos dos Novos Ilegalismos (GENI), da Universidade Federal Fluminense (UFF), alerta que, apesar de haver no estado um número alarmante de confrontos policiais, alavancados por uma política de tiroteios que vem se repetindo governo após governo, a letalidade e a vitimização policial têm causas diferentes.

— As circunstâncias nas quais acontecem as mortes perpetradas por policiais e as mortes de policiais são completamente diferentes. O fato é que as operações policiais são circunstâncias maiores da letalidade policial, mas a vitimização policial ocorre na maior parte em outras circunstâncias. Temos um bom volume de estudos que mostram que a vitimização policial, ao contrário da letalidade policial, acontece majoritariamente fora do horário de serviço. Isso significa que a maior parte dessas mortes acontece nos chamados bicos, nas atividades informais.

O PÓS-MASSACRE

Para o sociólogo, cuidar do problema do bico é fundamental para a preservação da vida de policiais:

— O momento que se resolveu isso da melhor maneira foi durante a vigência do sistema de metas aqui no Rio, associadas às gratificações. Quando esse pagamento é descontinuado e se cria a Remuneração Adicional de Salário (RAS), que é a formalização dos bicos, você tem mais uma vez policiais fazendo serviços complementares. E muitas vezes isso acontece no âmbito de empresas de segurança privada, que são mais ou menos formalizadas. É uma questão muito problemática porque a escala de trabalho desses policiais é para permitir o devido descanso, e eles precisam desse tempo de descanso. Mas como não são devidamente remunerados acabam fazendo esses outros trabalhos, o que significa que eles estarão mais cansados no horário de serviço, mas também no trabalho informal que eles realizam, e é nesse momento que acontecem os problemas.

Segundo Hirata, além do problema da precarização do trabalho policial, o bico está situado numa zona cinzenta:

— E é também essa zona de penumbra da segurança privada que deveria ser mais bem investigada, porque o que significam empresas de segurança privada? Muitas coisas, inclusive algumas vezes empresas associadas a grupos criminais. Eu lembro que, quando da instalação do sistema de metas, por exemplo, um debate que se fazia e, que é muito importante, era isso. Havia um desejo do próprio comando da Polícia Militar e do Estado-Maior da Polícia Militar de manter o sistema de bonificação associado às metas porque isso mantinha os policiais atuando nas suas prerrogativas oficiais. O sistema de bonificação, às vezes, dobrava os salários dos policiais. Isso lhes garantia estar fora desses trabalhos informais, ocasionais, pouco regulados e meio obscuros. Além disso, tem também a questão da cadeia de comando, ou seja, a cadeia de comando e controle, fundamental inclusive para o controle da atividade policial. Quanto maior for a cadeia de controle dentro das polícias, menor a arbitrariedade que você tem ali na ponta.

Outro ponto levantado pelo sociólogo, que há anos estuda a questão, é que o bico policial se tornou um mercado de trabalho perigosamente informal.

— Não tem como a gente entender o funcionamento de mercados informais ilegais sem esse mercado parasitário que é o mercado da proteção/extorsão, via de regra feito pelos próprios agentes que deveriam coibir essas atividades. Isso não é uma coisa só brasileira, apesar de aqui isso ter uma escandalosa visibilidade. Esse mercado de proteção ocorre num limiar que, quando ultrapassado, se torna extorsão. Do ponto de vista sociológico, é sempre extorsão. Quando os atores sociais estão vendo aquela transação como justa entre as partes porque quem está pagando se sente protegido, no momento em que esse limiar moral é ultrapassado, começa a aparecer o sentimento de injustiça e covardia. Na verdade, são termos nativos que eles usam para falar que estão sendo extorquidos. Aí as tensões começam a aumentar.

Daniel Hirata lembra que é o caso também da corrupção policial, do "arrego" que o traficante paga para o funcionamento de um ponto de venda de drogas. O que está se comprando ali?

— Ele está comprando informações sobre a realização de operações policiais ou o relaxamento no volume de operações que acontecem naquele local. Muitas vezes, o enfrentamento dos grupos armados com os traficantes não se faz pelo combate ao crime. Estão testando os limites bélicos para fazer o ajuste monetário depois. Quanto maior a contenção, do ponto de vista do tráfico de drogas, menor o arrego que eles vão ter que pagar. Contudo, quanto maior a capacidade de entrada das forças policiais no local, maior o valor do arrego que pode ser exigido. Esse é o cálculo feito para avaliar a resistência entre as partes. Mas é um cálculo sempre perigoso.

Na avaliação de Hirata, no caso do assassinato dos quatro policiais na praça Catolé do Rocha, em 28 de agosto de 1993, estopim para o massacre de Vigário Geral, esse cálculo falhou:

— O arrego estava passando do limite e a reação foi violenta, algo natural em se tratando de grupos armados. Aí começa um ciclo de violência que é infernal. Eles matam os policiais, o que provoca as "operações de vingança". Estudos já provaram que, mesmo nas operações de vingança "oficiais", as chances de elas terminarem em chacinas são quatro vezes maiores do que, por exemplo, numa operação policial para cumprimento de mandado de busca e apreensão.

O PÓS-MASSACRE

O coordenador do GENI alerta para a gravidade das "chacinas oficiais de vingança" que se multiplicaram no estado, alavancadas pela impunidade. Um estudo inédito, realizado por ele e também pelos pesquisadores Carolina Grillo, Renato Dirk e Diogo Lyra, mostrou ainda que um terço dessas 27 "megachacinas" no estado do Rio de Janeiro se concentram entre 2008 e 2022: a mais letal, no Jacarezinho, com 27 mortos civis, em maio de 2021; a segunda mais letal, no bairro da Penha, com 23 mortos, em maio de 2022; e a quarta mais letal, no Complexo do Alemão, com 16 mortos, em julho de 2022.[3]

— As polícias foram responsáveis por 35,4% da letalidade na Região Metropolitana do Rio nos últimos três anos, ou seja, mais de um terço das mortes violentas ocorridas em decorrência de ações policiais.

O estudo mostra que está em curso na Região Metropolitana do Rio de Janeiro um processo de "estatização das mortes" associado à produção de megachacinas. Para Daniel Hirata, esse fenômeno pode ser atribuído ao que o grupo de pesquisadores chama de "desencapuzamento das chacinas".

— Se antes a maior parte das chacinas era praticada por grupos de extermínio, em sua maioria policiais da ativa ou da reserva, fora de serviço, hoje as chacinas são praticadas principalmente por policiais em serviço, durante ações "avalizadas" por seus superiores hierárquicos e amparadas pela impunidade concedida pelo sistema de justiça criminal — ressalta ele.

37. EMBRIÃO DAS NOVAS MILÍCIAS

Quando se fala em mercado de trabalho informal para policiais e ex-policiais, o nome milícia vem entre as opções cada vez mais disponíveis.

Esse "nicho" foi revelado a partir da chacina de Vigário Geral, que escancarou esquemas de violência e de corrupção policiais, que andavam de mãos dadas e abraçavam agentes das duas corporações (Civil e Militar). Os ataques clandestinos às favelas não eram para o combate ao crime, como muitos defendiam, mas sim para a prática de extorsão.

Essas ações, além de extremamente perigosas e ilegais, passaram a ser condenadas a partir da chacina. E esses grupos logo perceberiam que era mais vantajoso tomar o lugar das facções criminosas. Para garantir apoio, inclusive político, às novas formas de violência e corrupção, eles mudaram a retórica. Passaram a se instalar nas comunidades a pretexto de expulsar o tráfico de drogas e proteger seus moradores de novas invasões. Mas, como toda atividade criminosa, com o tempo, essa violência também se revelou e explodiu.

Passados trinta anos, muitos desses grupos, que atuavam encapuzados e durante as noites e madrugadas, agora seguem sem máscaras, em guerras no meio do dia, disputando territórios não só para o controle da venda de armas e drogas mas para estabelecer, nesses grotões, a comercialização da miséria, através da grilagem de terras, construção, locação e venda de imóveis, e da exploração de serviços como gás, água, telefonia, internet e transportes. Eles também controlam os votos eleitorais dessas comunidades.

Personalidades, vítimas e autoridades que trabalharam nas investigações e no processo sobre o massacre defendem que Vigário Geral também foi um divisor de águas entre o que era conhecido à época como mineira para as atuais milícias.

— Hoje eu chamaria aqueles réus de Vigário Geral de milicianos. Esses policiais já participavam de uma organização solidária, contra o inimigo comum, fora da legalidade, mas dentro do espírito militar. Era o começo dessa milícia que temos hoje, uma organização ilícita dentro dos governos. Só que, naquela época, não eram organizados como hoje. Mas foram o embrião para se chegar a essa milícia má que domina uma boa parte do estado — avalia o desembargador aposentado e advogado José Geraldo Antônio.

Para a novelista Glória Perez, a situação foi escancarada.

— A diferença é o cinismo. Porque com o tempo vem o cinismo, né? Não se preocupam mais em esconder suas atividades. Não precisam esconder, todo mundo já sabe. Então vira a regra do jogo.

O crescimento da milícia no estado nas últimas duas décadas já é comparável ao boom do tráfico de drogas nas décadas de 1980 e 1990. Dados do GENI/UFF revelam que as milícias tiveram uma explosiva expansão territorial, entre 2006 e 2021, registrando crescimento de 387,3% nas áreas sob seu controle.

Se antes as milícias controlavam um território de 52,60 km², em 2021 o domínio se estendeu para 256,28 km², deixando reféns 1.715.396 habitantes. A pesquisa revela ainda que as milícias foram o maior grupo de criminosos do estado do Rio, controlando 50,22% das áreas ocupadas. Os números impressionam pelo seu rápido crescimento. Enquanto essas milícias começaram a se articular somente no início dos anos 2000, o Comando Vermelho, que ocupa 24,2% dos bairros, e outras facções, como o Terceiro Comando (8,1%) e Amigo dos Amigos (1,9%), já estavam formados desde a década de 1980.

A pesquisa analisou 689.933 denúncias anônimas sobre tráfico de drogas e milícias entre 2006 e 2021, que permitiram traçar o movimento histórico de domínio de facções e milícias sobre mais de 13.308 sub-bairros, favelas

EMBRIÃO DAS NOVAS MILÍCIAS

e conjuntos habitacionais da Região Metropolitana do Rio de Janeiro. Do total de 2.565,98 km^2 de área urbana habitada (retiradas a cobertura vegetal, áreas rurais e bacias hidrográficas), 20% estavam sob algum controle armado no triênio 2019-2021, totalizando 513,86 km^2 e registrando um aumento de 131,2% em relação ao primeiro triênio (2006-2008) avaliado, quando 8,7% da área total do Grande Rio foi classificada como estando sob controle territorial armado, totalizando 222,27 km^2.

Os números fazem parte do Mapa Histórico dos Grupos Armados no Rio de Janeiro. Fruto de uma parceria entre o GENI/UFF e o laboratório de dados Fogo Cruzado, o mapeamento foi coordenado pelos pesquisadores Daniel Hirata e Maria Isabel Couto. Ele mostra que o poderio das milícias é maior que o de todas as facções juntas quando analisada a extensão territorial.[1]

O massacre de Vigário Geral pode ter exposto de forma escancarada essa guerra particular entre traficantes, em especial do Comando Vermelho, e grupos de policiais corruptos, travada no submundo, que teria sido o ovo da serpente para as milícias como estão estruturadas hoje. Porém a origem desses grupos é bem mais antiga. O sociólogo e professor Daniel Hirata avalia que essa violência policial começa a ganhar corpo nos anos 1950, com a criação do Serviço de Diligências Especiais:

— Existem aí linhas de continuidade e rupturas entre grupos de extermínio e milícias. Pegando as linhas de continuidade, a gente pode começar lá nos anos 1950, com a criação do Serviço de Diligências Especiais, criado pelo general Amaury Kruel, com toda aquela história que vai dar origem aos "doze homens de ouro". Depois, mais tarde, com a morte do detetive Milton Le Cocq pelo bandido Manoel Moreira, o Cara de Cavalo, e a formação da Scuderie Le Cocq, há outro nível de formalização, nesse momento estatal. Já é o começo da penumbra entre unidades de elite das forças policiais, por um lado, e grupos de extermínio, não associados diretamente ao estado, por outro.

Para o pesquisador, esse teria sido o primeiro momento de formação desses grupos. Mas aponta outros dois:

— Se fosse uma narrativa, esse seria o primeiro ato. O segundo foi o DOI-Codi [Departamento de Operações de Informação — Centro de Operações de Defesa Interna]. Temos vários documentos que mostram que o Exército passou a atuar diretamente nas delegacias, transferindo conhecimento de doutrina contra insurgência. Surgem então alguns dos seguranças do jogo do bicho mais conhecidos e também bicheiros, sobretudo seguranças. Essa profissionalização da arte não foi só para matar, mas também nas formas organizativas desses grupos. Um exemplo disso foi a criação da cúpula da contravenção. A partir dali você tem um segundo momento estranho de relações promíscuas do estado brasileiro com grupos armados ilegais, dessa vez associados ao jogo do bicho. Vários milicianos, aliás, vieram da contravenção.

Podem não ser muitos, mas são muito fortes.

***

Outro fator que contribuiu para o crescimento explosivo na última década dessa anomalia: a presença cada vez maior de traficantes nas fileiras das milícias, o que levou o Ministério Público e estudiosos a redefinirem esses grupos como narcomilícias. Além da presença em suas organizações de criminosos que antes diziam combater, milicianos passaram a adotar também ações de terror contra a cidade, que antes eram práticas comuns apenas nas comunidades controladas por traficantes. Exemplo dessa nova realidade foi o ataque organizado pela quadrilha de Luis Antônio da Silva Braga, o Zinho, em 23 de outubro de 2023, quando milicianos invadiram as ruas na zona oeste do Rio e incendiaram 35 ônibus, quatro caminhões, a estação Santa Veridiana de BRT, em Santa Cruz, e um trem da Supervia, que saía da estação de Santa Cruz para o Centro.

A desculpa era a morte de um miliciano durante uma operação da Polícia Civil, mas áudios encontrados no celular do criminoso morto revelaram que o objetivo do ataque era inviabilizar o trabalho policial para facilitar a fuga do traficante. O episódio impactou diretamente um milhão dos 2,6 milhões de moradores da zona oeste do Rio. Os ataques ocorreram nos bairros de Campo Grande, Santa Cruz, Paciência, Guaratiba, Sepetiba,

Cosmos, Recreio, Inhoaíba, Barra, Tanque e Campinho. Cerca de duzentos militares bombeiros de quinze quartéis foram acionados para o trabalho de combate às chamas. Às 18h40 daquele dia, o município entrou em estágio de atenção, o terceiro nível em uma escala de cinco, mostrando que o número elevado de ocorrências simultaneamente já impactava a cidade, afetando a rotina de parte da população. Foram registrados 58 km de congestionamentos, o dobro da média para aquele horário de segunda-feira.

Enquanto uma parte de usuários se desesperava para fugir das chamas e a cidade parava para assistir àquela agressão, Zinho, hoje considerado chefe da maior quadrilha de milicianos do estado, escapou do cerco.[2]

Zinho se entregaria dois meses depois, em 24 de dezembro de 2023.

38. DA POLÍCIA PARA AS FILEIRAS DO CRIME

Pelo menos quatro policiais denunciados nas investigações sobre a chacina de Vigário Geral foram depois acusados de participação em milícias. Um deles é o tenente reformado Maurício Silva da Costa. Hoje mais conhecido e temido como Maurição, ele é um dos chefes da milícia de Rio das Pedras e da Muzema, na zona oeste da cidade do Rio, e está preso no presídio federal de Mossoró, no Rio Grande do Norte, no Nordeste. Essa quadrilha de milicianos é considerada uma das mais antigas do estado.

Maurição foi declarado culpado pelo homicídio triplamente qualificado contra Júlio de Araújo, em 24 de setembro de 2015, quando milicianos, comandados por ele, entraram em sua residência e o executaram.

Na sentença, o juiz Gustavo Gomes Kalil, do IV Tribunal do Júri, da Comarca da Capital do Rio de Janeiro, ressaltou que "no contexto em que foi praticado o crime, há consequências maléficas a todo o meio social, já aterrorizado com a prática miliciana, como é público e notório na cidade do Rio de Janeiro, onde a milícia controla de forma ilegal, abusiva e violenta inúmeros serviços públicos, coagindo comerciantes e corrompendo servidores".[1]

Em 1995, Maurição foi um dos dezenove policiais militares denunciados no processo de Vigário 2, mas não chegou a ser pronunciado. Seu nome surgiu nas gravações clandestinas feitas na prisão pelos réus que se diziam inocentes e em depoimentos desses mesmos policiais ao juiz José Geraldo Antônio, no II Tribunal do Júri, ainda no processo de Vigário 1. Segundo esses depoimentos, Maurição visitava frequentemente o réu Arlindo Maginário Filho, na carceragem da Polinter, para levar ali comida e dinheiro, em troca do silêncio sobre seu envolvimento na chacina. Questionado sobre isso, o advogado de defesa de Maginário, Nilsomaro de Souza Rodrigues, afirmou que Maurição era apenas compadre do cliente, razão pela qual o visitava frequentemente na cadeia.

Outro réu da chacina que teria sido "empregado" pela milícia de Rio das Pedras foi o ex-PM Paulo Roberto Alvarenga, um dos quatro policiais condenados e que cumpriram pena pela chacina de Vigário Geral. Em 2009, foi acusado da tentativa de homicídio contra Maria do Socorro Barbosa Tostes, viúva do chefe da milícia de Rio das Pedras, Félix Tostes, também assassinado. Dessa acusação, o ex-PM foi absolvido. Também foi investigado na primeira fase da Operação Rolling Stones, que investigou a milícia de Rio das Pedras.

Paulo Roberto Alvarenga tem hoje uma empresa de construção civil no bairro de Vila Valqueire, zona oeste da capital.

O subtenente Edmilson Campos Dias, um dos réus da chacina de Vigário Geral, foi absolvido em 1998 e reincorporado à polícia, mas voltou a ter problemas com a Justiça e responde, desde o início de 2023, a um novo conselho disciplinar. Dessa vez ele é acusado, juntamente com outros colegas de tropa, de trabalhar como soldado da milícia do morro do Quitungo, em Brás de Pina, na zona norte, onde é mais conhecido por Marcelo da Net. Desde 2020, Edmilson responde por organização criminosa e destruição de cadáveres com outros vinte réus em processo que tramita na 1ª Vara Criminal Especializada, que processa organizações criminosas.[2]

Marcelo Sarmento Mendes, apontado como sendo Marcelo Repolhão, um dos homens apontados por Sirley Alves Teixeira como tendo participado efetivamente do massacre nas gravações das fitas, foi inocentado no processo de Vigário 2, mas acabou condenado por homicídio em outro processo e cumpriu dez anos de prisão. Em 2022, também foi investigado por envolvimento com a milícia de Rio das Pedras. Em reportagem do *Fantástico*, da TV Globo, veiculada em 19 de junho de 2022, Sarmento aparece como o dono da clínica de recuperação "Comunidade Terapêutica". Na reportagem, um ex-paciente da clínica denunciou a prática de maus-tratos e cárcere privado, além das péssimas condições sanitárias do local. Afirmou, ainda, ter visto homens armados no local.[3]

DA POLÍCIA PARA AS FILEIRAS DO CRIME

Paulo Roberto Borges, o Borginho, que também foi absolvido no processo da chacina de Vigário Geral, ao provar que estava de plantão no 12º BPM na noite do massacre, foi assassinado em Niterói, em 13 de julho de 2001. Na época, segundo investigações, Borginho trabalhava para o capitão Guimarães. Ele teria sido vítima de uma emboscada feita por um criminoso conhecido como Pica-Pau. Esse homem seria o ex-companheiro da esposa de Borginho, que o teria ameaçado de morte por conta de ciúmes.

Outro ex-policial que buscou a contravenção foi Adriano Maciel de Souza, o Chuca. Ele sofreu um atentado em 30 de janeiro de 2021, na Barra da Tijuca. Um grupo de homens armados com fuzil disparou mais de quarenta tiros contra o seu carro, que era blindado. Ele foi denunciado pelo Ministério Público como um dos donos do Bingo Cascadura e, em 2023, procurou a polícia para denunciar que estava sendo perseguido por outros contraventores.

39. PARQUE PROLETÁRIO DE VIGÁRIO GERAL: TRINTA ANOS DEPOIS

Dia 29 de agosto de 2023. Uma missa em memória das vítimas foi celebrada à noite pelo cardeal-arcebispo do Rio de Janeiro, dom Orani Tempesta, na quadra ao lado da Casa da Paz, no Parque Proletário de Vigário Geral. A chacina que matou 21 inocentes completava trinta anos.

Além de vários outros padres que ajudaram no serviço religioso, estava presente o desembargador José Muiños Piñeiro Filho, promotor do processo da chacina. Mas nem a presença de autoridades foi suficiente para afastar os traficantes das vielas que cercavam a quadra. Em cada esquina da rua Antônio Mendes e na escadaria e na rampa que dão acesso à passarela verde, criminosos armados de fuzis e revólveres foram vistos de maneira ostensiva pelos presentes, sem demonstrar se importar com a visibilidade.

Não havia qualquer policiamento no local, como acontecera na parte da tarde na inauguração, pela prefeitura do Rio, de uma placa em homenagem às vítimas da chacina, na praça Catolé do Rocha, fora dos limites da favela.

A princípio, a previsão era que, para a missa, os carros das autoridades ficassem estacionados no posto de gasolina, do outro lado da passarela, na rua Bulhões Marcial. Contudo, sem qualquer segurança no local, os motoristas tiveram de se deslocar até Duque de Caxias, município vizinho, uma vez que se sentiram ameaçados pela presença dos traficantes. Acostumados a viver sob o domínio de quadrilhas de criminosos, no interior da favela, moradores circulavam de um lado para o outro, entre aqueles homens armados.

Para algumas das vítimas que haviam deixado a comunidade após o massacre, e que voltavam agora para a missa de trinta anos, foi possível perceber as mudanças, físicas, no local. A tragédia trouxe a visibilidade que parecia faltar antes, e o Parque Proletário de Vigário Geral foi incluído no então novíssimo programa Favela-Bairro do prefeito Cesar Maia, iniciado em 1994. As primeiras obras, no entanto, começaram apenas em 1997. O chão de terra foi pavimentado, rampas de acesso para deficientes foram construídas e houve melhorias na passarela verde. A favela ganhou um viaduto, Doutor Adauto, para que os moradores pudessem transitar com seus veículos. Antes o acesso era por Parada de Lucas; como as duas comunidades eram dominadas por traficantes rivais, os moradores de Vigário quase sempre só podiam chegar em casa a pé, pela passarela.

Principal artéria da favela, a rua Antônio Mendes é ainda bastante movimentada, com comércio de roupas e material de construção, bem como serviço de bares, salão de beleza, entre outros. Também ali é possível ver o trânsito de veículos, por vezes complicado, em razão de suas ruas ainda muito estreitas.

Porém, como revelou a presença de homens armados durante a missa, a segurança não melhorou. Para aqueles moradores, foi apenas mais um dia da mesma rotina.

Uma rotina que nem sempre foi assim. Com um aquecido setor de comércio moveleiro e de decoração, entre outros serviços, e cerca de 41 mil moradores, o bairro de Vigário Geral está assentado nas antigas terras da fazenda Nossa Senhora das Graças, que fazia parte da Freguesia de Irajá, fundada em 1645, durante a colonização portuguesa. Conta a história que o vigário-geral da freguesia do Irajá ia de trem do Centro da cidade até a estação do Velho Engenho (atual Vigário Geral) e, de lá, seguia a cavalo até a sede, que se situava na igreja construída no século XVII e que se localiza atualmente ao lado do cemitério do Irajá. O caminho que este percorria ficou conhecido como "Estrada do Vigário Geral". Com o fim do modelo econômico baseado na exploração da cana-de-açúcar, a propriedade foi vendida ao deputado e médico Bulhões Marcial. Ele iniciou a abertura de ruas. Em outubro de 1910, no mesmo momento em que a Estrada de Ferro

PARQUE PROLETÁRIO DE VIGÁRIO GERAL: TRINTA ANOS DEPOIS   261

da Leopoldina era inaugurada, e com ela, a Estação do Velho Engenho, futura Estação de Vigário Geral –, o bairro foi oficialmente fundado.[1]

A favela Parque Proletário de Vigário Geral nasce na mesma época. E a sua primeira ocupação foi planejada. Na faixa de terra às margens da linha do trem que pertencia à Leopoldina, foram parcelados lotes de 10x20 m, destinados à construção de casas para os seus funcionários, que pagavam uma quantia mensal pela cessão. Com o tempo pararam de pagar. A partir de 1952, quando tiveram início as grandes remoções de favelas, a comunidade começou a receber moradores de outras regiões da cidade. O inchaço, a falta de planejamento e o abandono pelas autoridades impactaram a vida daqueles trabalhadores. E com isso, a sua segurança. Uma situação que se agravaria com a entrada do tráfico de drogas, nas favelas.[2]

A chacina de 1993 foi a mais cruel violência já ocorrida naquela comunidade de trabalhadores pobres; não foi a única, muito menos a última. Os conflitos ali tiveram início ainda no início da década de 1980, com a desavença de traficantes com rivais da vizinha Parada de Lucas. Mas foi durante um evento, em 7 de julho de 1985, que as relações azedaram de vez. A pretexto de selar a paz na região, traficantes das duas quadrilhas combinaram uma partida de futebol num campo próximo à Parada de Lucas. Segundo revelaria a edição de *O Globo* do dia seguinte, logo que o jogo teve início, traficantes do Parque Proletário sacaram armas escondidas nos calções e dispararam contra os rivais, que reagiram.

No conflito, morreram dois traficantes, um de cada facção. Outros quatro, todos de Lucas, foram feridos. A situação só não foi mais grave porque os tiros atraíram fuzileiros navais de uma unidade da Marinha, ali na vizinhança.[3]

A beligerância entre as duas favelas só teria trégua a partir da chacina. Não por ação de algum programa de segurança pública. De tão brutal, provocou até mesmo a empatia dos traficantes, que fizeram um acordo de não agressão.

A suposta paz entre as duas comunidades, no entanto, duraria sete anos. Durante esse período, o Parque Proletário não deixou de estar no radar da segurança pública como reduto de tráfico e sequestros. Em 1995, a favela chegou a ser apontada como local de cativeiro do sequestro de Eduardo Eugênio Gouveia Vieira Filho, de 21 anos, filho do presidente da Federação das Indústrias do Estado do Rio de Janeiro (Firjan), mas a operação de resgate feita pela Divisão Antissequestro no local fracassou.[4]

Para os moradores, o sossego terminaria em 2000, quando um dos antigos integrantes da quadrilha local, Elias Pereira da Silva, o Elias Maluco, fugiu da cadeia e reuniu um bando de cerca de cinquenta criminosos de cinco favelas dominadas pelo Comando Vermelho para atacar Parada de Lucas, única comunidade sob controle do Terceiro Comando Puro (TCP) naquela região. O ataque aconteceu em 26 de novembro de 2000. Depois de quatro horas de guerra, em que cinco policiais da base comunitária do 16º BPM ficaram encurralados, a polícia conseguiu pôr fim ao conflito.[5]

Em 2003, foi a vez de traficantes de Lucas atacarem Vigário. Sete jovens, que seriam da quadrilha de Diego Pereira da Silva, filho de Elias Maluco, foram sequestrados dentro do Parque Proletário, dando início a uma guerra que durou 48 horas e deixou onze mortos. Em 13 de dezembro de 2005, numa ação ainda mais ousada, traficantes de Parada de Lucas, fardados como policiais militares, invadiram o Parque Proletário de Vigário Geral, sequestrando sete jovens entre 15 e 24 anos. Dois dias depois, em 16 de dezembro, a imprensa denunciou que um blindado do 16º BPM, com seis policiais, teria apoiado a invasão. Ações de traficantes de uma facção contra a outra com apoio da polícia começaram então a vir a público.

Na manhã de 4 de setembro de 2007, depois de uma operação policial no Parque Proletário, que ocasionou um confronto direto entre policiais civis e traficantes, uma menina de 9 anos foi baleada no pé. Cerca de vinte traficantes de Parada de Lucas invadiram a favela com fuzis, pistolas e granadas, tomando o controle de Vigário. A situação só foi controlada depois de uma nova ação policial, desta vez por PMs dos batalhões de Olaria (16º BPM) e Duque de Caxias (15º BPM).

A partir daquele dia, Vigário Geral e Parada de Lucas passaram a ser controlados por uma única facção, o TCP. Para registrar a mudança, um grafite em um dos muros da comunidade de Vigário anunciava a "eterna paz" rebatizando o local, como prova da união entre as duas comunidades: "Parada Geral."[6]

PARQUE PROLETÁRIO DE VIGÁRIO GERAL: TRINTA ANOS DEPOIS 263

Na noite de 14 de agosto de 2008, uma tentativa fracassada de retomada da favela pelo Comando Vermelho provocou o êxodo de moradores. Uma reportagem de *O Globo* registrou a saída de dezenas deles pela passarela verde.[7]

Atualmente, a mesma facção também controla outras três favelas: Cinco Bocas, Pica-Pau e Cidade Alta, nos bairros vizinhos de Brás de Pina, Cachambi e Cordovil. A região passou a ser chamada de Complexo de Israel. O nome surgiu de um paralelo sobre a situação territorial de Lucas nos anos 1990 com o Estado de Israel, que, na sua fundação, estava cercado por inimigos. Lucas representava uma ilha do TCP num arquipélago de favelas dominadas pelo CV. Foi o traficante Cauã da Conceição Pereira, o Furica, que assumiu a favela depois da morte de Robertinho de Lucas, em 2005, e rebatizou a nova faixa de domínio do TCP. Apesar de Furica já ter falecido, seus sucessores permanecem em disputas com outras quadrilhas por novos territórios.

Acossados entre essas guerras e incursões policiais, para os moradores de ambas as favelas as regras continuam as mesmas.

40. LIBERTAÇÃO NO CÁRCERE E APRISIONAMENTO NA MEMÓRIA

Dia 19 de setembro de 2006, 15 horas. Ao ouvir o portão de ferro do instituto penal Pedrolino Werling de Oliveira (PO), no complexo penitenciário Frei Caneca, no Centro, bater atrás de si, José Fernandes Neto teve a certeza de que chegavam ao fim os exatos treze anos e dezesseis dias de vida atrás das grades, castigo iniciado em 3 de setembro de 1993, quando foi detido em casa, por sua participação na chacina de Vigário Geral.

Em sua primeira entrevista, concedida para a produção deste livro, ele falou sobre a infância feliz em família e sua trajetória como policial, desde o concurso para a PM até a sua participação em um dos casos mais graves da história criminal do Rio, além da vida na cadeia e a liberdade reconquistada.

— Sempre tive apoio da minha família. Mas recomeçar foi difícil, não queria nem sair de casa. Depois, como eu precisava trabalhar, fui aos poucos me libertando.

Caçula dos quatro filhos de um caminhoneiro, Neto passou parte da adolescência na boleia do caminhão, viajando com o pai. Queria ter a mesma profissão, mas a família queria uma vida melhor para ele. Apesar de ter passado para a Escola Técnica do Arsenal de Marinha, ao completar 18 anos escolheu a Aeronáutica, onde serviu de 1978 a 1979. Queria ser paraquedista, mas sua mãe o fez desistir da ideia. Ela achava uma profissão muito arriscada. Neto trabalhou ainda como ajudante de pedreiro e bancário, até que um amigo o avisou do concurso para a Polícia Militar.

266 ANTES E DEPOIS DO MASSACRE

Foi aprovado e, contrariando o desejo dos pais, tornou-se praça em 5 de maio de 1982, escolhendo o 9º BPM, em Rocha Miranda, perto de onde sempre morou, para trabalhar. Ainda como recruta, atuou no policiamento conhecido como "Cosme e Damião" – PMs em duplas que fazem a ronda a pé nas ruas dos bairros abrangidos por aquela unidade. Por ter carteira D, que autorizava a dirigir até caminhão, fez um teste e foi promovido a motorista de viatura. Sua primeira incursão foi uma saída para uma chamada de um assalto a banco na Estrada do Portela. Seu comandante era um tenente que depois se tornou juiz federal.

— Meu superior se virou para mim e disse: "Vamos sair para um assalto a banco. Agora é contigo." Precisávamos chegar o mais rápido possível a uma agência do Bradesco. Quando estacionei a viatura em frente, o oficial me olhou e disse sério: "Muito bom, recruta. Você acaba de matar seu comandante. O banco está sendo assaltado e você me para na porta da agência!"

A partir daquele dia, Neto, seu nome de guerra, passou a trabalhar no trânsito, conduzindo primeiro viaturas e, depois, motocicletas durante três anos.

— Eu me sentia poderoso pilotando aquela motocicleta — lembra o ex-presidiário.

Em 1989, o tenente-coronel Emir Larangeira assumiu o comando do batalhão de Rocha Miranda e decidiu reforçar as equipes operacionais. Neto foi promovido a motorista da guarnição de patrulhamento tático móvel (Patamo), que tinha como comandante o sargento Ailton.

— Quando entrei para a polícia, em 1982, já não havia aquele respeito de antigamente. Os bandidos temiam, mas não respeitavam. Sabiam que, se tivesse alguma sacanagem com um policial, a gente ia correr atrás do prejuízo.

Ele conta que se sentia parte do grupo e via em seu comandante um amigo.

— O Ailton tinha liderança. Ele nos ouvia; mas quando tinha que resolver alguma coisa na rua, ele resolvia. O bigodão tapava a boca enquanto ele falava, mas ele era ouvido. A tropa o respeitava.

LIBERTAÇÃO NO CÁRCERE E APRISIONAMENTO NA MEMÓRIA   267

Com o tempo, Neto começou a participar, com o grupo, daquelas incursões noturnas e clandestinas, em que caçavam traficantes para roubar deles o butim – armas, drogas e dinheiro. Assim, participando de extorsões a criminosos, foi se transformando em mais um deles.

— Eu fazia minhas merdas, mas tinha respeito pelos parentes dos traficantes. Quando invadia uma casa de madrugada, deixava que a mulher se vestisse, respeitava a família — justifica.

Aos poucos, tudo que José Fernandes Neto aprendera com seu pai caminhoneiro e sua mãe, uma mulher do lar, foi ficando para trás – inclusive a dedicação à família. Ganhou dinheiro e teve várias mulheres, até que sua esposa o deixou.

Conhecera, dois anos antes, o alcaguete Ivan Custódio e, um ano depois, tornou-se sócio dele e do sargento Ailton em dois barcos de pesca, que, segundo ele, eram um investimento.

O ex-PM revela que, com os confrontos cada vez mais constantes e com a morte cada dia mais presente dos colegas de farda, decidiu que era hora de dar uma guinada. Tinha medo de acabar morto ou preso. Queria retomar o casamento e se dedicar ao filho pequeno, já com 5 anos.

Naquele fatídico sábado de 28 de agosto de 1993, véspera da chacina, Neto, que tinha sido transferido para o 14º BPM pelo tenente-coronel Cesar Pinto, mas que ainda morava próximo ao antigo quartel, foi até o batalhão por volta de 19h para conversar com Ailton. Queria contar a ele que planejava pular fora da PM e da sociedade nos barcos de pesca:

— Na porta do batalhão, eu disse ao sargento que precisava falar com ele e com o Ivan, pois queria a devolução da minha parte nos barcos. Eu pediria uma licença especial, compraria um caminhão basculante e passaria a trabalhar com isso. E ele me respondeu que no dia seguinte a gente resolveria. Entrou na viatura e foi embora.

Neto lembra que estava voltando para casa quando cruzou com uma viatura do 9º BPM e um policial lhe contou:

— O colega disse: "Acabaram de matar a supervisão na Catolé do Rocha." Eu sabia que era o Ailton. Dali eu já fui pra lá. Chegando lá, encontrei aquela desgraça. A praça já estava lotada de policiais — relembra.

E ali mesmo começaram a pedir vingança para os policiais mortos.

Lá estavam vários colegas, entre eles o sócio Ivan Custódio, Sirley Alves Teixeira, Bebezão, e os colegas do PPC do Jardim América. Tiros para o alto foram disparados, mesmo na presença do tenente-coronel Cesar Pinto.

No dia seguinte, durante o enterro no cemitério de Ricardo de Albuquerque, eles voltaram a conversar sobre a ideia de matar aqueles traficantes. Neto combinou que se encontraria com os colegas à noite, no depósito de bebidas da avenida Meriti, onde Bebezão trabalhava como segurança. Dali seguiriam para a favela.

Porém, como estava se reaproximando da mulher, seguiu até a casa da sogra para ver o filho e acabou dormindo. Foi acordado por ela, pois estava ficando tarde e tinha que trabalhar no dia seguinte.

Mesmo atrasado, decidiu cumprir o combinado. Quando chegou ao depósito, não encontrou ninguém. Ainda pensou em voltar para casa, mas o desejo de vingança e o compromisso assumido com o grupo falaram mais alto. Seguiu com seu carro diretamente para Vigário Geral, onde já encontrou vários colegas bêbados e ainda mais revoltados.

— Nós sabíamos que não tinha mais policiamento na favela, o Bope já havia sido retirado. O objetivo era pegar os traficantes.

Neto revela que, ao chegar ao local, percebeu a situação de risco em que se encontrava.

— Havia ali muita raiva, pessoas movidas pelo ódio, sentimentos que combinam com problema.

Ele conta que encontrou uma situação vulnerável e arriscada, e, temendo os desdobramentos daquela ação, passou a se preocupar em conter Bicego, que tinha um temperamento explosivo e às vezes muito violento. Também o preocupou a quantidade de policiais ali que nem sequer conheciam os colegas mortos e não tinham qualquer ligação afetiva com eles. O próprio Neto não sabia quem eram.

O pressentimento de que o pior poderia acontecer se confirmou quando Bicego tomou uma granada da cinta de João Ricardo e a jogou dentro do bar de seu Joacir.

LIBERTAÇÃO NO CÁRCERE E APRISIONAMENTO NA MEMÓRIA   269

Neto garante que não sujou as mãos de sangue (versão confirmada nos depoimentos de outros envolvidos no processo), mas não impediu a matança que se seguiu no bar e na casa de Gilberto. Ele conta que só reagiu quando ouviu os colegas falarem que as crianças também tinham que morrer.

— As crianças não. As crianças não! Como você vai culpar uma criança? Eram tão pequenininhos, não sabiam nada da vida. Eu podia ter sido morto, mas não deixaria ninguém mexer com aquelas crianças — afirma agora.

E lembra que, quando deixou a favela, já sabia que tinha ferrado com a própria vida.

— Eu não tinha que ter ido lá. Eu não tinha que ter ido.

Neto repetiu a mesma frase para si mesmo muitas vezes.

Ele foi um dos primeiros a ser preso e acusado pela chacina. Foi denunciado em 22 de setembro de 1993. Seu primeiro julgamento foi marcado para 19 de setembro de 2000, mas como era seu aniversário, o advogado José Mauro Couto de Assis pediu adiamento ao juiz José Geraldo Antônio (substituto da juíza Maria Lúcia Capiberibe, que morrera, em novembro de 1995, vítima de um AVC).

O julgamento aconteceu no dia seguinte, em 20 de setembro, e ele foi condenado. Embora tenha negado ter ido à favela, mantendo a versão combinada com outros colegas, o advogado José Mauro Couto de Assis sustentou que "na hipótese de que Neto estivesse no local, ele salvou as crianças". Ao pedir a condenação do ex-soldado, a promotora Cristina Medeiros afirmou que Neto fora até o local para matar traficantes, como forma de vingar a morte dos colegas, mas acabou se envolvendo na chacina. Por ele ter impedido a morte das crianças, sua pena foi reduzida para 45 anos, o que, pela lei vigente, lhe deu direito a um novo julgamento.

Ele ainda hoje se queixa de que o novo júri aconteceria em 10 de outubro de 2003, mas foi adiado porque seu advogado havia abandonado a causa.

— O doutor José Mauro desistiu do meu julgamento sem falar nada comigo. Fui informado por um oficial de Justiça que esteve na PO. Quem acabou sendo julgado no meu lugar, e absolvido, foi o Arlindo Maginário.

Mas Neto não teve a mesma sorte do colega. O novo promotor do caso, Paulo Rangel, sofrera uma derrota no julgamento de Maginário. Dessa vez, voltou mais preparado. Nem mesmo o argumento da defesa de Neto, de que ele evitara a morte das cinco crianças, dessa vez, convenceu os jurados. Ele foi condenado a 59 anos de prisão em 23 de julho de 2005.

Perguntado por que continuou mentindo à Justiça sobre seu envolvimento na chacina, mesmo sabendo que isso poderia ter atenuado sua sentença, Neto apenas disse:

— Eu estava preso, mas minha família estava lá fora.

Na cadeia, já cumprindo sua pena, se aproximou do padre católico Bruno Trombetta, da Pastoral Penal, que usava sua religião para converter e dar paz aos presidiários do sistema.

Aos poucos, Neto, então praticante de uma religião de matriz africana, foi se convertendo ao catolicismo. Com os aconselhamentos do padre Bruno Trombetta, passou a trabalhar na prisão como forma de aliviar a cabeça e – afirma – acalmar sua alma.

O Instituto Penal Pedrolino Werling de Oliveira era uma unidade especial para presos que haviam sido policiais e agentes penitenciários. O trabalho ajudou Neto a reduzir seu tempo na cadeia com a remissão da pena: para cada três dias de trabalho, reduzia um dia da condenação. Nos treze anos em que esteve encarcerado, construiu uma capela, uma biblioteca e uma academia, com a ajuda de outros detentos. (A academia ficava trancada durante a noite e a chave era entregue à direção, para evitar que outros presos pegassem as barras de ferro e as transformassem em armas letais.)

Nesse meio-tempo, ele perdeu a infância do filho, mas tinha o apoio de sua mãe, do pai e das irmãs, que nunca lhe faltaram e o visitavam sempre.

Um dos momentos mais difíceis, segundo ele, foi a morte de seu pai, seis meses antes de deixar a prisão.

— A direção do PO tinha consideração por mim, mas não uma escolta para me levar ao enterro do meu pai. Mesmo assim, o diretor deu um jeito de conseguir quem me levasse. Ainda assim, eu teria de permanecer algemado durante o sepultamento. Eu agradeci, mas disse que não iria não.

Eu tive uma matrícula, mas não deixei de ser homem não. Não queria que minha família passasse por mais uma humilhação. Pessoas que se diziam amigas dos meus pais mudavam de calçada ou atravessavam a rua para eu não ter que cumprimentá-los mais.

Depois de deixar a cadeia, Neto conta que ficou seis meses sem praticamente sair de casa. Foi trabalhar, fazendo de tudo um pouco, mas, segundo ele, sempre dentro da lei. Vendeu água de coco, fez um curso para revender cosméticos e vendeu cestas básicas; nesta última atividade, o negócio ficava em Rio das Pedras, sob o domínio da milícia.

— Aí eu decidi que não era para mim e pensei: vou sair fora logo daqui porque pode dar problemas e respingar em mim. Era tudo que eu não queria nem precisava. Até provar que focinho de porco não é tomada, eu já estaria preso.

Um amigo de infância, que era segurança em uma clínica na zona sul, sabendo que José estava desempregado, conseguiu uma vaga para ele no mesmo local onde trabalhou por três anos.

— Surgiu uma oportunidade de trabalhar com táxi e eu deixei o serviço de segurança. Trabalhar na praça me permite levar minha mãe ao médico, dar uma assistência melhor à minha família. Quero ter uma velhice tranquila e com dignidade. Não posso reclamar da vida, estou vivo, estou vendo o filho do meu filho crescer. Vendo o meu filho se tornar um homem e, hoje, com 32 anos, ser um advogado. Quantos colegas puderam fazer isso? Todos os que realmente atiraram naquela noite fatídica estão mortos. Eu vou a qualquer lugar, a qualquer hora, não tenho preocupação nenhuma. Meus documentos estão todos certos, tudo em dia.

Neto revela que se viu algumas vezes com o passado rondando a sua porta. Quatro anos depois de ser solto, ao passar por Copacabana, viu Ivan Custódio, aquele que um dia tinha sido seu amigo e sócio, transformando-se depois em seu algoz. Pensou em parar e conversar, mas desistiu:

— Ele podia chamar a polícia e inventar alguma coisa. Eu estava na condicional e seria o suficiente para voltar para a prisão. Ele fazia parte do passado. Soube que o Bicego também andou à minha procura, mas eu nunca mais quis contato com nenhum deles. O crime não tem duas mãos, só uma. A gente tem que aprender com a vida. Pensei melhor e fui-me embora.

Trinta anos depois do massacre, ao olhar para trás, ele revela que impedir a morte das crianças, de alguma forma, o confortou, mas sabe a dor que representa para aqueles sobreviventes:

— Nós matamos a família deles.

Quando indagado sobre o que teria acontecido se não tivesse sido preso, mesmo tendo ido a Vigário Geral, e se Ivan Custódio não o tivesse traído, Neto responde:

— Talvez seria muito pior. Eu iria querer fazer coisas para ajudar falsos amigos e acabar arrumando um problema maior. Trinta anos depois, eu digo que a cadeia para mim foi um livramento. Um livramento de Deus, para que hoje eu estivesse vivo, junto da minha família. A vida é um processo de transformação. E aqueles que insistiram em permanecer, ou voltaram para a cadeia, ou morreram. Eu estou vivo. Então ficar preso por treze anos foi, sim, o meu livramento.

***

Na história de Núbia Silva dos Santos não há chance de livramento. Mais velha das cinco crianças poupadas na casa de seu Gilberto, ela permanece aprisionada pela memória daquela noite. Tinha apenas 9 anos quando testemunhou a morte de oito integrantes da família, incluindo a mãe, a costureira Lúcia. Trinta anos depois, estava morando em Anchieta, bairro da zona norte do Rio. Raramente põe os pés fora de casa. Evita. Tem medo. Desconfia que está sendo perseguida e, em algum momento, pode lhe acontecer algo ruim:

— Vizinhos perguntam por que sou tão caseira. Sou obrigada a contar o que aconteceu. Ficam solidários porque gostam muito de mim, mas raramente esbarram comigo na rua. Se sou obrigada a sair, nunca vou sozinha. Meu marido ou meus filhos me acompanham. Me considero uma pessoa antissocial porque não confio em ninguém.

A violência jamais a abandonou. Sem recursos, com uma família numerosa, vivia em uma comunidade acossada pelos constantes tiroteios e balas perdidas, vizinha ao Complexo do Chapadão. Em dias de operação policial, onde o tiroteio é inevitável, ela corre para o quarto das filhas, no fundo da casa, para se sentir mais segura:

— Nada mudou. O ser humano só consegue viver com a graça e a proteção de Deus. Não perdi a fé, apesar de tudo que vivi — desabafou.

Toda vez que a lembrança da noite trágica a assombra, presente até em seus sonhos, Núbia repete para si o Salmo 91 da Bíblia Sagrada: "Aquele que habita no esconderijo do Altíssimo, à sombra do Onipotente descansará." Núbia, naquele 29 de agosto de 1993, dormia com a cabeça coberta. Estava na sala, com as outras crianças. Sentiu o cano da arma de um dos criminosos tocar em sua cabeça, mas não viu nada. A ordem era manter-se coberta. Mais uma vez, porém, o salmo interrompe essa recordação do ataque: "Direi do Senhor: Ele é o meu Deus, o meu refúgio, a minha fortaleza, e nele confiarei. Não terás medo do terror de noite nem da seta que voa de dia."

Depois que tudo aconteceu, Núbia foi levada pela tia, Vera, para a casa do pai. Não era a melhor alternativa, pois a mãe havia se separado após um episódio de violência doméstica, mas a única solução possível para aquele momento. Em seguida, Núbia se mudou para a casa de outro tio, onde ficou até se casar. Em 2023, vivia com o marido e oito filhos em uma casa modesta. O número de filhos corresponde ao número exato de parentes mortos na chacina. Não foi por acaso:

— Meus filhos vieram para preencher esse vazio que ficou.

***

Por mais dolorosa que tenha sido, por mais danosa e traumática, a chacina de Vigário Geral, infelizmente, não foi o divisor de águas para a percepção da violência e a busca por novas políticas de pacificação. Embora com uma pequena parcela de realização de justiça – uma vez que o crime teve um esclarecimento parcial e quatro pessoas foram condenadas e pagaram suas penas –, o massacre seguiu a mesma receita de outros casos: investigações açodadas apenas para responder ao clamor público, em um processo interminável que gera a impunidade e, por fim, o esquecimento.

No entanto, mesmo com tudo que foi revelado sobre essas operações, clandestinas ou não, e suas graves sequelas para a segurança, os governos seguem nas mesmas políticas, atirando a esmo contra a população mais empobrecida.

Esse caldo de erros é o que faz a violência no Rio ser estrutural.

O arquivamento do processo de Vigário Geral aconteceu em 28 de setembro de 2020. Até hoje não é possível afirmar quantos policiais entraram no Parque Proletário de Vigário Geral naquela noite, mas acredita-se que tenham sido mais de setenta. Provavelmente, alguns dos algozes que trucidaram aquela gente humilde nunca serão conhecidos.

Notas

PARTE 1: O MASSACRE

1. Samba-enredo de autoria de Valdinho e Lúcio da PDF.

1. VÉSPERA

1. "Testemunha: tiroteio durou 15 minutos." *O Globo*, 30 jul. 1993, p. 7.
2. "Traficantes suspeitos de fuzilar 4 PMs." *O Globo*, 30 jul. 1993, p. 7.
3. "Em oito meses, bandidos executaram 12 policiais." *O Globo*, 30 jul. 1993, p. 7.
4. "Comandante do Batalhão é insultado por soldados." *O Globo*, 30 jul. 1993, p. 7.
5. "Cerqueira: vítimas violaram normas." *O Globo*, 30 jul. 1993, p. 7.
6. Trecho do depoimento da testemunha Ivan Custódio Barbosa de Lima, em depoimento à juíza Maria Lúcia Capiberibe, em 1º de outubro de 1993.
7. Reconstituição feita com base no depoimento de Jadir Inácio, vol. 1, p. 47 do processo.

2. A INVASÃO

1. Informações retiradas do Termo de Declarações do cabo Carlos Jorge da Costa, na ação penal 4.473A/95, que ficou conhecida como Processo de Vigário 2.
2. Informações extraídas do depoimento de Ivan Custódio Barbosa de Lima, em 1º de outubro de 1993, à juíza Maria Lúcia Capiberibe, do II Tribunal do Júri.
3. Reconstituição feita com base nos depoimentos dos réus no processo do II Tribunal do Júri, e em áudio das fitas gravadas pelos presos.

3. O EXTERMÍNIO

1. Reconstituição feita com base no depoimento da sobrevivente, a criança Luciene, nos áudios das fitas gravadas pelos presos e em depoimentos do processo.
2. Reconstituição feita com base no depoimento de Jussara – folha 31 do processo.
3. Reconstituição feita com base no áudio das fitas gravadas pelos presos em que o próprio Sirley afirma ter matado o jovem da moto.

4. VINTE E UM MORTOS EM PRAÇA PÚBLICA

1. Reconstituição feita com base no laudo do ICCE – folhas 302 a 306 do processo de Vigário 1.
2. BRAGA, Teodomiro. Informe JB: Radioescuta. *Jornal do Brasil*, 31 ago. 1993. "Nilo Batista: PMs comandaram o extermínio." *O Globo*, 31 ago. 1993, p. 15.
3. "Brizola vai à televisão." *Jornal do Brasil*, 31 ago. 1993, p. 18.
4. "Nilo Batista: PMs comandaram o extermínio." *O Globo*, 31 ago. 1993, p. 15.
5. "Depoimentos." *O Globo*, 31 ago. 1993, p. 16.
6. "Comando desautorizou operação oficial." *O Globo*, 31 de ago. 1993, p. 13.
7. "Brizola vai à televisão." *Jornal do Brasil*, 31 ago. 1993, p. 18.

5. OS PRIMEIROS DIAS

1. Reconstituição feita com base no depoimento de Luciane na DDV – folha 27 do processo – 1 volume.
2. Retrato falado – folha 37 do processo – volume 1.
3. Depoimento de Jadir Inácio – folha 47 do processo – volume 1.
4. "Comandante da PM entrega o cargo." *O Globo*, 1º set. 1993, capa.
5. "Chacina: cinco PMs já estão presos." *O Globo*, 4 set. 1993, p. 12.
6. "Mistério no sumiço de 11 jovens em Magé." *O Globo*, 4 ago. 1990, p. 13.
7. "Polícia Civil sabia da transferência", entrevista à repórter Regina Eleutério, *O Globo*, 6 set. 1993, p. 9.
8. Idem.
9. "Polícia apura obstrução às investigações da chacina", reportagem de Renato Garcia, *O Globo*, 6 set. 1993, p. 9.
10. "Deputado diz que ajudou suspeito." *O Globo*, 5 set. 1993, p. 15.
11. Idem.

NOTAS

12. "Deputado causa mal-estar no PSDB." *O Globo*, 8 set. 1993, p. 10.
13. FERNANDES, Malu; AHMED, Marcelo. Relatório aponta suspeitos até em Brasília. *Jornal do Brasil*, 18 set. 1993, p. 18.
14. Criada pela Resolução nº 438 de 9 de abril de 1991, as promotorias de investigação penal tinham a atribuição de exercer o controle externo da atividade policial, bem como requisitar diligências investigatórias e instauração de inquéritos policiais. A mesma resolução, do então procurador-geral de Justiça do estado, também criou as centrais de inquérito para apoio operacional às PIPs.

6. SARGENTO AILTON

1. A conversão dos valores desta obra foi feita com base no valor comercial do dólar para compra em 23/08/1993 (87,303 cruzeiros), atualizado para 1º/1/2024 pelo índice IPCA (IBGE).
2. Informações retiradas do apenso 12, do processo de Vigário 1, fl. 76, sobre o IPM.
3. Idem.

7. A TESTEMUNHA "I."

1. Trecho retirado do "Auto de solicitação de proteção pessoal", de 13 de setembro de 1993, anexado à fl. 544 do processo de Vigário 1.

8. A DELEGACIA EXTRAORDINÁRIA DE POLÍCIA

1. Informações retiradas do depoimento de Ivan Custódio Barbosa de Lima, em 13 de setembro de 1993, anexado ao processo de Vigário 1, fls. 538 a 543.

9. A DENÚNCIA

1. Publicado no Boletim Interno da Polícia Militar, nº 178, de 22 set. 1993.
2. *Animus necandi* e *animus occidendi*, no Direito, significam "intenção de matar".
3. "Emir pode ser indiciado." *O Globo*, 24 set. 1993, p. 11.

10. UM PROCESSO NA CORDA BAMBA

1. "A batalha de Acari." *O Globo*, 29 set. 1993, p. 13.
2. "Polícia apura sumiço de pistolas e granadas." *O Globo*, 30 set. 1993, p. 12.
3. "No intervalo, advogado de PM faz ameaças no banheiro." *O Globo*, 2 out. 1993, p. 19.
4. Idem.

278 MASSACRE EM VIGÁRIO GERAL

5. "'Bira' matou Daniella com 16 tesouradas." *O Globo*, 30 dez. 1992, capa.
6. "Policiais são suspeitos de matar menores na Candelária." *O Globo*, 24 jul. 1993, capa.
7. Depoimento de Ivan Custódio – fls. 728 a 740 do processo.
8. Depoimento de Ivan Custódio feito durante o inquérito e depois confirmado nas fls. 728 a 740 do processo do II Tribunal do Júri.
9. Idem.
10. Gérson Muguet, chefe de gabinete da DRE.
11. *O Globo*, 2 out. 1993, p. 19.
12. "Testemunha liga deputado a esquema de corrupção na DRE." *O Globo*, 2 out. 1993, p. 19.
13. Depoimento de Ivan Custódio – fls. 728 a 740 do processo.
14. Trecho retirado do depoimento de Ivan Custódio no processo.
15. "Polícia inicia devassa afastando 34." *O Globo*, 2 out. 1993, p. 18.
16. Assentada sobre depoimento de Ivan Custódio – folha 727 do processo.
17. Reconstituição com base no depoimento de José Fernandes Neto, fls. 768 e 769, volume 4, do processo sobre a Chacina de Vigário Geral 1.
18. "Acusados da chacina brigam no Fórum." *O Globo*, 20 nov. 1993, p. 19.
19. Informações extraídas das fls. 1.084, 1.085 e 1.089 do processo – volume 5.
20. Informação extraída da folha 1.096 do processo – volume 5.
21. FRANCO, Celso. "Forças Armadas vão ocupar favelas do Rio." *Jornal do Brasil*, 23 out. 1993, p. 20.

11. SOLDADO BORJÃO

1. "Mais um PM sob suspeita é detido." *O Globo*, 16 set. 1993, p. 16.

12. A REVIRAVOLTA NAS INVESTIGAÇÕES

1. Com base na denúncia do procurador-geral de Justiça Antonio Carlos Biscaia, publicada no *Boletim da Polícia Militar do Estado do Rio de Janeiro*, nº 214, de 17 nov. 1993, pp. 23-37.
2. Trecho tirado do acórdão do ministro Paulo Gomes, no processo do órgão especial.

16. AS NOVAS REVELAÇÕES

1. Processo – Volume 14, fls. 3.786-3.835.

NOTAS

2. Trecho da transcrição de gravação da conversa entre William Moreno e Sirley Teixeira, na Unidade Prisional Especial da Polícia Militar.
3. Trecho retirado do IPM 10.340/95, publicado no Boletim Interno da PMERJ de 23 maio 1996.
4. Trecho do laudo retirado do Apenso, volume 12, do processo com o resultado do IPM.
5. Informações extraídas do apenso 12 do processo de Vigário.
6. "Sobrevivente reconhece policial." *O Globo*, 26 jul. 1995, p. 18.

17. A CASA DA PAZ

1. "Tristeza e revolta entre os moradores da favela." *O Globo*, 17 abr. 1997, p. 18.

18. O PRIMEIRO JULGADO

1. NUNES, Angelina; BOECHAT, Elba; BOTTARI, Elenilce. "Novo laudo incrimina dois réus soltos." *O Globo*, 16 abr. 1997, p. 14.
2. NUNES, Angelina; BOECHAT, Elba; BOTTARI, Elenilce. "Bala atinge tese da acusação." *O Globo*, 17 abr. 1997, p. 15.
3. "Tristeza e revolta entre os moradores da favela." *O Globo*, 17 abr. 1997, p. 18.
4. "Vigário Geral: primeiro réu recebe pena de 449 anos." *O Globo*, 28 abr. 1997, capa.

19. A CRUEL MATEMÁTICA DAS SENTENÇAS JUDICIAIS

1. Art. 607 do Código de Processo Penal de 1941. O protesto por novo júri é privativo da defesa e somente se admitirá quando a sentença condenatória for de reclusão por tempo igual ou superior a vinte anos, não podendo em caso algum ser feito mais de uma vez. A regra foi extinta pela Lei nº 11.689/2008.
2. "Uma pena de quase meio século." *O Globo*, 28 abr. 1997, p. 10.
3. HC 77.786/RJ – trecho do voto do ministro Marco Aurélio de Mello: "Ante os pressupostos objetivos do artigo 71 do Código Penal – prática de dois ou mais crimes da mesma espécie, condições de tempo, lugar, maneira de execução e outras circunstâncias próximas – impõe-se a unificação das penas mediante o instituto da continuidade delitiva. Repercussão do crime no meio social – de que é exemplo o caso da denominada 'Chacina de Vigário Geral' – não compõe o arcabouço normativo regedor da matéria, muito menos a ponto de obstaculizar a aplicação do preceito pertinente."

20. A GUINADA NO PROCESSO

1. "Juiz decreta prisão preventiva de ex-policial que participou da chacina de Vigário Geral." *Agência Brasil*, 24 out. 2003. Disponível em: https://memoria.ebc.com.br/agenciabrasil/noticia/2003-10-24/juiz-decreta-prisao-preventiva-de-ex-policial-que-participou-da-chacina-de-vigario-geral. Acesso em: 16 jun. 2023.
2. WERNECK, Antônio; MARTINS, Jorge; GARCIA, Renato. "Justiça absolve 10 da chacina de Vigário Geral." *O Globo*, 28 nov. 1998, p. 18.
3. Sentença extraída da folha 10.520 do processo.

21. LUIZ NORONHA DANTAS

1. "Juiz descobre manobra para adiar júri e réu sai preso do Fórum." *Consultor Jurídico*. Disponível em: https://www.jusbrasil.com.br/noticias/juiz-descobre-manobra-para-adiar-juri-e-reu-sai-preso-do-forum/140686. Acesso em: 16 jun. 2023.
2. Trecho retirado das alegações finais da defensora Darci Burlando, na defesa de Arlindo Maginário Filho e de Roberto Cesar do Amaral Júnior.
3. Texto extraído da fl. 11.687 do processo Vigário 1.

22. VIGÁRIO 2

1. O direito que o indivíduo tem de não produzir provas contra si próprio.
2. Trecho retirado das alegações finais da defensora pública Darcy Burlandi, à fl. 2.193 do processo Vigário 1.
3. Informações extraídas da ação penal 4.473/95-A e relatadas na fl. 10.981 do processo de Vigário.
4. "Chacina de Vigário Geral: absolvidos nove PMs." *O Globo*, 24 jul. 2003, p. 23.

23. UMA CERTA JUSTIÇA

1. Trecho extraído do acórdão da 6º Câmara Cível, ao processo 0403601-63.2008.8.19.0001, p. 369.

24. ALEXANDRE BICEGO FARINHA

1. Declaração de Adriane Bicego Farinha à jornalista Elba Boechat para a produção desta obra.

NOTAS

27. "NÃO DURMA, VÃO TE MATAR"

1. No Bar do Caroço morreram o aposentado Joacir Medeiros, o enfermeiro Guaraci Rodrigues, o serralheiro José dos Santos, o motorista Paulo Roberto Ferreira, o ferroviário Adalberto de Souza, o metalúrgico Cláudio Feliciano e Paulo César Soares.
2. Local onde ficam os doentes presos.
3. "'Se me pegassem, terminariam o serviço', diz sobrevivente da chacina de Vigário Geral em 1993." *UOL Notícias*, 29 ago. 2013. Disponível em: https://www.bol.uol.com.br/noticias/2013/08/29/se-me-pegassem-terminariam-o--servico-diz-sobrevivente-da-chacina-de-vigario-geral-em-1993.htm. Acesso em: 6 dez. 2023.

28. INDENIZAÇÃO INÉDITA

1. A Comissão Interamericana de Direitos Humanos (CIDH) é um órgão principal e autônomo da Organização dos Estados Americanos (OEA) encarregado da promoção e proteção dos direitos humanos no continente americano. É integrada por sete membros independentes que atuam de forma pessoal e tem sua sede em Washington, D.C. Foi criada pela OEA em 1959 e, juntamente com a Corte Interamericana de Direitos Humanos (Corte IDH), instalada em 1979, é uma instituição do Sistema Interamericano de Proteção dos Direitos Humanos (SIDH).
2. Em 18 de outubro de 1994, as polícias Civil e Militar do Rio fizeram uma incursão na favela Nova Brasília, no Complexo do Alemão, com auxílio de helicóptero. Na ação, treze jovens foram executados. De acordo com as denúncias formuladas, três mulheres, duas delas adolescentes na época, teriam sido torturadas e violentadas sexualmente.

31. O CRIME DO CORONEL

1. Extraído o voto do relator na ação penal 08/95, do Órgão Especial, fls. 4.184 a 4.220.
2. O primeiro governo de Leonel de Moura Brizola teve início em março de 1983 e término em março de 1987.
3. "PM sobe o Acari, mas Tunicão escapa." *O Globo*, 19 maio 1989, p. 13.
4. "Favelados fecham avenida e 'Tunicão' morre." *O Globo*, 9 jun. 1989, p. 11.
5. "PM nega acusação de mulher de traficante." *O Globo*, 10 jun. 1989, p. 15.

32. PARQUE PROLETÁRIO DE VIGÁRIO GERAL: QUATRO ANOS ANTES DO MASSACRE

1. "'Comando' arma cilada e liberta traficante." *O Globo*, 6 abr. 1989, capa.
2. General e estrategista chinês, aproximadamente, do século V a.C., autor de um dos tratados militares mais importantes da história.

33. UM ANO ANTES DO MASSACRE

1. TELLES, Hilka; BRAGA, Ronaldo. "Traficantes sequestram e matam PMs." *O Globo*, 14 set. 1992, p. 11.
2. "Operação é feita à revelia do Comando." *O Globo*, 15 set. 1992, p. 13.
3. "Revolta de PMs: 'agiremos por conta própria'." *O Globo*, 15 set. 1992, p. 13.
4. "No enterro, revolta e agressão." *O Globo*, 15 set. 1992, p. 13.
5. RENATO, Cláudio. "Polícia já sabia de ameaça de traficantes a PMs." *O Globo*, 24 set. 1992, p. 18.

34. 1993, O ANO DAS CHACINAS: QUATRO MESES ANTES DO MASSACRE

1. Corrida clandestina de veículos.
2. "Quatro policiais civis são mortos no Jardim América." *O Globo*, 26 abr. 1993, p. 10.
3. "Assassinato de traficantes fecha comércio em favelas." *O Globo*, 2 jun. 1993, p. 14.
4. "Uniforme de polícia, farda de bandido." *O Globo*, 2 jun. 1993, p. 11.

36. O PÓS-MASSACRE

1. Trecho do estudo "Reflexos da ineficácia da segurança pública e a vitimização policial", em GRECO, R.; ARAÚJO, L.N.O.A. de (org.). *Sistema jurídico policial*: a verdadeira guerra travada por seus operadores. Curitiba: Juruá Editora, 2021.
2. Idem.
3 "Relatório chacinas policiais no Rio de Janeiro: estatização das mortes, megachacinas policiais e impunidade", realizado pelo GENI/UFF.

37. EMBRIÃO DAS NOVAS MILÍCIAS

1. Dados compilados do Mapa Histórico dos Grupos Armados no Rio de Janeiro – GENI/UFF e Fogo Cruzado.

NOTAS

2. "Recorde de 35 ônibus queimados em 1 dia no Rio afeta passageiros e gera prejuízo de mais de R$ 35 milhões." *G1*, 24 out. 2023. Disponível em: https://g1.globo.com/rj/rio-de-janeiro/noticia/2023/10/24/recorde-de-35-onibus-queimados-em-1-dia-afeta-passageiros-e-gera-prejuizo-de-mais-de-r-35-milhoes.ghtml . Acesso em: 4 dez. 2023.

38. DA POLÍCIA PARA AS FILEIRAS DO CRIME

1. Trecho da sentença do processo do IV Tribunal do Júri, extraído da denúncia do Núcleo de Investigação Penal do Rio de Janeiro.
2. Terceira Promotoria de Investigação Penal Especializada, do Ministério Público, no Inquérito Policial nº 00675/2020, da Divisão de Homicídios.
3. "Comunidade terapêutica no Rio tem entre seus sócios homem investigado por envolvimento com a milícia", *Fantástico*, TV Globo, veiculado em 19 jun. 2022. Disponível em: https://g1.globo.com/fantastico/noticia/2022/06/21/comunidade-terapeutica-no-rio-tem-entre-seus-socios-homem-investigado-por-envolvimento-com-a-milicia.ghtml. Acesso em: 18 jun. 2023.

39. PARQUE PROLETÁRIO DE VIGÁRIO GERAL: TRINTA ANOS DEPOIS

1. "Vigário Geral 1965." Memórias do subúrbio carioca", https://www.facebook.com/riosuburbio/photos/vig%C3%A1rio-geral-1965o-bairro-teve-origem-com-a-implanta%C3%A7%C3%A3o-da-linha-de-trem-conta-/1122839851197395/ acesso em: 7 fev. 2024.
2. "Favela-Bairro em Vigário Geral: com a voz, a comunidade (programa)." https://wikifavelas.com.br/index.php/Favela-Bairro_em_Vig%C3%A1rio_Geral_-_com_a_voz,_a_comunidade_(programa), acesso em: 7 fev. 2024.
3. "Futebol de traficantes termina com dois mortos." *O Globo*, 8 jul. 1985, p. 8.
4. "Procura-se Eduardo." *O Globo*, 29 out. 1995, p. 28.
5. VASCONCELLOS, Fábio. "Tiroteio para Linha Vermelha e ramal de trens." *O Globo*, 5 set. 2007, p. 16.
6. COSTA, Ana Cláudia. "O êxodo de Vigário Geral." *O Globo*, 16 ago. 2008, p. 14.
7. JÚNIOR, Celso; MARTINS, Jorge. "Quatro horas de guerra." *O Globo*, 27 nov. 2000, p. 13.

Índice onomástico

12ª Delegacia de Polícia (DP) (Copacabana), 70

12ª Promotoria de Investigação Penal (PIP), 64

12º Batalhão de Polícia Militar (BPM) (Niterói), 56, 113-114, 206, 208, 257

14º Batalhão de Polícia Militar (BPM) (Bangu), 19, 22, 30, 57, 267

15º Batalhão de Polícia Militar (BPM) (Duque de Caxias), 30, 124, 262

16º Batalhão de Polícia Militar (BPM) (Olaria), 29, 58-60, 67-68, 221-222, 224, 262

18º Batalhão de Polícia Militar (BPM) (Jacarepaguá), 103

1ª Delegacia de Polícia (DP) (praça Mauá), 230

1ª Delegacia de Polícia Judiciária Militar (DPJM) (Méier), 57, 103

1ª Vara Criminal Especializada, 256

20ª Brigada de Infantaria Paraquedista, 70

22º Batalhão de Polícia Militar (BPM) (Benfica), 221

23º Batalhão de Polícia Militar (BPM) (Leblon), 30, 211

27ª Delegacia de Polícia (DP) (Vicente de Carvalho), 224

29ª Delegacia de Polícia (DP) (Madureira), 211

2ª Vara Criminal, 88, 94

2º Batalhão de Polícia Militar (BPM) (Botafogo), 60

30ª Delegacia de Polícia (DP) (Marechal Hermes), 211

38ª Vara Criminal, 149

39ª Delegacia de Polícia (DP) (Pavuna), 41, 50, 56, 64, 155, 199, 211, 225, 227

3ª Câmara Criminal do Tribunal de Justiça do Rio, 169

3º Batalhão de Polícia Militar (BPM) (Méier), 57, 71

40ª Delegacia de Polícia (DP) (Honório Gurgel), 211

4ª Vara Criminal, 62

4º Batalhão de Polícia Militar (BPM) (São Cristóvão), 30

5º Batalhão de Polícia Militar (BPM) (Centro), 231, 233

6ª Câmara Criminal do Tribunal de Justiça do Rio, 88

6º Batalhão de Polícia Militar (BPM) (Tijuca), 221-223, 235

9º Batalhão de Polícia Militar (BPM) (Rocha Miranda), 19-25, 28-31, 37-39, 41, 44, 55, 57-58, 61-62, 64, 67, 71, 75, 77, 87, 90-92, 95, 107, 115, 118, 173, 207-208, 210, 213, 215, 217-219, 226, 266-267

A

Abeilard Goulart, 83

Adalberto de Souza (Beto), 26, 28, 32-33, 41-42, 46, 54, 185

Adilson de Jesus Rodrigues, 79, 144

Adilson Saraiva da Hora, 71, 78, 97, 112, 145, 153

Adlas Ferreira (Adão), 226

Adriana Jales Castro de Macedo, 11, 31, 34-35, 42-43, 125

Adriano Maciel de Souza (Chuca), 71, 79, 153, 222, 257

Ailton Benedito Ferreira dos Santos, 19-21, 24, 30, 56, 64-67, 71, 95, 100, 145, 161-162, 203, 266-267

Alcides Lisboa, 221

Aldenir Alves, 186-187

Alexander Paganotes Guimarães (Batata), 226

Alexandre Bicego Farinha, 30, 32-33, 57, 71, 78-79, 99-100, 108, 112, 118-119, 146-147, 160-163, 268, 271

Alexandre Francisco da Rocha (Alec), 226

Alfredo Tavares de Paula, 83

Amaral Netto, 49

Amarildo Baiense, 36, 81, 136, 141, 195

Amauri do Amaral Bernardes, 78, 108, 145

Amaury Kruel, 251

Amigo dos Amigos (ADA), 250

Anderson de Oliveira Pereira, 238

André Luiz Vigário e Silva, 125, 156

André Ribeiro, 140

André Scafura, 235

Anthony Garotinho, 190

Antonio Carlos Biscaia, 50, 64, 72-73, 75, 83, 167, 176, 198, 203

Antônio Carlos Coutinho (Tunicão), 210

Antônio Eduardo Fernandes Costa, 125, 156

Antonio José Campos Moreira, 82, 89, 126, 168-169

Antônio José Nicolau (Toninho Turco), 207

Antonio Nonato da Costa, 90, 107

Antônio Teixeira Coelho, 92

Arlindo Maginário Filho, 30, 71, 78, 108, 120, 144, 150-151, 197, 255-256, 269-270

Ary Roberto Moreira Amaral, 210

Associação das Vítimas de Vigário Geral, 193

Associação de Moradores do Parque Proletário de Vigário Geral, 32, 59, 185, 193

Astério Pereira dos Santos, 114, 206

Augusto Boal, 200

B

Bangu 1, 54, 213

basílica de São Pedro, 240

Batalhão de Choque, 23, 62, 88, 104

Batalhão de Operações Especiais (Bope), 23-25, 28, 38, 45-46, 58-61, 87, 88, 173-174, 221, 268

Benedita da Silva, 48

Borel (favela), 217

Bruno Dubeux, 192

Bruno Trombetta, 270

C

Caio Fábio d'Araújo Filho, 132

Caio Ferraz, 48, 131-132, 192-193

Caixa D'Água (favela), 222

capitão Guimarães, 257

Carlos Alberto de Souza, 68, 136

Carlos Alberto Silva e Souza, 68, 90, 96, 98

Carlos Augusto Benevenuto (Julião), 227

Carlos Dafé, 17

Carlos Jorge da Costa, 29, 125, 156

Carlos José de Lima Teixeira, 125, 156

Carlos Magno Nazareth Cerqueira, 23-24, 44, 47, 55, 58, 60, 94, 174

Carlos Roberto Jatahy, 234

Carolina Grillo, 247

Casa Branca (favela), 217

Casa da Paz, 131-133, 187, 192-193, 259

Casa da Testemunha, 199

Castor de Andrade, 101, 177, 198

Cauã da Conceição Pereira (Furica), 263

Cavalos Corredores, 58, 62, 103, 203

Celsinho Silva, 25

ÍNDICE ONOMÁSTICO

Celso Luís Rodrigues (Celsinho da Vila Vintém), 217
Central de Inquéritos, 64, 88, 118, 126, 143, 152, 168, 234
Centro de Controle Operacional da Polícia Militar do Estado do Rio de Janeiro (CCO-PMERJ), 41
Centro de Operações da Polícia Civil, 226
Centro de Operações da Polícia Militar, 38
Cesar Maia, 18, 260
Cesar Pinto, 21-22, 24, 44, 71, 267-268
Chacina da Candelária, 21, 44, 49, 77, 88, 99, 133, 139-140, 171, 176, 189-190, 196-199, 205, 230, 232, 238-240
Chacina de Acari, 49, 176, 205
Chacina de Nova Brasília 1, 189
Chico Vigilante, 49
Cidade Alta (favela), 263
Cinco Bocas (favela), 263
Cláudio Castro, 192, 243
Cláudio dos Santos, 236-237
Cláudio Fialho Vargas (Cláudio Russão), 31, 33-34, 56, 99, 118, 122, 125, 163
Cláudio Luiz dos Santos, 233-235
Cláudio Marco Alves, 186
Cléber Marzo Alves, 36, 81, 186-187
Cleyde do Prado Maia, 195
Clodoaldo Pereira da Silva, 36, 81, 144
Clodomir dos Santos Silva, 19, 24, 37, 65-66
Comando Vermelho (CV), 18, 215-216, 222, 250-251, 262-263
Comissão de Análise da Vitimização da PMERJ, 242
Comissão de Direitos Humanos da Câmara Municipal do Rio de Janeiro, 200
Comissão Interamericana de Direitos Humanos da Organização dos Estados Americanos (OEA), 189
Companhia de Patrulhamento Motorizado (Patamo), 61, 65, 208, 266
Complexo de Acari, 29, 56-58, 62, 83, 87, 207, 210-212

Complexo de Israel, 263
Complexo do Alemão, 17, 247
Complexo Penitenciário Frei Caneca, 83, 111, 118, 265
Conferência Nacional dos Bispos do Brasil (CNBB), 48
Conjunto Amarelinho, 210
Coroado (favela), 87
Cristina Leonardo, 192, 232, 236
Cristina Medeiros, 145-146, 171, 269

D

Daniel Hirata, 244-247, 251
Daniella Perez, 77, 88
Darcy da Silva Filho (Cy de Acari), 91, 173, 207, 209-213, 215, 217
Delegacia de Homicídios, 232
Delegacia de Repressão a Entorpecentes (DRE), 70-71, 87, 90-91, 211, 226
Delegacia de Roubos e Furtos de Cargas (DRFC) da Polícia Civil, 21, 69, 71-72, 89-91
Delegacia Extraordinária de Polícia (DEP), 75, 94
Demerval Luiz da Rocha, 79, 144
Denisar Quintas dos Santos, 123, 177
Departamento de Medicina Legal (DML) da Faculdade de Ciências Médicas (FCM Unicamp), 123
Departamento de Operações de Informação — Centro de Operações de Defesa Interna (DOI-CODI), 252
Departamento de Ordem Política e Social (DOPS), 53
Departamento Geral de Pessoal (DGP), 30
Derek (sobrevivente), 10-11
Diego Pereira da Silva, 262
Diogo Lyra, 247
Divisão Antissequestro (DAS), 75, 228, 235, 262
Divisão de Defesa da Vida (DDV) da Polícia Civil do Rio de Janeiro, 50, 53-54, 61, 67-68, 70, 73, 75, 97, 199

288   MASSACRE EM VIGÁRIO GERAL

Divisão de Homicídios da Polícia Civil, 53, 175
dom Eugenio Sales, 48
dom João Ávila, 48
dom Orani Tempesta, 238-239, 259

E

Edgar Costa Magalhães, 67
Edison Barbosa (Zeca Bundinha), 115, 122, 125, 156, 178-179
Edmar Ferreira da Costa, 59
Edmeia da Silva Euzébio, 83
Edmilson Campos Dias (Marcelo da Net), 23, 36-37, 46, 78, 144, 256
Edson Germano Silva, 125, 156
Edson Jorge, 36
Eduardo Baptista, 211
Eduardo Eugênio Gouveia Vieira Filho, 262
Eduardo José Rocha Creazola, 62
Eduardo Soares, 73-74
Elba Boechat, 115
Elias do Souto Cabral, 225
Elias Gomes Barboza, 67-68, 73, 75, 175, 199
Elias Pereira da Silva (Elias Maluco), 18, 226, 262
Elizabeth Gregory Gomes, 77
Elson Campello, 46-47, 91-92, 107
Emir Campos Larangeira, 56-58, 61-63, 75, 77, 83, 90-91, 107-109, 111, 113-115, 118, 126, 151, 170, 174, 203-213, 215-219, 266
Enéas Quintal, 113
Escola Superior de Polícia Militar (ESPM), 61, 114, 206
Estado-Maior da Polícia Militar, 245

F

Fábio Cajueiro, 241, 243-244
Fábio Pinheiro Lau, 39, 55, 81, 119, 121, 127, 152
Favela-Bairro, 260
Félix Tostes, 256
Fernando Gomes de Araújo, 125, 156

Flávio Pires da Conceição (Flávio Negão), 23, 87, 146, 169, 226
Formiga (favela), 217
Francisco Antônio da Silva (Chiquinho Rambo), 54, 131, 215
Francisco Dornelles, 192
Furquim Mendes (favela), 65

G

Gabriela Prado Maia Ribeiro, 195-196
Gambazinho, 238
Geraldo Caravantes, 209
Gerson Muguet, 90
Gil Azambuja dos Santos, 71, 78, 92, 144
Gilberto Cardoso dos Santos, 10, 27, 80, 131
Gilson Nicolau de Araújo, 79, 135-137, 144
Glória Márcia Percinoto, 171
Glória Perez, 88, 132, 195, 250
Grupo de Atuação Especial de Repressão ao Crime Organizado (GAECO), 166
Grupo de Estudos dos Novos Ilegalismos (GENI), 244, 247, 250-251
Guaraci Costa, 27
Guaraci Oliveira Rodrigues, 33, 80
Guilherme de Pádua, 88, 196
Gustavo Gomes Kalil, 255

H

Hamilton Carvalhido, 115, 126
Hélio de Souza Santos, 36, 81
Hélio Gomes Lopes, 79, 146
Hélio Luz, 63
Hélio Vilário Guedes, 56, 71, 78, 145, 208
Hospital da Polícia Militar (HPM), 107, 111, 115
Hospital Getúlio Vargas (HGV), 54, 58, 184
Hospital Municipal Souza Aguiar, 55, 232

I

Inocêncio de Oliveira, 49
Inquérito Policial Militar (IPM), 66-67, 122-124, 127, 211

ÍNDICE ONOMÁSTICO

Instituto de Criminalística Carlos Éboli (ICCE), 46

Instituto de Criminalística de Minas Gerais, 135

Instituto Médico-Legal (IML), 48-49, 88, 135, 175, 224

Instituto Penal Edgar Costa, 97

Instituto Penal Pedrolino Werling de Oliveira (PO), 111, 115, 118, 265, 269-270

Iracema Medeiros, 184, 191

Iracilda Toledo Siqueira, 26-27, 41-42, 183, 185-186, 191, 193

Iran Magalhães, 38, 60

Irapuan Caetano, 19-20, 66

Ivan Aguiar, 67-68, 90, 176

Ivan Custódio Barbosa de Lima, "I.", 12, 21, 68-73, 75-77, 83, 87-92, 94-100, 104, 107, 113, 119, 121, 125-127, 143-144, 150-151, 155, 161-162, 166-167, 176-177, 179, 199, 204-205, 222, 267-268, 271-272

J

Jadir Inácio da Silva, 27, 31, 34, 42, 54-55, 58-59, 61, 80, 95, 99, 125

Jaíne (sobrevivente), 10, 35

Jamil José Sfair Neto, 22, 79, 99, 118, 120-121, 125, 144

Jandira Feghali, 50

Jane Silva Santos, 10, 80, 132

Joacir Medeiros, 26-27, 31, 33-34, 41, 47, 99, 125, 131, 145, 159, 161, 184, 191, 268

João de Assis Baião Neto, 125

João Nóbrega Sales, 96

João Pires da Costa, 36

João Ricardo Nascimento Baptista, 30, 32-33, 71, 78, 108, 112, 120, 159, 161, 268

Jonas Lourenço da Silva, 79, 118, 145

Jonas Silva dos Santos, 56

Jorge Evandro Santos de Souza, 79, 145

Jorge Fontoura Oliveira Reis, 215

Jorge Luís da Silva (Jorge Espora), 91, 222

Jorge Tavares Monteiro, 58

Jorge Turco (favela), 159

José Aguinaldo Pirassol Ruas, 58-62, 64, 208

José Augusto Guimarães, 62

José dos Santos, 27, 33, 80

José Fernandes Neto, 19, 21, 30, 34-35, 57, 67, 69, 71-72, 78, 89-90, 93-95, 100, 108-109, 111, 146, 152, 160, 162, 265-272

José Geraldo Antônio, 135, 137, 139-140, 145, 147, 149, 156, 169, 236-237, 250, 255, 269

José Gonçalves Dias, 41

José Gregori, 189, 200

José Guilherme Godinho Sivuca Ferreira, 56, 90

José Mauro Couto de Assis, 99, 146, 269

José Muiños Piñeiro Filho, 88, 93-99, 101, 105, 112-116, 118, 122-123, 125-127, 136, 140-141, 143, 155, 167, 170-171, 177, 189-192, 195-197, 234-236, 238-239, 259

José Santana, 19-20, 24, 66

José Scafura (Piruinha), 235

Josimar Fontarigo Alonso (Diabo Louro), 221-222, 224

Juan Ernesto Méndez, 190-191

Julio Cesar Braga, 78, 145

Júlio César de Souza Mourão, 125, 156

Júlio Cesar Guimarães, 223-224

Júlio César Lima dos Santos, 143-145, 170-171

Júlio César Mulatinho, 90

Júlio de Araújo, 255

Jurandir Gomes França, 233-237

Jussara Prazeres da Costa, 36-37, 54, 80, 95-99, 171

L

Leandro Correa da Silva Costa, 79, 102, 122, 159, 163

Leandro Marques da Costa (Bebezão ou Miúdo), 22, 24, 30, 34, 54, 56, 71, 78,

107-109, 111, 115, 120, 165-166, 183, 268

Leandro Santos da Conceição, 238

Leonel Brizola, 45, 47, 49-50, 55, 57, 62, 101, 104, 170, 172, 174, 206, 218, 241

Livro de Partes Diárias (LPD), 124

Lúcia Silva dos Santos, 10, 31, 80, 272

Luciane Silva dos Santos, 10-11, 53-54, 100

Luciano Francino dos Santos, 78, 96-97, 136-137, 159

Luciano Lessa, 143, 145, 171

Luciano Silva dos Santos, 10, 34, 53, 80

Luciene Silva dos Santos, 10, 80

Lucineia Silva dos Santos, 10, 80

Lucinete Silva dos Santos, 10, 80

Luis Antônio da Silva Braga (Zinho), 252-253

Luís Mendonça, 19-20, 66-67

Luiz Carlos da Silva, 124-125, 156

Luiz Carlos de Oliveira, 125, 156

Luiz Carlos Pereira Marques, 71, 79, 144, 159

Luiz Cláudio Feliciano, 33, 80

Luiz de Souza Chaves, 224

Luiz Noronha Dantas, 149-150, 152, 237

Luiz Paulo Conde, 200

M

Mães de Acari, 83, 133

Manguinhos (favela), 227-228

Manoel Elysio dos Santos Filho, 206-207, 209

Manoel Moreira (Cara de Cavalo), 251

Manoel Ribeiro, 132

Marcelo Amaro Rodrigues da Silva, 125, 156

Marcelo Cândido de Jesus, 238

Marcelo Carlos Nascimento (Marcelo Arregalado), 226

Marcelo dos Santos Lemos, 30, 78, 108, 153, 159

Marcelo Ferreira Cortes, 231-237

Marcelo Freixo, 191

Marcelo Sarmento Mendes (Marcelo Repolhão), 120, 125, 156, 256

Márcio dos Santos Nepomuceno (Marcinho VP), 18

Marcos André Chut, 115, 126-127, 143, 155

Marcos Antônio Alves da Silva (Come Gato), 229, 231, 238

Marcos Antonio Paes, 24, 37-38, 46-47, 65-69, 73, 161, 205

Marcos Aurélio Dias Alcântara, 230, 235-236, 238

Marcos Batista Gomes, 125, 156

Marcos Ramayana Blum de Moraes, 64, 73, 75-76, 82, 89, 166

Marcus Vinícius Borges Emmanuel, 197, 230-238

Marcus Vinícius de Barros Oliveira, 79, 144

Maria Clara Manso da Silva, 20

Maria de Fátima Manso, 20

Maria de Lurdes da Costa, 144

Maria do Socorro Barbosa Tostes, 256

Maria Isabel Couto, 251

Maria Lúcia de Almeida Capiberibe, 77, 88, 92, 95-96, 99, 105, 113, 116, 118, 234, 269

Mário Bonfatti, 46

Mário Félix da Silva (Marinho Félix), 122, 163, 222

Mario Teixeira Filho, 90

Martha Rocha, 48, 59-60

Maurício Assayag, 88, 92-95, 99, 105, 114, 118, 122-123, 125-127, 143, 155, 167, 171, 177, 234-236

Maurício da Conceição Filho (Sexta-Feira Treze ou Quito), 231, 235, 237-238

Maurício Silva da Costa (Maurição), 125, 156, 255-256

Mauro Ricart, 45-46

Mendelssohn Cardona Pereira, 64, 73, 82, 89, 93, 97

Michel Assef, 92

Milton Le Cocq, 251

ÍNDICE ONOMÁSTICO

Moreira Franco, 173, 203-204, 206, 210, 215
Morro da Fé (favela), 221-222
Movimento Democrático Brasileiro (MDB), 218
Movimento Gabriela Sou da Paz, 196

N

Nahildo Ferreira de Souza, 32, 41, 46, 48, 59, 185-186, 193
Naor Correa Huguenin, 66
Narcisa Fernandes, 146
Nélio Soares Andrade, 97, 99, 144-145
Nelson Cunha, 71, 230, 235-238
Nelson Salmon, 114
Nilo Batista, 45-47, 50, 53, 60, 62, 72-73, 75, 91-92, 101, 104, 169, 176-177, 199, 227-228
Nilsomaro de Souza Rodrigues, 256
Nó em Pingo D'Água, 18, 25
Nova Brasília (favela), 189, 217
Núbia Silva dos Santos, 9-13, 31, 35, 54, 183, 192, 272-273

O

Odilon Machado de Mello, 96
ONG Viva Rio, 132
Operação Asfixia, 212
Operação Mãos Limpas, 92
Operação Marco Zero, 61
Operação Mosaico, 207
Operação Rio, 101
Operação Rolling Stones, 256
Ordem dos Advogados do Brasil (OAB), 48
Organização das Nações Unidas (ONU), 242
Organizações Não Governamentais (ONGs), 169, 192, 232
Orlando Correia, 90
Orlando Jogador, 91
Oscar Alves da Silva, 83
Oswaldo Deleuze, 215
Otávio Seiler, 56, 59

P

Pablo Escobar, 91-92, 207
padre Antoninho Valentim, 48
palácio São Joaquim, 240
papa Francisco, 238-240
Papito Mello, 25
Parada de Lucas (favela), 17, 23, 26, 31, 56, 83, 192, 216-217, 260-262
Parque Proletário da Penha (favela), 221-222
Parque Proletário de Vigário Geral (favela), 9, 17-19, 31-32, 104, 121, 131, 185, 199, 203, 215, 226, 229, 259-262, 274
Partido Comunista do Brasil (PCdoB), 50
Partido da Frente Liberal (PFL), 200
Partido da Social Democracia Brasileira (PSDB), 56-57, 63
Partido Democrático Social (PDS), 49
Partido Democrático Trabalhista (PDT), 48
Partido do Movimento Democrático Brasileiro (PMDB), 50, 62
Partido dos Trabalhadores (PT), 48-49, 198, 200
Partido Liberal (PL), 192
Partido Popular Socialista (PPS), 49
Partido Progressista Reformador (PPR), 56
Partido Socialismo e Liberdade (PSOL), 191
Partido Trabalhista Renovador (PTR, atual Progressistas), 57, 218
Patrulhamento Motorizado Especial (Pamesp), 172
Paula Thomaz, 88, 196
Paulo Cesar Barbosa, 21-22
Paulo Cesar Gomes Soares, 80
Paulo Emílio Maia Cordeiro, 48
Paulo Gomes da Silva Filho, 149, 203-205
Paulo José da Silva, 238
Paulo Maluf, 49
Paulo Melo, 218
Paulo Roberto Alvarenga, 71, 78, 108, 127, 136-137, 139-141, 143, 152, 160, 171, 197, 256

292 MASSACRE EM VIGÁRIO GERAL

Paulo Roberto Borges da Silva (Borginho), 56-57, 71, 78, 96, 112-116, 145, 172-173, 208, 257

Paulo Roberto de Oliveira, 42

Paulo Roberto dos Santos Ferreira, 34, 80

Paulo Roberto Motta, 209

Paulo Sérgio Rangel do Nascimento, 150, 152, 157, 169-170, 270

Paulo Valentim Leite, 221-222, 224

Pedro Flávio da Costa, 62, 112, 125, 156

Pica-Pau (favela), 263

Polícia Civil, 12, 30, 37-38, 45-46, 50, 53, 60, 69, 72-75, 88, 91-92, 94, 169, 175-177, 211, 226, 228, 233, 252

Polícia Federal, 151, 207, 211

Polícia Interestadual (Polinter), 96, 104-105, 109, 112-113, 118, 153, 159, 235, 255

Polícia Militar do antigo Estado do Rio de Janeiro (Treme-Terra), 206

Polícia Militar do Estado da Guanabara, 206

Polícia Militar do Estado do Rio de Janeiro (PMERJ), 23-24, 38, 41, 44, 49-50, 57, 60, 62-63, 65, 67, 69, 72-73, 75, 77, 88, 94, 104, 107, 121, 123, 155, 175-176, 177, 199, 204-206, 218, 241-243, 245, 265

Polícia Reservada (PM2), 67, 71

Posto de Policiamento Comunitário (PPC) da Fazenda Botafogo, 121

Posto de Policiamento Comunitário (PPC) da Fazendinha, 28-30, 219

Posto de Policiamento Comunitário (PPC) da Praça Seca, 121

Posto de Policiamento Comunitário (PPC) de Jardim América, 19, 21-22, 37, 39, 41, 55-56, 66, 268

Presídio Ary Franco, 105, 113, 115, 118

Presídio Hélio Gomes, 83

Programa Federal de Assistência às Vítimas e às Testemunhas Ameaçadas (Provita), 200, 238

Programa Municipal de Proteção a Vítimas e Testemunhas de Infrações Penais, 200

Programa Segurança Presente, 244

Projeto AR-15 (Arma Revolucionária aos 15 anos), 192

Promotorias de Investigação Penal (PIPs), 64, 167

Q

Quartel-General (QG) da Polícia Militar, 37, 63-64, 94, 176

R

Regina Gordilho, 48

Renato Dirk, 247

Ricardo Molina, 123, 143

Riscalla João Abdenur, 171, 237

Robertinho de Lucas, 91, 216, 263

Roberto Cezar do Amaral Junior, 78, 108, 145, 153

Robson Roque da Cunha (Robson Caveirinha), 18

Rocinha (favela), 218

Rodrigo Lessa, 25

Rodrigo Roca, 140

Rogério Barberino, 125, 156

Rogério Sousa, 25

Ronaldo Braga, 223-224

Ronaldo Pereira Sampaio, 225

Rubens César Fernandes, 132

Rúbia Moreira da Silva, 10, 80

S

Salvadora dos Santos, 81

Santiago Ribeiro, 195

Scuderie Le Cocq, 251

Sereno (favela), 222

Sérgio Arouca, 49

Sérgio Cerqueira Borges (Borjão), 102-105, 111-112, 118, 121-122, 137, 171-172

Sérgio Pugliesi, 217

ÍNDICE ONOMÁSTICO

Sérgio Teixeira, 124
Sérgio Vasconcelos, 225, 227
Serviço de Diligências Especiais, 251
Sidnei Paulo Menezes de Oliveira, 125, 156
Sidnei Salaberga, 111
Sigmaringa Seixas, 63
Silézio Silva Consendey, 225
Sirley Alves Teixeira, 30, 32, 39, 78, 108, 111-112, 115-116, 119, 121-122, 124, 127, 152, 155, 160-161, 256, 268
Sun Tzu, 217

T

Tânia Moreira Sales, 62, 151
Télio Braz, 107-108, 208
Terceiro Comando (TC), 216, 250
Terceiro Comando Puro (TCP), 262-263
Themístocles Faria Lima, 111, 145
ThunderCats (Laranjetes), 75

U

Ubirajara Santos (Bira), 27, 34, 55, 80, 95, 183-184, 187
Universidade de Campinas (Unicamp), 123
Universidade Federal Fluminense (UFF), 244, 250-251

V

Valdeir Resende dos Santos, 71, 78, 108-109

Valdevino Miguel de Almeida, 238
Valdir Baiense, 136, 141, 195
Valmir Alves Brum, 38, 44-46, 49-50, 57-58, 62-64, 67, 69, 73, 75, 88, 125, 151, 175-178, 205, 232-233, 235
Vera Lúcia da Silva dos Santos, 11, 35, 42-43, 48, 54, 132, 193, 273
Vicente Arruda Filho, 64, 73, 82, 89
Vila Cruzeiro (favela), 222
Vila São Jorge (Para Pedro) (favela), 217
Vitor Santos Carlos (sobrevivente), 10-11, 54

W

Wagner dos Santos, 229-234, 236-238
Walberto Fernandes de Lima, 82
Waltencir Coelho, 216
Wellington Martins da Silva (Zé Penetra), 216
William Alves, 71, 78, 145
William Moreno da Conceição, 71, 78, 111-112, 119, 121, 145
Wilson Batista de Oliveira, 115, 122, 125, 156
Wilson Machado Velho, 54-55, 61, 76
Wilton Soares Ribeiro, 23-24, 26, 28, 45-46, 58-60, 62, 174

Y

Yvone Bezerra de Mello, 232

Este livro foi composto na tipografia Minion Pro,
em corpo 11/15, e impresso em
papel off-white no Sistema Cameron da
Divisão Gráfica da Distribuidora Record.